Meiner Familie

Bibliografische Information der Deutschen Nationalbibliothek:
Die Deutsche Nationalbibliothek verzeichnet diese Publikation in der Deutschen National-
bibliografie. Detaillierte bibliografische Daten sind im Internet über http://dnb.d-nb.de
abrufbar.

Für Fragen und Anregungen:
info@finanzbuchverlag.de

Originalausgabe, 1. Auflage 2019

© 2019 by FinanzBuch Verlag, ein Imprint der Münchner Verlagsgruppe GmbH
Nymphenburger Straße 86
D-80636 München
Tel.: 089 651285-0
Fax: 089 652096

Umschlaggestaltung: Maria Wittek, München
Umschlagabbildung: gettyimages.com/Thomas Trutschel, gettyimages.com/kparis
Satz: Daniel Förster, Belgern
Druck: GGP Media GmbH, Pößneck
Printed in Germany

ISBN Print 978-3-95972-256-8
ISBN E-Book (PDF) 978-3-96092-477-7
ISBN E-Book (EPUB, Mobi) 978-3-96092-478-4

Weitere Informationen zum Verlag finden Sie unter:

www.finanzbuchverlag.de

Beachten Sie auch unsere weiteren Verlage unter www.m-vg.de.

INHALT

6. Kapitel

VORWORT

1979, als Deutschland noch durch Mauer und Stacheldraht geteilt war, fand die erste Direktwahl zum Europäischen Parlament statt. Ich war damals sechzehn und begeisterte mich für die Idee eines freien, geeinten Europas. Auch wenn der Eiserne Vorhang Europa spaltete: Die demokratischen Staaten Westeuropas sollten zusammenwachsen!

In der Schule wurden Aufkleber verteilt – »Choisissez votre Europe!«. Ich konnte gerade genug Französisch, um zu wissen, dass dies »Wählen Sie Ihr Europa!« bedeutete. Das war genau das, was ich wollte: Mir *mein* Europa zu gestalten, so wie ein Sechzehnjähriger sich das eben vorstellt. Ein freies Europa, ein Europa ohne Grenzen, ein Europa der Bürger. Ich klebte den Aufkleber auf mein Federmäppchen und stürzte mich – damals Mitglied der Jungen Union – in den Europawahlkampf.

35 Jahre später wurde ich selbst ins Europaparlament gewählt. Ich war nach vielen Jahren in der Wissenschaft in die Politik gegangen, weil die EU sich nicht so entwickelt hatte, wie ich es mir als Sechzehnjähriger erhofft hatte. Weil die europäische Idee, an die ich glaubte und unverändert glaube, in noch nie dagewesener Weise bedroht war durch Krisen und Fehlentscheidungen. Und ganz speziell, weil der Euro, die europäische Währung, vielen europäischen Staaten schwerste Schäden zufügte. Weil kein führender Politiker den Mut hatte, dies laut zu sagen und niemand die nötigen Kurskorrekturen einleitete.

In diesem Buch will ich das sagen, was gesagt werden muss. Nicht unbedingt laut, aber deutlich. Ich werde über die Krisen der EU sprechen, über den Euro, über die Flüchtlingspolitik, über den Brexit, über die Rechtsstaatlichkeit und über den Dieselmotor. Ich werde über die politische Krise der EU sprechen, wie sie sich zum Beispiel in Deutschland im Erstarken des radikalen Flügels der von mir mitgegründeten

AfD äußert. Und ich werde über die absehbare Krise der Zukunft sprechen, die sich hinter dem Projekt einer europäischen Armee verbirgt.

Ich werde zeigen, dass diese Krisen selbstverschuldet sind. Dass sie keineswegs überraschend kamen, sondern sich Jahre vorher absehen ließen. Dass sie auf schlecht gestaltete Verträge und schlechte Gesetzgebung zurückgehen. Dass selbst die schlechten Gesetze das Schlimmste hätten verhindern können, wenn man sie nur befolgt hätte. Und dass im Vorfeld der Krisen immer noch politische Entscheidungen möglich waren, die aber sträflicherweise niemand hat treffen wollen.

Die großen Krisen der EU waren Zeiten des Kontrollverlusts. Kontrollverluste ängstigen die Bürger, denn dann erst wird die Fehlentwicklung offensichtlich. Aber ein Kontrollverlust fällt nicht vom Himmel. Lange vor den Kontrollverlusten gab es das, was ich Systemausfall nenne. Ein Sicherungssystem des Staates fiel aus und die entstehende Sicherheitslücke blieb meist über Jahre unauffällig. Und doch ist dieser Ausfall die Ursache für den erst später eingetretenen Kontrollverlust.

Dass es zu Systemausfällen kommt, hat einen einfachen Grund. Denn zunehmend übertragen wir der EU neue Aufgaben. Sie wird für die Währung zuständig, für die Asylpolitik, für Umweltauflagen, für die Finanzmarktregulierung und demnächst für die Landesverteidigung. Bereiche staatlichen Handelns, die in Deutschland und den anderen Mitgliedsstaaten oft gut funktioniert haben, werden auf die EU übertragen. Doch die EU hat keine Erfahrung mit diesen Politikfeldern. Zudem ist es viel schwieriger, Regelungen zu finden, die 28 Mitgliedsstaaten gerecht werden, statt wie bisher nur einem einzigen. Da kann es schnell passieren, dass Vieles nicht so klappt, wie es klappen sollte. Es kommt zum Systemausfall.

Weil die EU mit ihren Mitgliedsstaaten so eng verwoben ist, führt eine Fehlentwicklung in der EU fast automatisch zu Fehlentwicklungen und gravierenden Schwierigkeiten in Deutschland. Auch das kommt daher, dass Deutschland eine Aufgabe nicht mehr wahrnehmen kann, sobald sie der EU übertragen wurde. Mehr Europa bedeutet daher weniger Deutschland. Deutschland ist ein gut funktionierender Staat, und deshalb könnten wir Krisen und Kontrollverluste der EU gelassen sehen, wenn Deutschland einfach weiter funktionieren würde. Aber so ist es leider nicht. Deutschland überträgt der EU zunehmend staatliche Aufgaben und ist deshalb darauf angewiesen, dass die EU diese Aufgaben ähnlich gut erfüllt. Jeder Systemausfall in der EU fällt auf uns zurück. Die Eurokrise und die Flüchtlingskrise sind die eindrücklichsten Beispiele dafür.

Die EU und ihre politische Führung versuchen, die Fehlentwicklungen der Union zu verdecken. Dass dies ziemlich erfolgreich ist, liegt daran, dass die EU kompliziert und bürgerfern ist. Es liegt auch daran, dass die EU über einen großen Apparat und enorme finanzielle Mittel für das eigene Marketing verfügt. Es liegt daran, dass sie bestens mit den Medien vernetzt ist, um sich selbst immer wieder ins – scheinbar – rechte Licht zu setzen. Andersdenkende werden dann schnell als Antieuropäer verunglimpft. So immunisiert sich die EU gegen Kritik.

Es ist nicht einfach, dagegen anzukommen. Aber ich will es versuchen. Bei der EU ist Licht und Schatten. Bitte erwarten Sie keine ausgewogene Darstellung. Ich werde überwiegend von den Schattenseiten der EU sprechen. Nicht weil ich denke, dass die Schattenseiten überwiegen. Ganz im Gegenteil: Ich bin der festen Überzeugung, dass bei der EU mehr Licht als Schatten ist. Aber die lichten Seiten der EU werden oft genug beleuchtet. Es sind die Schattenseiten der EU, die unterbelichtet sind.

In Andersens Märchen »Des Kaisers neue Kleider« stolziert der Herrscher in seiner Unterwäsche durch die Stadt. Alle Untertanen versuchen beflissen, über den Mangel an Garderobe hinwegzusehen. Sie loben überschwänglich des Kaisers angebliche Kleider und verschweigen den wahren Sachverhalt. Das mag im fernen China angehen. In Europa sollten wir über Mängel und Blößen nicht hinwegsehen. Jedenfalls dann nicht, wenn wir ein geeintes, erfolgreiches Europa wollen.

Natürlich reicht es nicht, die Mängel hervorzuheben. Ich werde konkrete Vorschläge machen, wie man die EU besser, freiheitlicher und demokratischer gestalten kann. Denn nur so werden wir der europäischen Idee gerecht. Das Bild, das die Bürger von der EU haben, darf nicht von Reglementierung und Bevormundung geprägt sein. Und schon gar nicht von Systemausfällen und Kontrollverlusten. Deshalb muss gerade der, dem an der EU und an der europäischen Idee gelegen ist, aufdecken, was falsch läuft, und zeigen, wie es besser geht. Damit der Kurs korrigiert werden kann. Damit die EU in den Augen aller Bürger eine EU der Demokratie und der Freiheit ist. Diesem Zweck dient das vorliegende Buch.

Bernd Lucke im März 2019

1. KAPITEL

SYSTEMAUSFÄLLE UND KONTROLLVERLUSTE

Glaubt man dem antiken Dichter Homer, so nahm die Tragödie Trojas folgenden Verlauf: Zehn Jahre lang hatte das griechische Heer die Stadt belagert. Alle Versuche, die von Göttern errichteten starken Befestigungsmauern der Stadt zu erstürmen, waren gescheitert. Deshalb baute man ein riesiges hölzernes Pferd, in dessen Bauch sich die tapfersten griechischen Helden verbargen. Das griechische Heer segelte ab und ließ nur einen Freiwilligen zurück, der den erstaunten Trojanern mitteilte, die Griechen hätten die Belagerung aufgegeben.

Das Pferd sei ein Weihegeschenk an die Göttin Athene, von der die Griechen sich günstige Winde für den Heimweg erhofften. Die Griechen hätten es bewusst so groß gebaut, damit die Trojaner es nicht durch ihre Stadttore ziehen könnten. Denn wenn sie es täten, stünde ihre Stadt unter dem Schutz Athenes.

Woraufhin die leichtgläubigen Trojaner das Pferd trotz Warnungen eines gewissen Laokoons in ihre Stadt schleppten. Ein hinderliches Stadttor wurde eingerissen. Abends gab es ein großes Fest, bevor Trojas tapfere Soldaten sternhagelvoll in ihre Betten krochen. Und dann nahm das Verhängnis seinen Lauf: Die Griechen stiegen aus dem Pferd, öffneten der inzwischen wieder eingetroffenen griechischen Streitmacht die verbliebenen Stadttore und gaben sich dann dem Zeitvertreib des Mordens, Vergewaltigens und Brandschatzens hin.

Ich erzähle diese Sage, weil in der aktuellen politischen Situation oft vom Kontrollverlust die Rede ist. Und zweifellos wurden die Trojaner

Opfer eines besonders tragischen Kontrollverlusts. Aber so schlimm ein Kontrollverlust auch sein kann: Jeder Kontrollverlust hat eine Ursache. Diese Ursache ist oft das, was ich als »Systemausfall« bezeichne. Und es ist politisch gesehen viel wichtiger, über den Systemausfall zu sprechen, als den Kontrollverlust zu beklagen. Denn der Systemausfall geht dem Kontrollverlust voraus. Wer den Systemausfall rechtzeitig bemerkt, kann den Kontrollverlust verhindern. Wenn er nicht, wie Laokoon, einer Schlange zum Opfer fällt.

Aber lassen wir Frauke Petry aus dem Spiel. Trojas Untergang veranschaulicht, worauf es ankommt. Troja hatte ein hervorragendes Verteidigungssystem: feste Tore, starke Mauern, tapfere Soldaten. Zehn Jahre lang funktionierte dieses System. Dann fiel es aus. Ein Tor wurde geschleift, die anderen nicht bewacht, die Soldaten waren besoffen. Aber solange die Griechen das Pferd noch nicht verlassen hatten, war der Kontrollverlust noch nicht eingetreten: Troja lag friedlich im Schlaf und ahnte nichts Böses. Nur die Seherin Kassandra, die unter dem Fluch stand, dass ihre Weissagungen niemals Glauben finden würden, beklagte den Systemausfall.

Mit »Systemausfall« im modernen Sinne bezeichne ich den Ausfall eines staatlichen Sicherungssystems. Der Begriff »Kontrollverlust« setzt ja voraus, dass man eine Situation oder eine Problematik ursprünglich unter Kontrolle hatte. Folglich hat es ein Sicherungssystem gegeben, das diese Kontrolle gewährleistete. Manchmal aber fällt ein Sicherungssystem aus, entweder weil es schlecht konstruiert ist oder weil es in seiner normalen Funktionsweise blockiert wird.

Es liegt auf der Hand, dass ein Staat das Vertrauen seiner Bürger einbüßt, wenn eines oder sogar mehrere seiner Sicherungssysteme versagen. Nur wird der Systemausfall für die Allgemeinheit meist erst in der akuten Krise, also bei eingetretenem Kontrollverlust, sichtbar. Denn die Sicherungssysteme in einem modernen Staat sind meist sehr komplex. Für einfache Bürger sind sie praktisch unüberschaubar, und nur Fachleute können rechtzeitig erkennen, dass ein System auszufallen droht oder bereits ausgefallen ist.

Aber dafür hat eine Regierung eben auch Fachleute. Es ist die Pflicht einer Regierung, die notwendige Anzahl an kompetenten Fachleuten zu beschäftigen und ihren Rat zu berücksichtigen. Es ist die Pflicht einer Regierung, auf die Fachleute zu hören, Warnungen ernst zu nehmen und auch für Eventualitäten angemessen Vorsorge zu treffen. Für Laien, wie normale Bürger es nun einmal sind, mögen Eurokrise und Flüchtlingskrise unvorhergesehene Ereignisse gewesen sein. Für die Bundesregierung und die EU-Kommission kann dies nicht der Fall gewesen sein, denn beide Krisen waren – wie ich im Folgenden zeigen werde – lange vor ihrem akuten Ausbruch absehbar. Der Systemausfall war bereits eingetreten, er war klar erkennbar, aber alle Warnungen wurden in den Wind geschlagen. Wenn nachher öffentlich der Eindruck erweckt wurde, man sei Opfer einer nicht vorhersehbaren Entwicklung gewesen, dann ist das nichts anderes als Volksverdummung.

Es gibt viele Beispiele für Systemausfälle und anschließende Kontrollverluste. Ich werde im Laufe dieses Buches auf mehrere zu sprechen kommen. Einige der prominentesten haben damit zu tun, dass Zuständigkeiten, die auf der nationalen Ebene gut geregelt waren, an die EU übertragen wurden – wo sie weniger gut geregelt wurden. Aber es gibt auch Kontrollverluste, für die allein die nationalen Regierungen (und speziell die Bundesregierung) zur Verantwortung gezogen werden müssten. Hierzu zählen namentlich die für den Steuerzahler so verlustreichen Bankenkrisen der Neunziger- und 2000er-Jahre.

Ich will mich zunächst auf die beiden prominentesten Systemausfälle der letzten zehn Jahre konzentrieren: die Eurokrise und die Flüchtlingskrise. In beiden Fällen werde ich zeigen, dass der in der Krise aufgetretene Kontrollverlust auf einen Jahre zuvor eingetretenen Systemausfall zurückzuführen ist – einen Systemausfall, der klar erkennbar war und von den Verantwortlichen rechtzeitig hätte behoben werden können. In beiden Fällen werde ich argumentieren, dass der Systemausfall schon gesetzlich angelegt war: Die maßgebliche Gesetzgebung hatte und hat schwere Konstruktionsmängel. Aber diese Geburtsfehler wurden entscheidend verstärkt durch das vorsätzliche und sinnwidrige Aussetzen der verbleibenden Sicherungsmechanismen.

Mein Vorwurf lautet also: Nicht nur haben die verantwortlichen Politiker bei der Gesetzgebung grob gepfuscht und Sicherheitslücken klaffen lassen, die man leicht hätte schließen können – und müssen. Sie haben zudem die Anwendung selbst des mängelbehafteten Sicherungssystems teilweise fahrlässig unterlassen, teilweise bewusst unterlaufen und teilweise gezielt ausgesetzt. Damit haben sie zumindest gegen den Geist, wenn nicht sogar gegen den Buchstaben bestehender Gesetze und vertraglicher Bestimmungen verstoßen.

Es gibt aber auch einen wichtigen Unterschied zwischen den Gesetzesmängeln, die in der Eurokrise und in der Flüchtlingskrise aufgetreten sind: Bei der Einführung des Euro wurde auf europäischer Ebene ein gesetzlicher Rahmen für ein Problem geschaffen, das es auf der nationalstaatlichen Ebene gar nicht gegeben hatte: Wie verhindert man, dass einzelne Eurostaaten für die Staatsschulden anderer Eurostaaten einstehen müssen? Diese Frage stellte sich nicht, solange alle EU-Staaten noch eigene Währungen hatten.

In der Asyl- und Flüchtlingspolitik aber bestand das Problem darin, dass man Kriterien definieren musste, wann ein Staat (oder die EU) einem Asylbewerber oder Kriegsflüchtling Schutz gewähren sollte. Diese Fragestellung war nicht neu, ganz im Gegenteil: Sie ist so alt wie das Recht auf Asyl, reicht also bis in vorchristliche Zeit zurück. Natürlich existierten entsprechende Festlegungen längst auch auf nationalstaatlicher Ebene.

Anders als in der Europroblematik traten die Mängel nicht bei der Neuschaffung eines Gesetzesrahmens auf, sondern bei der unzureichend durchdachten Übertragung nationaler Bestimmungen auf die Gesetzgebung der EU. Hier wurden zwei große Fehler gemacht: Erstens wurde der Kreis der Anspruchsberechtigten erheblich erweitert, ohne dass im Krisenfall genügend Aufnahmebereitschaft bei den Mitgliedsstaaten sichergestellt war. Zweitens war die Lastenverteilung zwischen den Mitgliedsstaaten himmelschreiend ungerecht, weil die ärmeren südeuropäischen Länder für den weitaus größten Teil der Asylverfahren zuständig waren – und bis heute sind.

Ich werde im Folgenden die beiden Systemausfälle sezieren, die die Eurokrise und die Flüchtlingskrise erst möglich machten. In beiden Fällen wurden gut oder zumindest befriedigend funktionierende Systeme der Mitgliedsstaaten leichtfertig aufgegeben und durch letztlich dysfunktionale Systeme auf EU-Ebene ersetzt.

1.1 Die Währungsunion: Gesetze mit eingebautem Schredder

Am 5. Oktober 2018 wurde im vornehmen Londoner Auktionshaus Sotheby's eines der bekanntesten Werke des anonymen Streetart-Künstlers Banksy versteigert. »Girl with Balloon« war die auf Leinwand gesprayte Version eines Graffitis, das ursprünglich eine Mauer im Osten Londons zierte. Das Werk war 2017 zum beliebtesten Kunstwerk Großbritanniens gewählt worden und bildete den prominenten Schlusspunkt der Sotheby's Auktion an jenem Oktobertag.

Der Preis ließ auch nichts zu wünschen übrig. Für mehr als 1 Million Pfund ersteigerte eine Bieterin das Werk. Aber kaum, dass sie den Zuschlag erhalten hatte, zerstörte sich das Kunstwerk selbst. Banksy hatte – nach seiner Darstellung ausdrücklich für den Fall, dass das Bild jemals auf einer Auktion versteigert werden sollte – einen Schredder im unteren Teil des Rahmens verborgen. Dieser Schredder wurde unmittelbar nach dem Zuschlag aktiviert. Die Leinwand wurde vor den Augen des erstaunten Publikums wie von Geisterhand nach unten gezogen und trat unter dem Rahmen, in säuberliche Streifen zerschnitten, wieder aus. Frei nach Wilhelm Busch: »Hier kann man sie noch erblicken, fein geschnitten und in Stücken.«

Was in der Kunstwelt ein aufsehenerregender Gag war, hatte sein Vorbild in den vertraglichen Grundlagen der Europäischen Union – auch wenn Banksy sich dessen vermutlich nicht bewusst war. Denn die originelle Idee eines Werks mit eingebautem Selbstzerstörungsmechanismus findet sich schon im Vertrag über die Arbeitsweise der Europäischen Union (AEU-Vertrag), einem der zwei Grundlagenverträge der EU. Nur gab es nie ein großes Aufsehen um diese Eigentümlichkeit des AEU-Vertrags und deshalb wirft niemand Banksy ein Plagiat vor. Aber gerechterweise muss man sagen, dass in der EU ein kreativer Kopf existiert, der Banksys Idee genau vorweggenommen hat. Und dieser kreative Kopf ist genauso anonym geblieben, wie Banksys Identität bis heute nicht gelüftet werden konnte. Vielleicht, sehr vielleicht, war es ja sogar Banksy, der auch im AEU-Vertrag seinen Schabernack trieb.

Es geht um Artikel 126 des AEU-Vertrages, der zentrale Bestimmungen zur Wirtschafts- und Währungsunion enthält. Im Wesentlichen wird in Artikel 126 vertraglich vereinbart, dass die Mitgliedsstaaten der EU übermäßige Staatsdefizite vermeiden, dass die jährliche Neuverschuldung nicht mehr als 3 Prozent des Bruttoinlandsprodukts (BIP) betragen und dass die gesamte Staatsverschuldung 60 Prozent des BIPs nicht übersteigen darf. Die Werte von maximal 3 Prozent für die Neuverschuldung und maximal 60 Prozent für den gesamten Schuldenstand sind die berühmten Maastricht-Kriterien, die sicherstellen sollten, dass die Euroländer eine Stabilitätsgemeinschaft bilden.

Ferner gibt es Artikel 259 des AEU-Vertrages, dessen erster Satz lautet: »Jeder Mitgliedstaat kann den Gerichtshof der Europäischen Union anrufen, wenn er der Auffassung ist, dass ein anderer Mitgliedstaat gegen eine Verpflichtung aus den Verträgen verstoßen hat.«

Das ist doch mal was! Die EU-Mitgliedsstaaten haben also vertraglich scharfe Obergrenzen für ihre Verschuldung vereinbart mit präzisen Zahlen, an denen nichts zu deuten ist. Und wenn ein Staat diese Obergrenzen verletzt, kann jeder andere Mitgliedsstaat spornstreichs zum Obersten Gerichtshof der EU eilen und den vertragsbrüchigen Mitgliedsstaat dort verklagen. Pacta sunt servanda – Verträge müssen gehalten werden. So steht es schwarz auf weiß im Vertrag: Vertragsbruch kann geahndet werden.

Das ist das Werk, über das ich rede. Ein Kunstwerk geradezu, ein gesetzgeberisches Kunstwerk an Klarheit, Präzision und Konsequenz. Nur leider hat jemand in den Rahmen einen Schredder eingebaut.

Die Bestimmungen zur Begrenzung der Schulden und diverse Maßnahmen, die ergriffen werden, falls ein Mitgliedsstaat dagegen verstößt, stehen in den Absätzen 1 bis 9 von Artikel 126. Der eingebaute Schredder steht in Absatz 10. Da heißt es lapidar: Das Recht auf Klageerhebung nach Artikel 259 kann im Rahmen der Absätze 1 bis 9 dieses Artikels nicht ausgeübt werden!

Na super! Auf Deutsch: Wir schließen einen Vertrag und vereinbaren zugleich, dass Vertragsverletzungen nicht gerichtlich geahndet werden. Was, bitte, soll das denn? Ein Vertrag ist wertlos, wenn der Vertragsbruch gestattet wird. Ein Gemälde ist wertlos, wenn es im Augenblick des Verkaufs geschreddert wird.[1]

»Ist dies schon Wahnsinn, so hat es doch Methode«, heißt es in Shakespeares Hamlet. Nur ein kleiner Exkurs, um zu zeigen, dass die Banksy-Masche in der Tat Methode hat: Der Kern des ganzen Dieselskandals liegt in einem EU-Gesetz von 2007, das die Zulassung von Kraftfahrzeugen der Emissionsklassen Euro 5 und Euro 6 regelt.[2] In Artikel 5 Absatz 2 heißt es: »Die Verwendung von Abschalteinrichtungen, die die Wirkung des Emissionskontrollsystems verringern, ist unzulässig. *Dies ist nicht der Fall, wenn die Einrichtung notwendig ist, um den Motor vor Beschädigung zu schützen.*«

Was für ein Geniestreich! Da haben wir ein Gesetz zum Verbot von Abschalteinrichtungen, das für sich selbst eine Abschalteinrichtung vorsieht! Denn es sagt doch zu den Autoherstellern: »Abschalteinrichtungen sind verboten. Es sei denn, Ihr konstruiert Eure Motoren so, dass sie eine Abschalteinrichtung brauchen!« Natürlich werden die Autohersteller jetzt nicht öffentlich wissen lassen, dass sie ihre Motoren

---

1 Wobei die Absonderlichkeiten des Kunstmarktes jetzt dazu führen, dass der geschredderte Banksy offenbar noch mehr wert ist als das unzerstörte Gemälde.

2 Verordnung ((EG) Nr. 715/2007) des Europäischen Parlaments und des Rates vom 20. Juni 2007.

bewusst so konstruiert haben. Aber wenn sie wegen Betruges vor Gericht stehen, werden sie natürlich argumentieren, dass ihre Abschalteinrichtungen legal waren. Weil der Motor ohne Abschalteinrichtung Schaden hätte nehmen können.

So ein Gesetz ist schon ein Kunstwerk, das eines Banksy würdig ist. Es formuliert ein Verbot mit eingebauter Selbstzerstörung.

1.2 Mangelhafte Anwendung eines mangelhaften Gesetzes

Zurück zur Wirtschafts- und Währungsunion: Die erste Stufe des Systemausfalls ist die mangelhafte Formulierung des Gesetzes. Die Möglichkeit des Vertragsbruchs ist in den Vertrag schon eingebaut. Im Vertrag zu vereinbaren, dass der vertragsbrüchige Partner nicht vor dem EuGH verklagt werden kann, ergibt nur dann einen Sinn, wenn alle Vertragsparteien davon ausgingen, dass der Vertrag gebrochen werden wird. Denn wären sie davon ausgegangen, dass der Vertrag von allen Seiten eingehalten wird, hätte man ja der Ausfallbestimmung von Absatz 10 nicht bedurft.

Nun ist es so, dass Artikel 126 AEU-Vertrag immerhin noch Bestimmungen enthält, die in weicherer Form den Vertragsbruch sanktionieren. Zwar gibt es keinerlei Handhabe gegen einen überhöhten Schuldenstand – die 60-Prozent-Grenze kann völlig straflos überschritten werden. Aber bei Überschreiten der Höchstgrenze für die Neuverschuldung (das 3-Prozent-Kriterium) *kann* der Rat – er muss nicht! – am Ende eines ziemlich komplizierten Verfahrens Geldbußen gegen den Defizitsünder verhängen.

Diese Möglichkeit ist viel schwächer als die abgeschaltete Klagemöglichkeit vor dem Europäischen Gerichtshof. Denn vor dem EuGH hätte die Klage eines *einzelnen* Landes gereicht, um einen vertragsbrüchigen Partner zur Rechenschaft zu ziehen. Im Rat aber braucht man eine sogenannte »qualifizierte Mehrheit«. Bei Nichtberücksichtigung des betroffenen Staates mussten mindestens 55 Prozent der Mitgliedsstaaten der Geldbuße zustimmen und diese Mitgliedsstaaten mussten zugleich mindestens 65 Prozent der Bevölkerung der EU vertreten. 65 Prozent ist fast schon das Erfordernis einer Zweidrittelmehrheit und hinzukommt, dass sich mindestens 15 Mitgliedsstaaten (55 Prozent von 27 Staaten) zusammenfinden mussten.[3] Das ist natürlich viel schwieriger zu erreichen, als dass sich ein einzelner Mitgliedsstaat entscheidet, vor dem EuGH zu klagen.

Dennoch: Grundsätzlich konnte der Rat der Europäischen Union Strafen zumindest bei zu hoher Neuverschuldung verhängen. Schauen wir uns an, wie er von dieser Möglichkeit in den zehn Jahren vor Beginn der Eurokrise Gebrauch gemacht hat. Dies ist der Zeitraum von 2000 bis 2009, denn die Eurokrise begann im Jahr 2010 mit der Zahlungsunfähigkeit Griechenlands, bald gefolgt von Irland, Portugal, Spanien und Zypern.

In Tabelle 1 ist die jährliche Neuverschuldung für die damals 16 Eurostaaten jeweils als Prozentsatz des Bruttoinlandsprodukts angegeben. Dunkelgrau hinterlegt sind die Jahre, in denen ein Land durch eine unzulässig hohe Neuverschuldung gegen Artikel 126 des AEU-Vertrages verstoßen hat. Das kam insgesamt 65-mal in zehn Jahren vor. Im Schnitt haben also in jedem Jahr sechs bis sieben Länder gegen klare vertragliche Bestimmungen verstoßen. Nur Finnland und Luxemburg waren stets vertragstreu. Griechenland hat sich nicht ein einziges Mal um die Verträge geschert. Für Portugal gilt fast dasselbe.

---

3   Ich beschreibe hier die Gesetzeslage vor und während der Eurokrise. Inzwischen hat es »Verbesserungsversuche« gegeben, indem neue, außerordentlich komplizierte Bestimmungen erlassen worden sind, die sich im Fiskalpakt und in diversen Verordnungen (sogenannte Twopack und Sixpack) finden. Insbesondere sollten Sanktionen gegen Defizitsünder »quasi-automatisch« in Kraft treten. Dieser angebliche Quasi-Automatismus hat sich ebenfalls als Täuschung der Öffentlichkeit herausgestellt, weil er nur in Gang kommen kann, wenn die Kommission dem Rat einen entsprechenden Vorschlag unterbreitet. Was sie aber regelmäßig unterlässt. Und dann passiert eben gar nichts.

Tabelle 1: Neuverschuldung der Eurostaaten in Prozent des BIPs (Positive Zahlen bezeichnen Haushaltsüberschüsse, negative Zahlen Defizite)

	2000	2001	2002	2003	2004	2005	2006	2007	2008	2009
Belgien	-0,1	0,2	0,0	-1,8	-0,2	-2,8	0,2	0,1	-1,1	-5,4
Deutschland	0,9	-3,1	-3,9	-4,2	-3,7	-3,4	-1,7	0,2	-0,2	-3,2
Finnland	6,9	5,0	4,1	2,4	2,2	2,6	3,9	5,1	4,2	-2,5
Frankreich	-1,3	-1,4	-3,2	-4,0	-3,6	-3,4	-2,4	-2,6	-3,3	-7,2
Griechenland	-4,1	-5,5	-6,0	-7,8	-8,8	-6,2	-5,9	-6,7	-10,2	-15,1
Irland	4,9	1,0	-0,5	0,4	1,3	1,6	2,8	0,3	-7,0	-13,8
Italien	-2,4	-3,4	-3,0	-3,3	-3,5	-4,1	-3,5	-1,5	-2,6	-5,2
Luxemburg	5,9	5,9	2,4	0,2	-1,3	0,1	1,9	4,2	3,3	-0,7
Malta	-5,5	-6,1	-5,4	-9,0	-4,3	-2,6	-2,5	-2,1	-4,2	-3,2
Niederlande	1,2	-0,5	-2,1	-3,1	-1,8	-0,4	0,1	-0,1	0,2	-5,1
Österreich	-2,4	-0,7	-1,4	-1,8	-4,8	-2,5	-2,5	-1,4	-1,5	-5,3
Portugal	-3,2	-4,8	-3,3	-4,4	-6,2	-6,2	-4,3	-3,0	-3,8	-9,8
Slowakei	-12,0	-6,4	-8,1	-2,7	-2,3	-2,9	-3,6	-1,9	-2,4	-7,8
Slowenien	-3,6	-3,9	-2,4	-2,6	-2,0	-1,3	-1,2	-0,1	-1,4	-5,8
Spanien	-1,1	-0,5	-0,4	-0,4	0,0	1,2	2,2	1,9	-4,4	-11,0
Zypern	-2,2	-2,1	-4,1	-5,9	-3,7	-2,2	-1,0	3,2	0,9	-5,4

Quelle: Eurostat. Dunkelgrau hinterlegt sind Verstöße gegen Artikel 126 AEUV.

Obwohl es 65 unbestreitbare Verstöße gegen den AEU-Vertrag gab, hat der Rat nicht in einem einzigen Fall Geldbußen verhängt. Damit wurde Artikel 126 endgültig zu einer Lachnummer. Der Systemausfall ist offenkundig: Obwohl auf breiter Front gegen die klaren Vertragsbestimmungen verstoßen wurde, hat die EU bewusst darauf verzichtet, zumindest das nach der Banksy-Schwächung noch verbleibende Sicherungssystem anzuwenden. Zur mangelhaften Gesetzgebung gesellte sich also auch das Versagen bei der Anwendung des Gesetzes.

Übrigens war Deutschland unter der damaligen rot-grünen Regierung einer der ersten Defizitsünder. Dass Bundeskanzler Schröder und Finanzminister Eichel als Vertreter eines traditionell stabilitätsorientierten Landes mit massivem Druck Geldbußen gegen Deutschland verhinderten, konnten alle anderen Staaten natürlich nur als Freibrief verstehen, die Defizitgrenze ebenfalls straflos missachten zu können. Deutschland trägt für den Ausfall der Sicherungssysteme der Eurozone also maßgeblich Verantwortung.

Die Vertragsverletzungen hielten in den Folgejahren an. In den acht Jahren von 2010 bis 2017 haben die jetzt 19 Eurostaaten insgesamt 64-mal die Höchstgrenze der zulässigen Neuverschuldung überschritten. Der Rat gab sich dabei völlig der Lächerlichkeit preis. Denn erstens verhängte der Rat in nur zwei Fällen »Sanktionen«, nämlich gegen Spanien und Portugal im Jahr 2015. Und zweitens entblödete sich der Rat nicht, die Höhe der Strafzahlungen für beide Länder jeweils mit null Euro festzusetzen! Da ist jeder Bußgeldbescheid wegen Falschparkens abschreckender.

Der Systemausfall hält also an. Auch in und nach der Eurokrise machte der Rat von den im AEU-Vertrag zur Verfügung stehenden Möglichkeiten keinen Gebrauch. Kein Wunder natürlich, dass das andere der beiden Maastricht-Kriterien, der Schuldenstand, ebenfalls in vielen Ländern weit über seinem zulässigen Höchstniveau lag und immer noch liegt. In den zehn Jahren vor der Eurokrise (die ja als eine Staatsschuldenkrise begann) haben die 16 Eurostaaten nicht weniger als 76-mal gegen die Obergrenze von 60 Prozent verstoßen. Auch dies war in jedem Fall ein klarer Vertragsbruch, aber die EU-Mitgliedsstaaten hatten ja schon im Vertrag festgelegt, dass Verstöße gegen diese Obergrenze nicht geahndet werden würden. Folglich wurde auch nichts unternommen.

Die Untätigkeit der EU gegenüber der vertragswidrigen Entwicklung der Staatsschulden in vielen Mitgliedsstaaten muss man zumindest als grob fahrlässig, wenn nicht sogar als vorsätzlich bezeichnen. Ganz bestimmt jedenfalls war es Vorsatz, Griechenland im Jahre 2001 in die Eurozone aufzunehmen, obwohl Griechenlands Schuldenstand mit 105 Prozent des BIPs weit oberhalb der zulässigen Höchstgrenze von 60 Prozent lag: Zudem waren die Angaben, die die damalige griechische Statistikbehörde ESYE zur Neuverschuldung Griechenlands in den Jahren unmittelbar vor dem Beitritt zum Euro gemacht hatte, bewusst gefälscht worden. Die später ermittelten tatsächlichen Werte waren fast doppelt so hoch und lagen alle über dem zulässigen Höchstwert von 3 Prozent. Griechenland verbarg durch einen glatten Betrug, dass es im offenen Vertragsbruch lebte. Seine Aufnahme in den Euro war ungefähr so, als würde die katholische Kirche einen eingefleischten Ehebrecher zum Priester weihen.

In den Folgejahren ging die Schuldenmacherei Griechenlands munter weiter. Die jährliche Neuverschuldung lag Jahr für Jahr zwischen 6 Prozent und 9 Prozent statt der maximal zulässigen 3 Prozent. 2008 stieg die Neuverschuldung auf 10 Prozent und 2009 sogar auf 15 Prozent des Bruttoinlandsprodukts. Die EU sah untätig zu. Es wurden keinerlei Sanktionen verhängt, obwohl der Rat dies hätte tun können.

1.3 Das politische Versagen

Szenenwechsel: Erinnern Sie sich an den früheren Vorstandsvorsitzenden der Deutschen Bank, Rolf Breuer? War er ein Tollpatsch oder war er ein Unglücksrabe? Er, der höchstbezahlte Angestellte des Flaggschiffs der deutschen Kreditinstitute, bescherte seinem Arbeitgeber mit einer einzigen kleinen Interviewäußerung einen Schaden von einer Milliarde Euro! Im Februar 2002 hatte er sich zur Finanzlage eines Großkunden, der Unternehmensgruppe des Medienunternehmers Leo Kirch, geäußert. Die Kirch-Gruppe (darunter die Fernsehsender ProSieben, Sat.1 und Premiere) befand sich in finanziellen Schwierigkeiten und Breuer war gefragt worden, ob man Kirch helfen werde, weiterzumachen. Breuer antwortete, er höre, dass der Finanzsektor wohl nicht bereit sei, auf unveränderter Basis weitere Kredite zur Verfügung zu stellen.

Dies war das Todesurteil für die Kirch-Gruppe. Der Chef der Deutschen Bank hatte öffentlich die Einschätzung von sich gegeben, die Kirch-Gruppe werde in der Finanzbranche als nicht mehr kreditwürdig angesehen. Das wirkte wie eine selbsterfüllende Prophezeiung: Jetzt war niemand mehr bereit, der Kirch-Gruppe Kredit zu gewähren.

Zwei Monate später musste Leo Kirch Insolvenz anmelden. Zitiert wurde er mit den Worten: »Erschossen hat mich der Rolf.« Er verklagte die Deutsche Bank und Rolf Breuer persönlich auf Schadenersatz. Obwohl er in dem folgenden langjährigen Rechtsstreit nur teilweise erfolgreich war, wurde ihm Schadenersatz in Höhe von fast einer Milliarde Euro zugesprochen. Die Deutsche Bank wiederum verklagte ihren früheren Vorstandssprecher auf Schadenersatz.

Diese Episode aus der in den letzten Jahren wenig ruhmreichen Geschichte der Deutschen Bank zeigt, wie sensibel die Finanzmärkte reagieren, wenn eine Autorität Zweifel an der Kreditwürdigkeit eines Schuldners äußert. Und sie zeigt, wie dramatisch die Konsequenzen für den Schuldner sein können. Vergleichen Sie dies mit öffentlichen Äußerungen, die der Internationale Währungsfonds im Vorfeld der Griechenlandkrise tätigte. Am 25. Mai 2009, fast genau ein Jahr bevor der erste große sogenannte Eurorettungsschirm beschlossen wurde, publizierte der IWF eine Einschätzung der griechischen Staatsfinanzen, in der es hieß, unter den gegenwärtigen Umständen würde »die Schuldenquote über viele Jahre hinweg steigen und dies würde zu schwer zu beherrschenden fiskalischen Zwängen führen«.[4]

Diese Äußerungen sind ähnlich brisant wie die von Rolf Breuer. »Schwer zu beherrschende fiskalische Zwänge« bedeutet nichts anderes, als dass der IWF öffentlich Zweifel daran äußerte, ob Griechenland seine steigende Schuldenquote beherrschen kann. Wie Breuer die Kreditwürdigkeit eines privaten Unternehmens infrage stellte, so stellte der IWF die Kreditwürdigkeit Griechenlands infrage – und zwar

---

4   Internationaler Währungsfonds: »Greece: 2009 Article IV Consultation: Concluding Statement of the IMF Mission«, Washington D.C.

in aller Öffentlichkeit. Aber während Breuer sich möglicherweise nur unbedacht verquasselte, war dies beim IWF nicht der Fall. Der IWF wusste genau, was er tat.

Denn der IWF hat seine Ansicht ja nicht irgendwie spontan als Antwort auf eine Interviewfrage kundgetan. Vielmehr standen die Zweifel an Griechenlands Kreditwürdigkeit in einem offiziellen Schriftstück, das von mehreren IMF-Beamten auf mehreren Hierarchiestufen sukzessive sorgfältig gelesen und auf möglicherweise politisch oder ökonomisch problematische Formulierungen durchgesehen worden war, ehe die Freigabe zur Veröffentlichung erfolgte. Jeder dieser Beamten muss verstanden haben, was hier gesagt wurde. Dennoch kam man überein, die sensible Aussage in einer Schriftreihe zu veröffentlichen, die zu den meistbeachteten des IWF gehört.

Wollte der IWF etwa bewusst die Zahlungsunfähigkeit Griechenlands provozieren? Wollte er absichtlich das machen, was Rolf Breuer gegenüber der Kirch-Gruppe möglicherweise nur unabsichtlich getan hatte? Das erscheint schwer vorstellbar. Ein Staatsbankrott ist ein außerordentlich gravierendes, mit erheblichen wirtschaftlichen und sozialen Härten verbundenes Ereignis. Zu den Aufgaben des IWF gehört es, Staatsbankrotte zu verhindern – nicht sie bewusst herbeizuführen.

Wenn der IWF – wie es seine Aufgabe ist – einen Staatsbankrott Griechenlands verhindern wollte, dann muss die öffentliche Warnung vor der zweifelhaften Kreditwürdigkeit Griechenlands so ziemlich das letzte Mittel gewesen sein, das der IWF zur Hand hatte. Ein Mittel, das der IWF nur einsetzte, weil er anders nicht mehr weiterkam. Und es ist erstaunlich, dass er das Mittel überhaupt einsetzte: Denn die öffentliche Warnung einer Autorität ist auf den Finanzmärkten ein Spiel mit dem Feuer. Sie kann zur selbsterfüllenden Prophezeiung werden, wie es bei Breuer und Kirch der Fall war. Sie kann deshalb das Gegenteil dessen bewirken, was sie bewirken soll. Dennoch ist der IWF diesen Weg gegangen. Wie verzweifelt muss er gewesen sein? Er muss den Eindruck gehabt haben, dass die Situation keinen weiteren Aufschub duldete; er sich aber anders kein Gehör verschaffen konnte.

Hier kommen wir auf die EU und ihre Mitgliedsstaaten zurück. Ehe der IWF öffentlich warnte, wird er zweifellos hinter verschlossenen Türen gewarnt haben. Vermutlich mehrfach und vermutlich in sehr viel deutlicheren Worten. Aber augenscheinlich hat das in der EU niemanden gekümmert. Wie Kassandra vor dem Untergang Trojas warnte, so warnte der IWF – möglicherweise lange bevor er an die Öffentlichkeit ging – vor dem Untergang Griechenlands. Er tat es ebenso vergeblich. Der IWF scheint bei der EU und den Staaten der Eurozone auf taube Ohren gestoßen zu sein, als das Gespenst einer möglichen Staatspleite Griechenlands schon längst reale Formen annahm.

Damit sind wir beim dritten Teil des verhängnisvollen Systemausfalls. Teil eins war die mangelhafte Gesetzgebung, Teil zwei die mangelhafte Anwendung des mangelhaften Gesetzes. Aber selbst in dieser Situation war noch nicht alles verloren. Wenn die Eurostaaten die Warnzeichen beachtet hätten, wenn sie die gefälschten Daten, die ständigen Vertragsverletzungen und schließlich auch die Warnungen des IWF ernst genommen hätten, dann hätten sie mit genügendem zeitlichen Vorlauf der akuten Krise Griechenlands ohne Rechtsbruch entgegentreten können.

Zum Beispiel hätte man die Banken rekapitalisieren können, die hohe Bestände griechischer Staatsanleihen hielten. Die große Sorge der Eurozone bestand ja darin, dass sich eine Insolvenz des griechischen Staates über das Finanzsystem als Finanzkrise 2.0 fortpflanzen würde. Diese hätte dann die gesamte Eurozone erfassen und in einen erneuten Abwärtsstrudel reißen können. Das war eine ernstzunehmende Gefahr und deshalb war es geboten, die Banken, die durch eine griechische Staatsinsolvenz zusammengebrochen wären, zu rekapitalisieren.

Gemeinsam mit meinem Kollegen Harald Hau (Universität Genf) habe ich seinerzeit abgeschätzt, wie hoch die Kosten einer solchen Bankenrekapitalisierung im schlimmsten Fall ausfallen würden.[5] Wir

---

5   Harald Hau, Bernd Lucke: Die Alternative zum Rettungsschirm. Frankfurter Allgemeine Zeitung vom 16.9.2011.

nutzten die offiziellen Daten aus dem Stresstest der Europäischen Bankenaufsicht, die detaillierte Angaben über Eigenkapital und Bestände an Staatsanleihen jeder einzelnen europäischen Bank enthielten. Als schlimmsten Fall sahen wir ein Szenario vor, in dem nicht nur Griechenland, sondern auch Spanien, Portugal, Italien und Irland insolvent werden würden. Wir gingen davon aus, dass alle Banken die entstehenden Verluste zunächst mit ihrem Eigenkapital abfangen müssten. Nur die Banken, die nicht genügend Eigenkapitalpolster hatten, würden rekapitalisiert und damit in Staatsbesitz überführt werden. Dies entsprach im Prinzip dem Verfahren, das in der Finanzkrise bei der deutschen Pleitebank Hypo Real Estate angewendet wurde.

Die Ergebnisse unserer Studie waren erstaunlich. Die meisten Banken der Eurozone hatten genügend Eigenkapital, um selbst eine Staatsinsolvenz dieses Ausmaßes zu überleben. Nur in den insolventen Staaten selbst wären hohe Beträge für die Rekapitalisierung der dortigen Bankensysteme notwendig gewesen. Diese Beträge hätten die Eurozonenstaaten den insolventen Staaten als Neukredite zur Verfügung stellen müssen, ähnlich wie sie im Rettungsschirm Kredite bereitgestellt haben. Nur dass bei der Bankenrekapitalisierung das Kreditvolumen deutlich niedriger gewesen wäre und sowohl Staaten als auch Bankensysteme aus der Überschuldungssituation befreit worden wären.

Die »Alternativlosigkeit«, die Frau Merkel für ihren Weg der Eurorettung behauptet hat, ist stets und ausschließlich ein Propagandamärchen zur Einschüchterung der deutschen Wähler gewesen. Es gibt immer Alternativen und natürlich gab es auch damals Alternativen, bessere und billigere. Und anders als die tatsächlich durchgeführte Eurorettung wären diese Alternativen rechtsstaatlich und vertragskonform gewesen. Denn die tatsächlich durchgeführte Eurorettungspolitik verstieß gegen die sogenannte Nichtbeistandsklausel in Artikel 125 des AEU-Vertrages. Deshalb verteidigte die Geschäftsführende Direktorin des IWF, Christine Lagarde, die Eurorettung ja auch mit den Worten: »Wir mussten die Verträge brechen, um den Euro zu retten!« Aber das war falsch. Man musste keineswegs aus Zeitnot Vertragsbruch begehen.

Denn es ist nicht wahr, dass die Zahlungsunfähigkeit Griechenlands im Frühjahr 2010 in irgendeiner Weise überraschend kam und man deshalb in aller Eile an einem Wochenende einen milliardenschweren Rettungsschirm beschließen musste. Die Ereignisse waren ja seit langer Zeit absehbar gewesen. Es war allgemein bekannt, dass die Neuverschuldung Griechenlands Jahr für Jahr weit über der 3-Prozent-Marke gelegen hatte, es war bereits 2008 bekannt gewesen, dass das griechische Staatsdefizit 2008 auf 10 Prozent und 2009 auf 15 Prozent des BIPs ansteigen würde, und es war spätestens seit 2009 bekannt, dass der IWF eine Staatsinsolvenz Griechenlands befürchtete. Vermutlich waren die Eurostaaten schon früher in vertraulichen Mitteilungen vom IWF gewarnt worden.

1.4 Der Kontrollverlust in der Eurokrise

Aber sie taten nichts. Der Systemausfall hielt an. Und damit setzte der Kontrollverlust ein. Als Griechenlands Situation sich im März 2010 zuspitzte, weil es zu vertretbaren Konditionen keinen Kredit mehr auf den internationalen Kapitalmärkten bekam, waren die Eurostaaten plötzlich nicht mehr die Gestalter, sondern die Getriebenen. Sie mussten milliardenschwere Bürgschaften bewilligen für die Staatsverschuldung anderer Eurostaaten, erst Griechenland, dann auch Irland, Portugal, Spanien und Zypern. Das gesamte Bürgschaftsvolumen wuchs in mehreren Schritten in die enorme Größenordnung von mehreren 100 Milliarden Euro. Die daraus finanzierten Kredite für die Krisenstaaten der Eurozone sind bis heute zum weitaus größten Teil noch nicht getilgt.

Der Kontrollverlust äußerte sich darin, dass die finanziell gesunden Eurostaaten gar keine andere Wahl hatten, wenn sie den Euro in seiner damaligen territorialen Ausdehnung erhalten wollten. Sie mussten zahlen und konnten nur hoffen und beten, dass der Kredit eines Tages zurückgezahlt werden würde. Die Versäumnisse der vergangenen Jahre rächten sich nun. Weil das Sicherungssystem sträflich missachtet und bewusst unterlaufen worden war, war es ausgefallen, und nun hatte man den Salat.

Eigentlich war dies eine überaus peinliche Situation. Man musste Staaten, die bei der Kontrolle ihrer eigenen öffentlichen Finanzen grob versagt hatten, milliardenschwere Hilfskredite bewilligen, ohne dass man irgendeine Kontrolle darüber hatte, was die empfangenden Staaten mit diesem Geld machen würden. Würden sie überhaupt die Voraussetzungen für eine Rückzahlung schaffen können – und würden sie das wollen? Es war eine aberwitzige Situation: Der kreditgewährende Staat begab sich in die Abhängigkeit vom bankrotten kreditnehmenden Staat! Hätte es nicht umgekehrt sein müssen? Wie sollte man den eigenen Bürgern das Gefühl vermitteln, dass man die Lage unter Kontrolle hatte?

Um sich nicht vollständig beim Wähler zu blamieren, erfand irgendein gewandter Beamter (oder war es ein Politiker?) das Konzept der »konditionierten Hilfe«. Dies Konzept sah vor, dass die Hilfsgelder nur unter Bedingungen (deshalb »konditioniert«) ausgezahlt werden würden. Die Krisenstaaten mussten sich verpflichten, ein detailliertes Reformprogramm abzuarbeiten, das ihnen von der sogenannten Troika (EU-Kommission, Europäische Zentralbank und IWF) vorgegeben wurde. Die Troika sollte die Abarbeitung des Programms regelmäßig überprüfen.

Mit dieser »konditionierten Hilfe« wollte man den Wählern das Gefühl vermitteln, dass die Kreditgeber Herrn des Geschehens seien. Die Botschaft war: Wir kontrollieren, wie der unsolide Krisenstaat mit unserem Geld umgeht. Denn wir definieren die Bedingungen, unter denen er es bekommt. Der empfangende Staat kann also das Geld nicht einfach auf den Kopf hauen, sondern er muss unser Reformprogramm abarbeiten. Der Erfolg dieses Reformprogramms ist die Gewähr dafür, dass wir das Geld eines Tages auch zurückerhalten werden.

Das ist vom Ansatz her nicht dumm gedacht. Doch wenn man finanzielle Hilfe an Bedingungen knüpft, dann muss man auch bereit sein, die finanzielle Hilfe einzustellen, wenn die Bedingungen nicht erfüllt werden. Sonst bekommt man ein Glaubwürdigkeitsproblem. Und genau das passierte in der Eurozone sehr schnell.

Die Troika überprüfte regelmäßig die Erfüllung der Auflagen. Mal war sie mehr, mal weniger zufrieden mit den Reformfortschritten in den Krisenländern. Aber das Resultat war immer das gleiche: Letztlich wurde die nächste Tranche an Kreditgeldern freigegeben. Das ließ Zweifel daran aufkommen, dass die Hilfen tatsächlich konditioniert waren.

Und wie sich herausstellte, waren sie es nicht. Die Konditionierung war Propaganda. Dies erwies sich erneut an Griechenland. Griechenland hatte in einem ersten Hilfsprogramm Hilfszusagen über 107 Milliarden Euro erhalten. Eigentlich sollte Griechenland nach Ablauf des Programms keine weiteren Kredite erhalten. Der damalige Bundesfinanzminister Wolfgang Schäuble sagte 2010: »Griechenland wird insgesamt drei Jahre die Kreditlinien in Anspruch nehmen können ... Danach ist Schluss.«[6]

Drei Jahre später war dann allerdings keineswegs Schluss. Vielmehr hatte man bereits ein Jahr zuvor ein zweites Rettungsprogramm mit einem Volumen von 164 Milliarden Euro auf den Weg gebracht, weil sich herausstellte, dass Griechenland seine Probleme überhaupt nicht in den Griff bekommen hatte. Für mangelnden Erfolg gab es also gleich einen großen Haufen zusätzlichen Geldes.

Dieses zweite Rettungsprogramm lief 2015 aus und wurde »nicht erfolgreich abgeschlossen«. Wolfgang Schäuble stellte dies in einem ZDF-Interview ausdrücklich fest.[7] Das hinderte ihn aber nicht, nur zwei Tage später einem dritten Rettungspaket für Griechenland im Volumen von 86 Milliarden Euro zuzustimmen.

Damit war die Konditionalität als bloßes Blendwerk entlarvt. Da Griechenland bis zum Ende des zweiten Rettungsprogramms wesent-

---

6   Interview mit Wolfgang Schäuble, FAZ vom 24.7.2010.

7   ZDF-Sendung »Was nun, Herr Schäuble?« mit Bettina Schausten und Peter Frey, 17.8.2015.

liche Teile der vereinbarten Reformvorhaben nicht umgesetzt hatte, wurde das Programm als »nicht erfolgreich abgeschlossen« bewertet. Die zwingende Konsequenz hätte jetzt sein müssen, dass Griechenland keine weiteren Gelder erhält. Das Gegenteil war aber der Fall.

Also wurden die Rettungskredite tatsächlich unkonditioniert vergeben, denn selbst wenn Griechenland die Vereinbarungen nicht umsetzte, floss bereitwillig neues Geld. Die Eurozone wollte unbedingt vermeiden, dass Griechenland in eine Staatsinsolvenz ging. Dies nicht nur, weil man damit das Scheitern der eigenen Politik hätte eingestehen müssen. Der eigentliche Grund war viel handfester: Je mehr Kredite die Eurozone an Griechenland vergab, desto schmerzhafter wäre eine griechische Staatsinsolvenz für die Staaten der Eurozone geworden. Denn die Staatsinsolvenz würde ja genau dazu führen, dass diese Kredite nicht oder nicht vollständig getilgt werden würden.

Gleich mit der ersten Kreditvergabe an Griechenland begab sich die Eurozone in die Abhängigkeit von ihrem eigenen Schuldner. Indem sie Griechenland mit einem Kredit half, gab sie den Griechen ein strategisches Instrument in die Hand: die Drohung, dass der Kredit nicht zurückgezahlt werden würde. Je höher die Rückzahlungsansprüche der Eurozone wuchsen, desto unglaubwürdiger wurde daher die Konditionalität. Man konnte Griechenland nicht mehr glaubwürdig damit drohen, die Zahlungen bei mangelnden Reformfortschritten einzustellen, wenn dies der Eurozone offenkundig selbst großen finanziellen Schaden zugefügt hätte.

Die Eurozone hatte einen großen strategischen Fehler begangen: Sie hatte sich in die Karten gucken lassen, und Griechenland wusste, dass die Eurozone nur bluffte. Genauer gesagt: Die Politik der konditionierten Kreditvergabe ist eine ungeeignete Politik, weil sie zwangsläufig dazu führt, dass der Gegenspieler weiß, wie gut die Karten des anderen sind: nämlich zwangsläufig im Laufe der Zeit immer schlechter. Der Helfende begibt sich mit jeder Hilfsleistung tiefer in eine Abhängigkeit vom Hilfeempfänger, und am Ende hat der Hilfeempfänger alle Trümpfe in der Hand.

Derzeit schuldet Griechenland der Eurozone rund 270 Milliarden Euro. Wenn Griechenland niedrigere Zinsen, eine Verlängerung der Tilgungsfristen oder einen Schuldenerlass erreichen möchte, muss es nur damit drohen, dass es ansonsten keine andere Wahl habe, als in den Staatsbankrott zu gehen. Das ist ein veritabler Trumpf, der in der nächsten Wirtschaftskrise gespielt werden könnte. Und welchen Trumpf haben Deutschland und die anderen Gläubigerländer in der Hand, mit dem Griechenland dazu bewegt werden könnte, alles Geld pünktlich und in der vereinbarten Höhe zu überweisen?

Sehr schnell wurde deutlich, dass die Eurozone Griechenland unter allen Umständen im Euro halten wollte. Selbst bei ungenügendem Reformfortschritt waren die Euroländer stets bereit, die Auszahlung der nächsten Tranche oder gar ein weiteres Rettungspaket zu bewilligen. Konditionalität funktioniert aber nur dann, wenn man bei Nichterfüllung der Auflagen auch bereit ist, das zuvor Angekündigte zu vollziehen – in diesem Fall also weitere Hilfskredite zu verweigern. Das war aus den oben geschilderten Gründen selbst bei dem wirtschaftlich eher unbedeutenden Griechenland nicht der Fall.

So sind die Eurostaaten erpressbar geworden. Denn was für das kleine Griechenland gilt, gilt erst recht natürlich für größere Länder wie Portugal und Spanien. Auch hier stehen erhebliche Kredite der Eurostaaten im Risiko, denn zurückgezahlt sind die Rettungskredite auch hier bislang nur zu einem sehr geringen Teil. Zudem würde ein ungeordnetes Ausscheiden dieser Staaten aus dem Euro weit größere Erschütterungen für den Rest der Eurozone auslösen können als im Falle Griechenlands. Da die Regierungen der stabilen Eurostaaten dieses Risiko nicht eingehen wollen, müssen sie zahlen, wenn die schwächeren Eurostaaten in wirtschaftliche Schwierigkeiten kommen.

Das ist der große Kontrollverlust. Die Regierungen der Eurozone sind nicht mehr Herr über einen beträchtlichen Teil ihrer finanziellen Mittel. Der politische Wille, das Euro-Währungsgebiet in genau seiner jetzigen Ausdehnung zu erhalten, kettet die erfolgreicheren Eurostaaten an die weniger erfolgreichen Eurostaaten. Er ermöglicht es den ärmeren Staaten, finanzielle Leistungen der reicheren Staaten zu beanspruchen und durchzusetzen. Der Weg in eine Transferunion ist damit vorgezeichnet.

Damit ich nicht missverstanden werde: Ich habe nichts gegen solidarische Hilfe für Staaten oder Regionen der EU, die *unverschuldet* wirtschaftlich weniger weit entwickelt sind als die reichsten Staaten Europas. Dafür gibt es die europäischen Strukturfonds, die viel Geld zur Verfügung stellen, damit die ärmeren Teile Europas aufholen können: Der Europäische Fonds für regionale Entwicklung, der Europäische Kohäsionsfonds und der Europäische Sozialfonds zum Beispiel. Diese Instrumente stehen allen EU-Staaten – auch den schwachen Staaten der Eurozone – zur Verfügung.

Die jetzt im Aufbau befindliche Transferunion ist völlig anders geartet: Von ihr sollen die Staaten profitieren, die aufgrund eigener Versäumnisse oder eigener Fehlentscheidungen als Mitglied der Eurozone in Schwierigkeiten geraten sind. Sie drohen die Stabilität der Eurozone zu untergraben, wenn sie nicht durch finanzielle Leistungen der anderen Eurostaaten unterstützt werden. Um diesem Verlangen zu entsprechen, wird derzeit in der EU ein vielschichtiger Transfermechanismus aufgebaut, der u. a. aus einem europäischen Bankenrettungsfonds, einem Eurozonenhaushalt, einer gemeinsamen europäischen Arbeitslosenversicherung, einer europäischen »Investitionsstabilisierungsfunktion«, einem europäischen Fonds für strategische Investitionen, einer europaweiten Versicherung für Bankeinlagen, einer europäischen »Reformunterstützungsinitiative« und einem Europäischen Währungsfonds bestehen soll.

Manche dieser Einrichtungen können auch von Staaten beansprucht werden, die dem Euro noch nicht beigetreten sind. Manche Vorschläge sind bereits umgesetzt, andere sind noch in Vorbereitung. Manche Einrichtungen werden unmittelbar aus Steuergeldern finanziert, andere belasten Banken oder Sozialversicherungen, sodass es letztlich die Bankkunden oder die sozialversicherungspflichtigen Arbeitnehmer sind, die zur Finanzierung herangezogen werden. Allen Vorschlägen ist gemein, dass Gelder aus den leistungsfähigeren Staaten zur Reparatur von Unzulänglichkeiten in schwächeren Staaten herangezogen werden. Und allen Vorschlägen ist gemein, dass die Hauptzielgruppe die Staaten sind, die sich irgendwie in den Euro verirrt haben und jetzt mit ihm nicht klarkommen.

1.5 Erforderliche Reformen

Was ist dagegen zu tun? Wir stecken in einem Schuldensumpf, aus dem man sich nicht wie der selige Baron von Münchhausen am eigenen Schopf herausziehen kann. Bezüglich der bereits vergebenen Kredite und der eingegangenen Verpflichtungen können wir nur hoffen, dass die Krisenstaaten zu einem erfolgreichen Wirtschaftswachstum zurückfinden und auch in künftigen Rezessionen und Wirtschaftskrisen nicht mit dem Gedanken liebäugeln, sich durch einen Staatsbankrott aus der Misere befreien zu können.

Für künftige Fälle aber sollten wir die Fehler der Vergangenheit vermeiden. Und dies können wir ganz einfach durch drei Dinge tun: Erstens verzichten wir auf den Aufbau einer europäischen Transferunion. Zweitens halten wir uns zur Abwechslung einfach mal an das, was in den Verträgen vereinbart wurde. Und drittens schaffen wir ein Austrittsrecht aus dem Euro für die, die die Regeln der Währungsunion nicht einhalten können oder nicht einhalten wollen.

Ein Austrittsrecht aus dem Euro ist eine dringend notwendige Ergänzung des AEU-Vertrages. Ein solches Austrittsrecht existiert nicht. Zwar kann man aus der Europäischen Union austreten – und würde damit auch die Mitgliedschaft im Euroraum verlieren. Aber es gibt derzeit keine legale Handhabe dafür, bei fortdauernder EU-Mitgliedschaft aus der Gemeinschaftswährung auszuscheiden.

Das Austrittsrecht aus dem Euro wurde nicht etwa vergessen. Es wurde bewusst nicht eingeführt, weil man den Euro unwiderruflich machen wollte. Es bestand die Befürchtung, dass die Möglichkeit eines Euro-Austritts zu Spekulationen an den Kapitalmärkten gegen bestimmte, wirtschaftlich schwache Eurostaaten führen könnte. Man kann viel Geld damit verdienen, wenn man geschickt spekuliert. Eine wirtschaftliche Schieflage zum Beispiel Griechenlands hätte zu massiven Spekulationsgeschäften gegen Griechenland führen können mit dem Ziel, Griechenland aus dem Euro zu drängen. Derartige »Angriffe« der Kapitalmärkte gegen einzelne Länder hoffte man unterbinden zu können, indem der Austritt eines Landes als rechtlich unmöglich dargestellt wurde.

Aber die zugrunde liegende Annahme war irrig. Die Spekulation verschob sich einfach. Statt gegen eine griechische Währung richtete sie sich gegen griechische Staatsanleihen. Im Vorfeld der Krise von 2010 musste Griechenland seinen Gläubigern immer höhere Zinsen zahlen, um noch Kredit zu erhalten. Jeder Investor war froh, wenn er griechische Staatsanleihen rechtzeitig und ohne allzu großen Verlust abstoßen konnte. Im Mai 2010 war Griechenland besiegt. Die Eurozone musste dem wankenden Staat mit ihren Rettungsschirmen zu Hilfe kommen.

Es gibt also keinen Grund, ein Austrittsrecht zu verweigern. Selbst ohne Austrittsrecht ist ja immer wieder die Möglichkeit erwogen worden, dass Griechenland den Euro irgendwie irregulär verlassen könnte. Die Finanzminister der Eurozone hatten darüber im Juni 2015 – angesichts des nicht erfolgreich abgeschlossenen zweiten Rettungspakets – wohl schon weitgehend Einigkeit erzielt, bevor Bundeskanzlerin Merkel einschritt und den Austritt verhinderte.

Ein Austrittsrecht aus dem Euro ist zudem nicht nur ökonomisch, sondern auch demokratisch geboten. Warum sollte ein Volk nicht frei darüber entscheiden dürfen, welche Währung es benutzen möchte? Kann es angehen, dass der Parlamentsbeschluss, mit dem einst der Euro-Beitritt beschlossen wurde, niemals durch einen entgegengesetzten Beschluss desselben Parlaments widerrufen werden kann? Dies wäre eine Knebelung eines frei gewählten Parlaments. Es wäre eine Entmündigung der Bürger, die dieses spätere Parlament gewählt haben, durch die Generation ihrer Eltern und Großeltern.

Stellen wir es uns im Extremfall vor: Einem Volk geht es schlecht. Die Wirtschaft schrumpft, die Arbeitslosigkeit wächst. Das Volk verarmt, die Jugend versinkt in Hoffnungslosigkeit oder verlässt das Land. Die Sachverständigen streiten sich: Liegt es am Euro oder hat es andere Ursachen? Über Jahre hinweg geht es nicht voran. Was wechselnde Regierungen auch versuchen, die Misere bleibt. So baut sich, ob zu Recht oder zu Unrecht, in der Bevölkerung die Stimmung auf: Der Euro ist schuld. Eine große Mehrheit der Bevölkerung möchte den Euro durch eine eigene Währung ablösen. Kein Demokrat kann doch ernsthaft einem Volk in dieser Situation das Recht absprechen, frei über seine Währung zu entscheiden.

Der Extremfall ist ein Extremfall und doch ist er so unrealistisch nicht. Italien ist in den letzten 15 Jahren kaum wirtschaftlich gewachsen. Griechenland ist dramatisch geschrumpft. Die Arbeitslosigkeit in Süditalien und in ganz Griechenland ist erschreckend hoch. In beiden Staaten sind in Protestwahlen Parteien an die Regierung gekommen, die die Schuld an der Misere beim Euro oder bei der Eurorettungspolitik gesucht haben: Syriza in Griechenland, die Fünf-Sterne-Bewegung und die Lega in Italien. In Griechenland hat es 2015 sogar ein Referendum gegeben, in dem die Bevölkerung sich dafür aussprach, die Eurorettungspolitik nicht fortzusetzen. Der offenbar nicht allzu demokratisch denkende Ministerpräsident Tsipras hat allerdings genau das getan, obwohl er vor dem Referendum für das Nein (»Oxi«) zur Fortsetzung der Rettungspolitik geworben hatte.

Wie auch immer: Ein Austrittsrecht aus dem Euro wäre eine sinnvolle Ergänzung der Europäischen Verträge. Und wenn sich die Mitgliedstaaten der Eurozone an die übrigen Bestimmungen des AEU-Vertrages halten, eine vernünftige Wirtschaftspolitik betreiben und sich insbesondere nicht übermäßig verschulden, dann sollte kaum ein Grund bestehen, weshalb ein Mitgliedsstaat von dem Austrittsrecht Gebrauch machen sollte.

Aber da, wo ein Mitgliedsstaat vielleicht doch dauerhaft kränkelt, wenig wettbewerbsfähig und hoch verschuldet ist, da steht es ihm anheim, zu entscheiden. Er kann im Euro bleiben, wenn er imstande ist, seinen Staatsschulden und sonstigen Zahlungsverpflichtungen selbst nachzukommen. Aber ihm muss klar sein, dass ihm keiner seine Verpflichtungen abnehmen wird: Die Eurostaaten halten sich an das Nichtbeistandsgebot in Artikel 125 AEU-Vertrag. Wenn dies einem Staat nicht gefällt oder er die vereinbarten Regeln der Währungsunion nicht einhalten will, dann kann er aus dem Euro austreten. Er muss deshalb nicht die EU verlassen, aber er darf und muss eine eigene Währung einführen. Die Solidarität der anderen EU-Staaten wird ihm in der schwierigen Übergangsphase sicher nicht versagt bleiben.

1.6 Die Flüchtlingskrise: Der Flüchtling M.S.S.

Nennen wir ihn Mohammed. Von seinem wahren Namen sind nur die Initialen bekannt: M.S.S. Mit diesen drei Buchstaben erscheint er im Jahr 2011 in einem Urteil des Europäischen Gerichtshofs für Menschenrechte (EGMR).[8] Mohammed stammt aus Kabul, Afghanistan. Wir wissen nicht viel über Mohammed, und das meiste davon ist nicht ungewöhnlich für Asylbewerber. Ungewöhnlich aber ist Mohammeds Bedeutung für die Flüchtlingskrise von 2015/16. Er war es, der das Tor für den Flüchtlingsstrom nach Mitteleuropa aufstieß.

Mohammed verließ Kabul Anfang 2008. Nach seinen Angaben zahlte er 12.000 US-Dollar an einen Schmuggler, der ihm seine Ausweispapiere abnahm und ihn außer Landes brachte. Dann schlug sich Mohammed durch den Iran und die Türkei durch, bis er Griechenland erreichte. Seine Einreise nach Griechenland erfolgte illegal und ohne Ausweispapiere. Am 7. Dezember 2008 wurden ihm in Mytilene seine Fingerabdrücke abgenommen. Seither ist er in der EU aktenkundig.

---

8   Urteil des Europäischen Gerichtshofs für Menschenrechte im Fall M.S.S. gegen Belgien und Griechenland, Antrag Nr. 30696/09.

Mohammed wurde in Griechenland eine Woche lang inhaftiert. Er stellte keinen Asylantrag. Seine Freilassung wurde mit der Auflage versehen, das Land zu verlassen.

Am 10. Februar 2009 reiste Mohammed von Frankreich kommend nach Belgien ein. Dort begab er sich zur Ausländerbehörde und stellte einen Antrag auf politisches Asyl. Weshalb in Belgien? Er gab an, dass er – wohl in Afghanistan – belgische NATO-Soldaten getroffen hatte, und diese seien sehr freundlich zu ihm gewesen. Außerdem habe er eine Schwester in den Niederlanden, zu der er aber den Kontakt verloren habe.

Auch in Belgien legte Mohammed keine Ausweispapiere vor. Als seine Fingerabdrücke in das sogenannte Eurodac-System eingespeist wurden, konnte festgestellt werden, dass er bereits in Griechenland registriert worden war.

Am 15. Juni 1990 hatten die Mitgliedsstaaten der EU in Dublin die sogenannte Dubliner Übereinkunft unterzeichnet, die den Beginn einer gemeinsamen europäischen Asyl- und Flüchtlingspolitik markiert. Im Zuge dieses Abkommens wurde eine europäische Gesetzgebung entwickelt, die die bisher gültigen nationalen Gesetze ersetzte, ergänzte oder harmonisierte. Seither werden wesentliche Zuständigkeiten und Verpflichtungen der EU-Mitgliedsstaaten durch die sogenannten Dublin-Verordnungen der EU geregelt. Diese enthalten insbesondere Bestimmungen darüber, welcher Mitgliedsstaat der EU für die Behandlung eines Asylantrages zuständig ist.

An Mohammeds Beispiel sehen wir, wie das funktioniert:

Mohammed hatte seinen Asylantrag zwar in Belgien gestellt, aber seine Einreise in die EU war nachweislich in Griechenland erfolgt. Die damals gültige Dublin-II-Verordnung sah in Artikel 10 vor, dass Griechenland der für seinen Asylantrag zuständig Mitgliedsstaat war. Denn Mohammed war volljährig, hatte keine Verwandten in Belgien und besaß kein Visum oder sonstigen Aufenthaltstitel für Belgien. Maßgeblich war, dass er illegal über die griechische EU-Außengrenze in die Union eingereist war.

Am 18. März 2009 richtete die belgische Ausländerbehörde ein Gesuch an die griechischen Behörden, Mohammed aufzunehmen und seinen Asylantrag zu behandeln. Auf dieses Gesuch hätten die griechischen Behörden gemäß Artikel 18 der Dublin-II-Verordnung innerhalb von zwei Monaten antworten müssen. Die Antwort blieb jedoch aus.

Die belgische Ausländerbehörde interpretierte das Schweigen der griechischen Behörden als Zustimmung und verfügte nach Ablauf der Zweimonatsfrist am 19. Mai 2009 die Ausweisung Mohammeds und seine Abschiebung nach Griechenland. Zur Durchsetzung dieser Anordnung wurde Mohammed, der bislang in einer offenen Flüchtlingseinrichtung gelebt hatte, in der belgischen Abschiebehaftanstalt Steenokkerzeel festgesetzt.

In der Zwischenzeit war jedoch eine wesentliche Komplikation eingetreten: Am 2. April 2009 war in der belgischen Ausländerbehörde ein Schreiben des Flüchtlingshilfswerks der Vereinten Nationen eingegangen, in dem heftige Kritik an dem Asylwesen Griechenlands geübt wurde: Es gebe gravierende Mängel und Beanstandungen sowohl an den Asylverfahren als auch an den Bedingungen, unter denen Asylbewerber in Griechenland leben müssten. Das Flüchtlingshilfswerk empfahl, keine weiteren Abschiebungen nach Griechenland mehr vorzunehmen.

Dessen ungeachtet verfügte die Ausländerbehörde am 27. Mai 2009 die Abschiebung Mohammeds für den 29. Mai. Dieser Verfügung widersprach der Anwalt Mohammeds umgehend per Fax. Er verwies ebenfalls auf die Mängel im griechischen Asylsystem. Die Ausländerbehörde setzte daraufhin eine Anhörung an. Der Antrag von Mohammeds Anwalt wurde abgelehnt, weil dieser zu der Anhörung nicht erschienen war.

Am 29. Mai weigerte sich Mohammed, das Flugzeug nach Athen zu besteigen. Die Abschiebung wurde daher ausgesetzt. Es folgten diverse rechtliche Auseinandersetzungen, in denen Mohammeds Rechtsanwälte als zusätzliches Argument vortrugen, dass Mohammeds Asylantrag in Griechenland vermutlich abgelehnt werde. Denn in Griechenland habe nur rund 1 Promille (!) der Erstanträge auf internationalen Schutz Erfolg, während der Vergleichswert in anderen EU-Staaten bei 36 Prozent, also dem 360-Fachen, liege. Durch die somit sehr wahrscheinliche Abschiebung nach Afghanistan sei jedoch Mohammeds Leben bedroht. Mohammed behauptete, dass die Taliban bereits einen Mordanschlag auf ihn verübt hätten, weil er als Dolmetscher bei einer internationalen Luftwaffeneinheit in Kabul gearbeitet habe. Er legte Dokumente vor, die seine Dolmetschertätigkeit nachwiesen.

Mit diesen Argumenten wandte sich Mohammed am 11. Juni 2009 an den Europäischen Gerichtshof für Menschenrechte. Der Gerichtshof lehnte es aber ab, Mohammeds Abschiebung auszusetzen. Er richtete stattdessen ein Schreiben an die griechische Regierung, in dem er ein faires und im Einklang mit EU-Recht stehendes Asylverfahren für Mohammed anmahnte. Daraufhin wurde Mohammed am 16. Juni 2009 nach Athen abgeschoben.

In Athen wurde Mohammed zunächst verhaftet. Nach seiner Darstellung wurde er in einer kleinen Zelle untergebracht, die mit 20 weiteren Insassen belegt war und über keine Toilette verfügte. Er habe auf einer schmutzigen Matratze oder auf dem nackten Beton schlafen müssen. Es habe keinen Ausgang in den Gefängnishof gegeben und die Essensversorgung sei dürftig gewesen.

Nach vier Tagen wurde er entlassen. Die Polizei übergab ihm eine schriftliche Mitteilung, nach der er verpflichtet war, in zwei Tagen bei der Athener Polizei vorzusprechen und seinen Wohnort mitzuteilen. Eine Unterkunft wurde ihm nicht zugewiesen. Einkommen hatte er nicht. Also war das mit der Wohnung aussichtslos.

Mohammed meldete sich nicht bei der Polizei. Er war mittellos und lebte mit anderen afghanischen Asylbewerbern in einem Park. Finanzielle Unterstützung vom Staat erhielt Mohammed nicht. Er lebte augenscheinlich von Hilfen karitativer und kirchlicher Organisationen. Der Europäische Gerichtshof für Menschenrechte erfuhr von der Situation und wandte sich an die griechische Regierung. Diese beantwortete das Schreiben eines der höchsten europäischen Gerichte jedoch nicht. Daraufhin sprach der EGMR ein Abschiebeverbot für Mohammed aus, bis der Gerichtshof seinen Fall entschieden habe.

Die Klage, die Mohammeds Anwälte vor dem EGMR führten, richtete sich gegen Griechenland und gegen Belgien. Griechenland wurde vorgeworfen, mit seiner Behandlung des asylsuchenden Mohammed gegen Artikel 3 der Europäischen Menschenrechtskonvention verstoßen zu haben. Dieser Artikel bestimmt, dass niemand »unmenschlicher oder erniedrigender Strafe oder Behandlung unterworfen werden« darf.

Belgien wurde vorgeworfen, dass es Mohammed nicht nach Griechenland hätte abschieben dürfen. Die Mängel des griechischen Asylsystems seien der belgischen Ausländerbehörde durch das Schreiben des Flüchtlingshilfswerks der Vereinten Nationen bekannt gewesen. Belgien hätte sich selbst zu dem Staat erklären müssen, der für Mohammeds Asylverfahren zuständig war, da Belgien wissen musste, dass Mohammed in Griechenland eine Verletzung seiner Menschenrechte drohte.

Der erste Teil dieser Klage ist vergleichsweise harmlos. Die Verletzung der Menschenrechte eines Einzelnen ist zwar sicherlich zu verurteilen, aber zunächst ist dies eben nur ein Einzelfall. Brisant war der zweite Teil der Klage. Denn er behauptete, dass das griechische Asylwesen *systematisch* Menschenrechte missachte oder aktiv verletze. Mohammed wäre dann kein Einzelfall, sondern ein repräsentatives Beispiel für ein Systemversagen.

Dieser Vorwurf – wenn er sich bewahrheitete – träfe mitten ins Herz des europäischen Asylsystems. Denn ein zentraler Teil der Dublin-Gesetzgebung war das Prinzip, dass Asylsuchende ihre Asylverfahren in dem Staat durchführen lassen mussten, über dessen Grenze sie erstmals in die EU einreisten.[9] Damit sollte diesen Staaten ein Anreiz gesetzt werden, dass der Personenverkehr über die EU-Außengrenzen auch angemessen überwacht wird.

---

9   Ausgenommen davon sind lediglich Personen, die eine Bindung an ein anderes EU-Mitgliedsland haben (Verwandte, die dort leben, oder eine frühere Aufenthaltsgenehmigung zum Beispiel).

Würde Griechenland aber systematisch die Menschenrechte von Asylbewerbern verletzen, könnten andere EU-Staaten Asylbewerber, die in Griechenland erstmals EU-Territorium betraten, nicht mehr nach Griechenland zurückschicken. Entsprechend hätte Griechenland einen viel geringeren Anreiz, auf seinem Territorium effektive Grenzkontrollen zu organisieren und zu finanzieren. Durch die langen Küsten und die unzähligen Ägäis-Inseln ist das ja eine außerordentlich schwierige Aufgabe.

Man zögert, einen solch menschenverachtenden Gedanken überhaupt auszusprechen, aber da die Welt der Schlechtigkeiten voll ist, sollte auch dies nicht verschwiegen werden: Schlecht bewachte Grenzen sind für Griechenland nicht unbedingt ein Problem. Denn wenn die Lebensbedingungen für Asylbewerber in Griechenland erniedrigend und die Aussichten auf eine Anerkennung ausgesprochen schlecht sind, löst sich aus griechischer Sicht das Asylbewerber-Problem durch eine zügige Weiterreise der Asylbewerber vermutlich schnell.

Mohammed hat jedenfalls wohl so gedacht. Am 1. August 2009 wurde er verhaftet, als er Griechenland mit einem gefälschten bulgarischen Pass verlassen wollte. Er verbrachte eine siebentägige Untersuchungshaft in derselben Haftanstalt, in der er schon bei seiner Ankunft gesessen hatte. Dort wurde er nach seinen Angaben von Bediensteten der Anstalt geschlagen. Er wurde zu zwei Monaten Haft auf Bewährung verurteilt und lebte dann erneut auf der Straße.

Am 18. Dezember 2009 informierte er die Polizei darüber, dass er immer noch obdachlos sei, und bat um Hilfe bei der Wohnungssuche. Das war mitten im Winter und auch in Griechenland wird es um diese Jahreszeit kühl und regnerisch. Es dauerte aber bis Ende Januar 2010, ehe das zuständige Ministerium eine Bleibe für Mohammed gefunden hatte. Doch Mohammed wurde darüber nicht informiert, denn er hatte bekanntlich keine Adresse.

Das Asylverfahren kam aus demselben Grund nicht voran. Mohammed meldete sich halbjährlich bei der Polizei, um seine Aufenthaltsgenehmigung zu verlängern. Ansonsten gab es keinen Kontakt zu staatlichen Stellen. Einer Vorladung zu einer Anhörung am 2. Juli 2010 kam Mohammed nicht nach. Sie war ihm schriftlich, aber in griechischer Sprache vorgelegt worden. Mohammed sagte, der Dolmetscher habe ihn nicht darüber informiert, dass das Dokument einen Anhörungstermin enthalte.

Am 1. September 2010 versuchte Mohammed von Griechenland nach Italien zu reisen, wurde aber erneut an der Grenze festgenommen. Mohammed erklärte die versuchte Ausreise damit, dass Asylbewerber in Italien besser behandelt würden und nicht auf der Straße leben müssten.

Währenddessen beriet der Europäische Gerichtshof für Menschenrechte über den Antrag von Mohammeds Anwälten. Dabei ist es für unsere Zwecke unerheblich, wie der konkrete Einzelfall beurteilt wurde; wie viel Schuld Griechenland an Mohammeds misslicher Lage trug und wie viel Versäumnisse oder sogar bewusster Missbrauch eines rechtsstaatlichen Asylverfahrens Mohammed anzulasten ist.

1.7 Ein Urteil mit weitreichenden Konsequenzen

Die entscheidende Frage war die Beurteilung des griechischen Asylsystems als Ganzes: Traf es zu, dass Griechenland Asylbewerber so erniedrigend behandelte, dass gegen ihre Menschenrechte verstoßen wurde? Traf es zu, dass die griechischen Verwaltungsabläufe so ineffizient und intransparent waren, dass Asylbewerber in Griechenland typischerweise kein faires Verfahren erhielten? Traf es vielleicht sogar zu, dass Griechenland gar nicht den Willen und die Absicht hatte, Asyl nach den im europäischen Recht verankerten Maßstäben zu gewähren, und deshalb die Anerkennungsquote um das 360-Fache niedriger war als im Durchschnitt anderer EU-Staaten?

Der Europäische Gerichtshof für Menschenrechte hörte zu diesen Fragen Zeugen und wertete Studien aus. In seinem Urteil vom 21. Januar 2011 kam er zu folgenden Ergebnissen:

1. Griechenland verhaftet Asylbewerber regelmäßig nach Ankunft, unabhängig davon, ob sie von außerhalb der EU kommen oder aus einem anderen Mitgliedsland überstellt werden. Die Haftdauer liegt zwischen wenigen Tagen und wenigen Monaten. Betroffene sagten aus, dass ihnen kein Grund für ihre Internierung genannt wurde.

2. Alle besichtigten Haftanstalten wiesen dieselben Mängel auf: Dreck, Überfüllung, Mangel an Frischluft und Hofausgang, zu wenige und dreckige Matratzen, zu wenig Decken, kein freier Zugang zu Toiletten, Gestank, Hitze, keine sinnvolle Beschäftigungsmöglichkeit. Manche Zeugen erhielten keine Schuhe oder keine Möglichkeit, die Kleidung zu wechseln, andere beklagten sich, dass es nur einmal pro Woche die Gelegenheit gab, zu duschen. Keiner der Internierten stand unter dem Verdacht, eine Straftat begangen zu haben.

3. Mehrere Personen klagten über Beleidigungen durch Polizei und Gefängnispersonal, insbesondere rassistische Beleidigungen. Andere Asylbewerber berichteten über Schläge und andere Formen von Gewaltanwendung durch Gefängnispersonal. Verletzungen, die die Insassen aufwiesen, standen nach ärztlicher Einschätzung in Übereinstimmung mit diesen Schilderungen.

4. Nach ihrer Freilassung erhalten die Asylbewerber keinerlei finanzielle Unterstützung durch den Staat. Medizinische Versorgung findet nicht statt und die Gesundheitsbehörden verweigern die kostenlosen medizinischen Leistungen, zu denen sie verpflichtet wären. Die Asylbewerber werden nicht über Unterkunftsmöglichkeiten informiert. Nach Auskunft der griechischen Regierung gibt es weniger als 1000 Plätze für Zehntausende Asylbewerber. Die meisten Asylbewerber müssen illegal in den Straßen und in öffentlichen Anlagen leben. Provisorische Zeltunterkünfte werden gelegentlich von der Regierung geräumt, ohne dass Alternativen angeboten werden. Die einzige Unterstützung, die Asylbewerber erhalten, stammt von kirchlichen und anderen wohltätigen Organisationen.

5. Die griechischen Asylverfahren sind schwer zugänglich. Am Flughafen Athen sind die Asylbehörden personell völlig unterausgestat-

tet. Zudem gibt es kaum Hinweisschilder auf diese Anlaufstellen. Generell informiert die griechische Regierung kaum darüber, wie ein Asylantrag zu stellen ist. Die Polizei verbreitet offenbar bewusst die falsche Information, dass man einen Wohnsitz brauche, um einen Asylantrag stellen zu können. Außerdem wird fälschlich behauptet, dass dies nur in den ersten drei Tagen nach Ankunft möglich sei. Dies ist schon deshalb für viele Bewerber nicht erfüllbar, weil die Asylbehörde nur an einem Tag in der Woche Anträge entgegennimmt. An diesem Öffnungstag warten manchmal bis zu 2000 Asylbewerber vor der zuständigen Stelle, jedoch erhalten im Laufe des Tages nur 300 bis 400 Antragsteller Zugang.

6. Aufgrund eines Mangels an Dolmetschern findet das Erstinterview meist in einer Sprache statt, die der Asylbewerber nicht versteht. Die Bewerber werden in der Regel nicht nach den Fluchtgründen in ihrem Heimatland gefragt. Fast alle Bewerbungen werden mit derselben Standardformulierung als »Wirtschaftsmigration« abgelehnt. Für diese Einschätzung wird keine individualisierte Begründung gegeben – es handelt sich um eine pauschale Ablehnung. Die Bewerber werden nicht darüber informiert, dass sie den Bescheid innerhalb einer bestimmten Frist anfechten können. Nach Fristablauf halten sie sich illegal im Land auf und können abgeschoben werden, obwohl nicht ernsthaft geprüft wurde, ob sie damit in Gefahr für Leib und Leben geraten.

Aufgrund dieser Einschätzung kam der Europäische Gerichtshof für Menschenrechte zu dem Ergebnis, dass Griechenlands Asylsystem und seine Behandlung von Asylbewerbern einen Verstoß gegen die Europäische Menschenrechtskonvention darstellten. Gleichermaßen urteilte er, dass Belgien ebenfalls gegen die Europäische Menschenrechtskonvention verstoßen habe, weil es Mohammed an Griechenland überstellt habe, obwohl ihm durch den am 2. April 2009 zugestellten Brief des Flüchtlingshilfswerks der Vereinten Nationen bekannt gewesen sei, dass Mohammed in Griechenland vermutlich menschenunwürdig behandelt werde.

Dieses Urteil des EGMR stellte einen Systemausfall fest. Es war zunächst ein Teilsystem, das ausfiel: das griechische Asylsystem. Aber mit dem Ausfall des Teilsystems war das Gesamtsystem ausfallgefährdet, nämlich das gesamte europäische Asyl- und Flüchtlingssystem. Es konnte nicht mehr so funktionieren, wie es konzipiert war, weil über Griechenland in die EU einreisende Flüchtlinge und Asylbewerber nicht mehr nach Griechenland zurückgeschickt werden konnten. Seit dem Urteil des EGMR im Januar 2011 durfte kein EU-Mitgliedsstaat mehr die Regeln der Dublin-Verordnung auf Griechenland anwenden und dort registrierte Flüchtlinge zuständigkeitshalber dorthin zurücksenden.

So gesehen gab es auch gar keinen Grund mehr, weshalb Griechenland eingereiste Flüchtlinge noch registrieren sollte. Vielmehr konnte Griechenland seine Aufmerksamkeit darauf konzentrieren, allen unwillkommenen Asylbewerbern möglichst schnell die Weiterreise in ein anderes EU-Land zu ermöglichen.

1.8 Die Kurzsichtigkeit der Regierungen

Natürlich hat in Deutschland oder in anderen Mitgliedsländern der EU kaum ein Bürger von dem Urteil des EGMR Notiz genommen. Geschweige denn, dass seine Bedeutung von den Wählern verstanden worden wäre. Aber die Regierungen, angefangen bei den Asylbehörden, wussten natürlich genau, dass mit diesem – sachlich nicht zu kritisierenden – Urteil eine schwere Bresche in das europäische Asyl- und Flüchtlingssystem geschlagen worden war.

Man sollte erwarten, dass eine kluge, vorausschauende Regierung nun Handlungsbedarf sieht. Vor allem die Regierung eines Landes, in dem viele Flüchtlinge wohl besonders gerne leben würden, weil der Staat ein untadeliger Rechtsstaat ist, der eine starke Wirtschaft, eine gut organisierte Verwaltung und ein leistungsfähiges Sozialsystem sein Eigen nennt. Das gilt nicht nur für Deutschland. Es gibt eine ganze

Reihe derartiger Staaten in der EU. Aber keiner scheint sich sonderlich Gedanken über das Problem gemacht zu haben.

Das ist besonders erstaunlich, weil man von einer klugen, vorausschauenden Regierung erwarten darf, dass sie eins und eins zusammenzählen kann. Das Urteil des EGMR erging im Jahr 2011. Ebenfalls im Jahr 2011 brach in Syrien der Bürgerkrieg aus. Er wurde Jahr für Jahr blutiger und immer mehr Menschen flohen aus Syrien in die Nachbarländer Libanon, Irak, Jordanien und in die Türkei. 2013 hielt sich bereits eine Viertelmillion syrischer Flüchtlinge in der Türkei auf, 2014 stieg die Zahl dramatisch an auf mehr als anderthalb Millionen Menschen.

Seit 2011 zerfiel der syrische Staat. Die syrische Regierung ging mit größter Brutalität gegen abtrünnige Gebiete vor. Die zahlreichen zersplitterten Rebellengruppen kämpften verbissen gegen Assad und gegeneinander. Die Terrororganisation Islamischer Staat dehnte nicht nur ihr Territorium immer weiter aus, sondern verbreitete auch durch unfassbare Gräuel Angst und Schrecken.

Dass die syrische Zivilbevölkerung zu Hunderttausenden in die Türkei flüchtete, war spätestens 2014 allgemein bekannt. Dass die Türkei an Griechenland grenzt, lernt jedes Schulkind im Geographieunterricht. Dass das europäische Asylsystem in Griechenland ausgefallen war und Griechenland somit ein offenes Einfallstor nach Mitteleuropa darstellte, war der EU-Kommission und den Regierungen der Mitgliedsstaaten seit dem Urteil des EGMR bewusst.

Wenn eine kluge, vorausschauende Regierung eins und eins zusammengezählt hätte, hätte sie irgendwann zwischen 2011 und 2014 – also sicher vor »Beginn« der Flüchtlingskrise im September 2015 – erkannt, dass hier dringender Handlungsbedarf besteht.

Um dies anschaulich zu machen: Die Türkei hat praktisch genauso viele Einwohner wie Deutschland, nämlich rund 80 Millionen Menschen. Jeder erinnert sich, welche Belastungen in Deutschland empfunden wurden, als 2015 im Zuge der Flüchtlingskrise rund eine Million Menschen nach Deutschland kamen. Aber Deutschland ist viel reicher als die Türkei. Das deutsche Bruttoinlandsprodukt beträgt mehr als das Vierfache des türkischen. Zugleich kamen viel mehr Flüchtlinge in die Türkei als nach Deutschland, nämlich fast die vierfache Menge.

Man muss keineswegs eine besonders kluge und vorausschauende Regierung sein, um zu erkennen, dass die Türkei mit einem solchen Zustrom von Flüchtlingen überlastet sein könnte. Aber man muss schon eine ziemlich bornierte und kurzsichtige Regierung sein, wenn man untätig hinnimmt, dass sich die materielle Not der Flüchtlinge in der Türkei auch noch vergrößert. Im Herbst 2014 hatte das Welternährungsprogramm der Vereinten Nationen darauf hingewiesen, dass es die Nahrungsmittelhilfe für syrische Flüchtlinge einstellen müsse, weil nicht genügend Gelder verfügbar seien. Schnell wurden weitere Hilfsgelder zugesagt. Vor allem von arabischen Ölstaaten, aber auch von Deutschland. Doch eine Zusage heißt nicht, dass das Geld auch tatsächlich fließt. Nur ein Teil floss.

Das Welternährungsprogramm musste die Unterstützung für syrische Flüchtlinge kürzen. In 2014 bekam jeder Flüchtling ursprünglich Lebensmittel für 28 Dollar pro Monat. Ende 2014 wurde dieser Betrag auf 21 Dollar gekürzt. Zur Jahresmitte 2015 erfolgte eine weitere Kürzung auf 14 Dollar für Bedürftige und 7 Dollar für alle anderen. Als die EU-Staaten sich Ende September 2015 mit diesem Problem befassten, stellten sie fest, dass sie erst die Hälfte des Betrages von 2014 ausgezahlt hatten. Auch Deutschland. Aber nun war es zu spät. Viele Flüchtlinge hatten sich bereits auf den Weg in die EU gemacht.

Der wichtige Punkt ist, dass diese Situation absehbar war. Nicht für den normalen Bürger, der die Zusammenhänge zwischen der innenpolitischen Situation Syriens, den Dublin-Verordnungen der EU und dem Urteil des Europäischen Gerichtshofs für Menschenrechte natürlich nicht herstellt. Schon eher für Presse und Medien, die sich gerne einer kritischen und unabhängigen Berichterstattung rühmen. Ganz gewiss aber für eine Regierung, die hochqualifiziertes Personal in ihren Ministerien und Behörden beschäftigt und deren vorrangige Aufgabe es ist, Bedrohungen zu erkennen und Zusammenhänge zu verstehen.

Ähnlich wie die Eurokrise war auch die Flüchtlingskrise ein vorhersehbares Ereignis. Natürlich nicht in dem Sinne, dass man sicher wusste, dass und wann der große Flüchtlingsstrom einsetzen würde. Aber doch in dem Sinne, dass man damit rechnen musste, dass genau das passieren würde. Der Systemausfall begann im Januar 2011 mit dem Urteil des Europäischen Gerichtshofs für Menschenrechte. Mehr als vier Jahre vor dem Beginn der großen Flüchtlingstrecks wussten die Fachleute, dass das Dublin-System der europäischen Asyl- und Flüchtlingspolitik in Griechenland eine offene Wunde hatte. In den Jahren seit 2011 wussten die Fachleute, dass der Flüchtlingsdruck in der Türkei dramatisch anstieg und auf absehbare Zeit weiter ansteigen würde. Aber niemand tat etwas.

Es ist unklar, ob die Fachleute nicht gewarnt haben oder ob die politische Führung die Warnungen überhört hat. Aber da die Fachleute die Gefahren zweifellos kannten, wäre es sehr überraschend, wenn sie nicht auch darauf hingewiesen hätten. Und so liegt das Versagen wahrscheinlich auf der hohen Regierungsebene: entweder bei den Beamten, die Informationen aus unterschiedlichen Themenfeldern (hier: Asylpolitik und Außenpolitik) vernetzen müssen, oder unmittelbar bei den politisch Verantwortlichen, die solche Warnungen möglicherweise einfach überhört haben und untätig geblieben sind. Warum eigentlich gibt es keinen Untersuchungsausschuss im Deutschen Bundestag, der sich mit diesem Regierungsversagen befasst?

1.9 Wie man hätte handeln müssen

Die Feststellung, dass die Regierungen untätig waren, wirft unmittelbar die Frage auf, was sie denn hätten tun können. Die Antwort ist ganz einfach: Sie hätten dafür Sorge tragen müssen, dass das griechische Asylsystem funktioniert. Oder ein bisschen schärfer: Sie hätten bereits 2011 unbedingt und unverzüglich Verbesserungen in Griechenlands Asylsystem durchsetzen müssen. Und zwar so, dass die Verfahren europäischen Standards entsprechen und Griechenlands Umgang mit Asylbewerbern nicht länger als menschenunwürdig gebrandmarkt werden kann.

Beides wäre eigentlich eine Selbstverständlichkeit gewesen. Führende Repräsentanten der EU werden selten müde darin, die gemeinsamen Werte der EU zu betonen. Sie loben die EU als einen Raum der Freiheit, der Sicherheit und des Rechts. Aber das griechische Asylsystem verstieß eklatant gegen die gemeinsamen Werte der EU – es verstieß gegen die Menschenwürde. Die Asylbewerber, die ohne irgendeinen Vorwurf strafbarer Handlungen in Gefängniszellen zusammengepfercht wurden, waren nicht frei. Die Asylbewerber, die in Griechenland auf der Straße leben mussten, waren nicht sicher. Und die, die ohne individuelle Prüfung in Pauschalbescheiden als Wirtschaftsmigranten abgelehnt wurden, erhielten nicht ihr Recht.

Wenn die EU ihre eigenen hohen Ansprüche ernst genommen hätte, hätte sie spätestens nach dem Urteil des EGMR umgehend gegen die Zustände in Griechenland einschreiten müssen. Im Normalfall ist es natürlich nicht einfach, in ein anderes, souveränes Land hineinzuregieren. Aber im Jahr 2011 war Griechenland ja kein Normalfall. Griechenland war der prominenteste Problemfall der Eurozone und hing finanziell am Tropf der anderen Eurostaaten. Diese gewährten Griechenland »konditionierte Hilfe«: Kredite im Volumen dreistelliger Milliardenbeträge unter der Bedingung, dass Griechenland eine lange Liste von Reformen abarbeitete.

Was hätte näher gelegen, als in die Reformen, die Griechenland im Gegenzug zu den Milliardenkrediten abverlangt wurden, auch die Reform des Asylwesens aufzunehmen? Wenn es doch hier um einen Bereich geht, wo die europäischen Werte verletzt werden, wo die Menschenwürde missachtet wird, wo das Funktionieren des gesamten europäischen Asylsystems beeinträchtigt ist? Gar nicht zu reden von einer drohenden Flüchtlingskrise, die sich gerade im Nachbarland Türkei aufbaute.

Drei Anpassungsprogramme vereinbarte die EU im Zuge ihrer Rettungspolitik mit Griechenland. Jedes enthielt umfangreiche Reformauflagen. Teilweise schrieben die Geldgeber sogar solch kleine Details wie die Liberalisierung der Milchpreise in Athen vor. Aber nirgendwo in allen drei Programmen findet sich auch nur einmal das Wort Asyl. Nirgendwo wurden Reformen des griechischen Asylsystems verlangt, obwohl sein Zustand in jeder Hinsicht den Ansprüchen der europäischen Asyl- und Flüchtlingspolitik Hohn sprach.

Insgesamt 270 Milliarden Euro stellte die Eurozone Griechenland im Rahmen der Eurorettungspolitik zur Verfügung. Warum verlangte sie nicht, dass ein Bruchteil dieses Geldes ausgegeben wurde, um die schmutzigen Matratzen in den Haftanstalten zu erneuern, um größere Zellen zu bauen und genügend Duschen und Toiletten vorzusehen? Warum konnte nicht ein Teil des Geldes verwendet werden, um das Personal in den Asylbehörden aufzustocken und angemessen auszubilden? Warum ließ man die Griechen nicht einen Teil des Geldes in die Schaffung von Unterkünften investieren, sodass Asylbewerber nicht mehr als Obdachlose auf Parkbänken schlafen müssen?

Es ist für mich unbegreiflich, wie sehr die europäische Politik auch auf diesem Feld versagt hat. Es scheint, als fehle es auf höchster Ebene an der Fähigkeit, Informationen aus unterschiedlichen Politikfeldern zu verknüpfen, Zusammenhänge herzustellen und daraus die erforderlichen Maßnahmen abzuleiten.

Offenbar gibt es hier einen Totalausfall beim systemischen Denken. Dessen besondere Tragik liegt darin, dass man zwei Fliegen mit einer Klappe hätte schlagen können, wenn man Griechenland im Zuge der Eurorettung dazu bewegt hätte, sein Asylsystem auf Vordermann zu bringen: Erstens hätte man die EU auf diesem wichtigen Feld wieder ins Lot gebracht: Die Verletzung europäischer Werte wäre beendet worden und man hätte das havarierte europäische Asyl- und Flüchtlingssystem wieder flott gemacht. Zweitens aber hätte man den großen Kontrollverlust der Flüchtlingskrise verhindert.

Denn wenn das europäische Asylsystem in Griechenland so funktioniert hätte, wie es von der EU konzipiert worden war, dann wäre die Anzahl syrischer Flüchtlinge, die in der EU um Asyl bitten wollten, zweifellos viel geringer gewesen. Denn fast alle Flüchtlinge hätten ihr Asylverfahren ja in Griechenland durchführen lassen müssen, da dies das erste EU-Land war, das sie betraten.[10]

Es ist aber wohl unstrittig, dass die Aussicht auf Asyl in dem ökonomisch darbenden Griechenland für die meisten Syrer weitaus weniger attraktiv war als die Hoffnungen, die sich mit Ländern wie Deutschland, Schweden oder den Niederlanden verbanden. Die Tatsache, dass man von Griechenland aus einfach weiter nach Mittel- und Nordeuropa befördert wurde und dann in besonders wohlhabenden Staaten einen Asylantrag stellen durfte, hat sicherlich eine ungleich größere Anzahl von syrischen Flüchtlingen zum Verlassen der Türkei ermuntert, als es die Aussicht auf Asylgewährung »nur« in Griechenland je getan hätte.

Aber es wäre natürlich ethisch völlig unvertretbar, die Flüchtlinge aus der Türkei einfach nur abzuschrecken durch ein Ersteinreiseland, das Asylbewerber unter unwürdigen Bedingungen leben lässt. Es gab also zwei zwingende Gründe, weshalb das griechische Asylsystem dringend verbessert werden musste: Erstens weil nur so die Zuständigkeit Griechenlands für die über seine Grenze einreisenden Asylbewerber wiederhergestellt werden konnte und zweitens weil Asylbewerber nicht durch die Aussicht auf erniedrigende Behandlung abgeschreckt werden dürfen.

Vereinfachend gesprochen ist es doch so: Viele syrische Flüchtlinge in der Türkei werden Griechenland nicht viel attraktiver finden als die Türkei. Was an Griechenland attraktiv ist, ist die Möglichkeit der Weiterreise nach Deutschland. Wenn aber das Dublin-System funktioniert, ist in Griechenland Endstation. Das hält viele von der Einreise ab. Wenn sich aber Deutschland durch Griechenland abschotten lässt, dann muss zumindest sichergestellt sein, dass Flüchtlinge in Griechenland anständig behandelt werden. Erstens weil das eben anständig ist, zweitens weil nur dann das Dublin-System funktioniert.

---

10   Nur die wenigsten syrischen Bürgerkriegsflüchtlinge dürften Bindungen an ein anderes EU-Land gehabt haben, die sie zur Antragstellung in diesem Land berechtigt hätten.

1.10 Die Asylgesetzgebung der EU: Von Anfang an schlecht konzipiert

Aber ein bisschen hässlich ist es schon, nicht wahr? Ein bisschen hässlich ist es schon, wenn Deutschland sich durch Griechenland abschotten lässt. Es ist erstens ein bisschen hässlich und zweitens völlig wahr.

Hier komme ich zu einem weiteren – und eigentlich dem ersten – Aspekt des die Flüchtlingskrise ermöglichenden Systemausfalls: Die europäische Asyl- und Flüchtlingsgesetzgebung war von Anfang an schlecht konzipiert. Schon als 1999 mit dem Vertrag von Amsterdam die Asylpolitik aus dem Kompetenzbereich der Mitgliedsstaaten auf die europäische Ebene übertragen wurde, wurden zwei entscheidende Fehler gemacht:

Fehler Nummer eins betrifft die Zuständigkeit der Mitgliedsstaaten für Asylverfahren. Diese wurde in den sogenannten Dublin-Verordnungen geregelt.[11] Nach ihnen bestimmte sich im Fall Mohammeds, dass Griechenland und nicht Belgien für Mohammeds Asylantrag zuständig war. Wie oben bereits erwähnt, besteht das Grundprinzip darin, dass derjenige Mitgliedsstaat für die Durchführung des Asylverfahrens zuständig ist, dessen Grenze ein von außen einreisender Asylbewerber als Erstes überquert.

So sinnvoll diese Regelung ist, um Anreize für eine sorgfältige Kontrolle der EU-Außengrenzen zu setzen, so offenkundig ungerecht ist sie. Denn es gibt nun mal Staaten in der EU, die eine Außengrenze haben, und andere Staaten haben das nicht. Österreich zum Beispiel wäre nach diesem Prinzip für überhaupt keine Asylbewerber zuständig und Deutschland für kaum mehr als die, die durch das Wattenmeer zu uns rudern. Natürlich gibt es ein paar Sonderbestimmungen: direkte Ankünfte im Flugzeug zum Beispiel oder die Flüchtlinge, die bereits Verwandte im Land haben oder sich früher schon einmal legal im Land aufgehalten

---

11   Derzeit ist (noch) die dritte Dublin-Verordnung (Dublin III) in Kraft. Mohammeds Fall fiel unter Dublin II. Für die Argumentation in diesem Buch sind die Unterschiede zwischen diesen Verordnungen nicht bedeutend.

haben. Aber das sind kleine Fallzahlen. Wenn das Prinzip Außengrenze angewendet wird, sind Deutschland und Österreich fein raus. Und ebenso glimpflich kommen Länder davon, deren Küsten keinem Flüchtlingsdruck ausgesetzt sind: Schweden, Frankreich, Irland, Dänemark etc. Etwas weniger komfortabel stehen die osteuropäischen Staaten da, die an Russland, Weißrussland oder die Ukraine angrenzen. Da könnten eines Tages größere Flüchtlingsströme kommen, aber derzeit ist das glücklicherweise nicht der Fall. Die Hauptlast liegt eindeutig bei den Mittelmeerländern Griechenland, Italien und Spanien. Da die meisten Flüchtlinge nun einmal aus Asien oder aus Afrika kommen, müssen diese drei Staaten gemäß den Dublin-Verordnungen den weitaus größten Teil der Asylverfahren durchführen und – wenn sie Asyl gewähren, die Flüchtlinge bei sich aufnehmen.

Dass die Südstaaten das ungerecht finden, ist gut nachvollziehbar. Man muss sich fragen, warum sie der Regelung überhaupt je zustimmten. Aber man kann sich auch fragen, was die Politiker der anderen Staaten sich eigentlich dabei gedacht haben. Hatten sie nur den kurzfristigen Vorteil ihres eigenen Landes im Sinn? Hat sich denn keiner darüber Gedanken gemacht, wie das System funktionieren soll, falls aus Afrika oder Asien ein großer Flüchtlingsstrom auf diese ökonomisch und administrativ eher schwachen Länder trifft? Das Scheitern an einer großen Krise ist dem Dublin-System quasi genetisch eingeschrieben.

Fehler Nummer zwei betrifft den Kreis der Anspruchsberechtigten. Die Begriffe »Flüchtling« und »Asylberechtigter« bedeuten im EU-Recht fast dasselbe:[12] Damit werden Menschen bezeichnet, die auch nach Artikel 16a des Grundgesetzes als »politisch verfolgt« Anspruch auf Asyl hätten. Mit politischer Verfolgung ist eine individuell erlittene Verfolgung gemeint, die ihr Heimatstaat aus politischen Gründen durchführt: Die

---

12   Das ist sehr verwirrend: Nach der Terminologie des EU-Rechts und auch nach der Terminologie der Genfer Flüchtlingskonvention ist ein »Flüchtling« fast dasselbe wie nach deutschem Recht ein »politisch Verfolgter«. Kriegs- und Bürgerkriegsflüchtlinge fallen nicht unter diesen Begriff des »Flüchtlings«. Sie werden vielmehr im EU-Recht unter dem Begriff der »subsidiär Schutzberechtigten« gefasst.

Regierung verfolgt politisch Andersdenkende oder zum Beispiel Homosexuelle oder die Mitglieder einer religiösen Gruppe oder die Angehörigen einer ethnischen Minorität. Alles dies gehört zur politischen Verfolgung und begründet einen Anspruch auf Asyl.

Das Grundgesetz ebenso wie die Genfer Flüchtlingskonvention schützen Menschen vor dieser Art von politischer Verfolgung. Weder das Grundgesetz noch die Genfer Flüchtlingskonvention schützen die Opfer von Kriegen oder Bürgerkriegen. Aber die EU-Gesetzgebung tut dies, indem sie die neue Kategorie des »subsidiär Schutzberechtigten« schuf.

Kriegshandlungen sind keine individuelle Verfolgung. Man wird Opfer eines Krieges unabhängig von seiner Hautfarbe, seiner sexuellen Orientierung, seiner religiösen oder ethnischen Zugehörigkeit. Kriege oder Bürgerkriege sind schreckliche Schicksalsschläge für alle Bürger eines Staates, aber sie haben nichts mit individueller Verfolgung zu tun.

Dass das Grundgesetz kein Asyl für die Opfer von Kriegen und Bürgerkriegen gewährt, war ausschließlich der Einsicht geschuldet, dass die Mengen von Anspruchsberechtigten in einem solchen Fall nicht beherrschbar wären. Deutschland hatte ja gerade erst erfahren, wie viele Millionen Flüchtlinge in einem Krieg entwurzelt werden können. So aufrichtig die Väter des Grundgesetzes sicherlich tiefes Mitgefühl für Kriegsflüchtlinge empfanden und so sehr sie ihr Los bedauerten, so verbot ihnen doch gerade ihr Wissen um die enorme Zahl von Vertriebenen und Flüchtenden, allen Opfern von Krieg und Bürgerkrieg grundsätzlich einen Rechtsanspruch auf Aufnahme in Deutschland zu verbriefen.

Die EU-Asylanerkennungs-Richtlinie von 2004 machte aber genau das. Sie unterschied zwischen Flüchtlingen und »subsidiär Schutzberechtigten«. Flüchtlinge entsprachen ungefähr den Menschen, die auch nach dem Grundgesetz asylberechtigt wären. »Subsidiär Schutzberechtigte« aber war eine im deutschen Recht bisher nicht verankerte Kategorie von Verfolgten, die im Wesentlichen aus den Opfern kriegerischer Handlungen bestanden. Diesen Menschen wurde im EU-Recht ebenfalls ein Anspruch auf internationalen Schutz verbrieft, und zwar ohne jede mengenmäßige Beschränkung.

Damit ging und geht die EU-Flüchtlingsgesetzgebung weit über das hinaus, was in Deutschland und zahlreichen anderen EU-Staaten an Schutzrechten gesetzlich verankert war, bevor die Kompetenz für Asyl- und Flüchtlingsangelegenheiten von den Mitgliedsstaaten auf die europäische Ebene übertragen wurde. Schutzberechtigt sind jetzt nicht mehr nur diejenigen Personen, die in ihren Heimatstaaten durch ihre *eigene* Regierung gezielt verfolgt werden, weil sie bestimmte, individuelle Merkmale haben, die sie von anderen Bevölkerungsgruppen unterscheiden. Schutzberechtigt ist seit der Europäisierung des Asylrechts auch unterschiedslos die gesamte Bevölkerung eines Staates, die den Angriffen einer *fremden* Macht (also eines anderen Staates oder einer gegen den eigenen Staat gerichteten bewaffneten Rebellengruppe) ausgesetzt ist.

»Edel sei der Mensch, hilfreich und gut«, heißt es in Goethes Hymne »Das Göttliche«. Diese Absicht lag sicherlich auch der EU-Gesetzgebung zugrunde. Niemand wird die gute Absicht bestreiten wollen. Allerdings sprach Goethe vom Menschen. Für einen Staat ist die Sache komplizierter. Er kann nicht grenzenlos barmherzig sein, denn er muss das Wohlergehen aller seiner Bürger im Auge haben. Während ein Mensch aus freiem Herzen, spontan und unbeschränkt helfen darf, muss ein Staat besonnen und gerecht auch gegenüber den Anliegen anderer Bürger handeln. Das gilt auch für eine Bundeskanzlerin.

Das Problem ist nun, dass die EU eine sehr vollmundige Versprechung gemacht hat. De facto wird jedem Verfolgten auf der Welt zugesichert, dass er internationalen Schutz erhält, wenn er es schafft, die EU zu erreichen. Nach sehr groben Schätzungen gilt diese Zusage für einen Personenkreis von derzeit ca. 60–80 Millionen Menschen. Aber was genau heißt es, dass diese Personen Schutz »in der EU« erhalten würden? Die EU besteht aus 28 Staaten, von denen sich keiner darum reißt, große Mengen an Verfolgten aufzunehmen.

Die EU hat zwar eine Verteilungsregel beschlossen. Diese läuft im Wesentlichen darauf hinaus, dass Italien, Spanien und Griechenland für die meisten Asylfälle zuständig sind. Aber die EU hat keinen Mechanismus beschlossen, der diese drei Staaten vor einer Überlast von Antragstellern schützt. Schon vor Ausbruch der Flüchtlingskrise war Griechenland offenbar – zumindest nach eigener Einschätzung – überlastet. Davon zeugten zum Beispiel die Schlangen von bis zu 2000 Antragstellern vor Asylbehörden, die kaum mehr als 300 Personen pro Tag anhören konnten.

Wie man entscheidet, ab wann ein Land überlastet ist, ist eine schwierige Frage, auf die ich gleich noch einmal zurückkommen werde. Aber wichtig ist, dass eine europäische Asylgesetzgebung so beschaffen ist, dass eine langwährende Überlastung gar nicht erst entstehen kann. Das kann entweder durch eine Mengenbegrenzung geschehen, die es in der europäischen Gesetzgebung nicht gibt, oder durch Umverteilung der Last auf andere Länder, wofür es in der EU an politischem Konsens fehlt. Ein solcher Entlastungsmechanismus ist letztlich aber auch nur eine Scheinlösung, weil bei unbegrenztem Aufnahmeanspruch natürlich auch eine Situation entstehen könnte, in der schließlich alle Länder überlastet wären. Insofern bedarf eine funktionierende Gesetzgebung zum Schutz eines weiten Kreises von Verfolgten zwingend immer einer mengenmäßigen Obergrenze.

1.11 Der Systemausfall hält an

Wie bereits in der Eurokrise, so hat auch in der Flüchtlingskrise der Systemausfall drei Wurzeln: Erstens ist die Asyl- und Flüchtlingsgesetzgebung schon von Anfang an schlecht konzipiert gewesen. Sie verteilt die Lasten extrem ungerecht auf wenige südeuropäische Länder und sieht keinen Schutz vor Überlastung vor. Insofern ist der Zusammenbruch des Gesetzes in Stresssituationen schon im Gesetz angelegt.

Zweitens ist das mangelhaft konstruierte Gesetzeswerk an einer entscheidenden Stelle außer Kraft gesetzt worden durch das Urteil des EGMR. Ein wichtiges Teilsystem fiel aus, als Rückführungen nach Griechenland unmöglich wurden. Dies beeinträchtigte zum einen die

Steuerungsfunktion des gesamten Asylsystems. Es kam zu einer unkontrollierten Umverteilung der Lasten. Dieser hatten die davon betroffenen Staaten nicht zugestimmt. Zum anderen führte gerade die Bresche, die das EGMR-Urteil in das europäische Asylsystem geschlagen hatte, dazu, dass besonders viele Flüchtlinge in die EU einreisten und damit eine Überlastungssituation schufen, in der das Gesamtsystem kollabierte. Das Resultat war der völlige Kontrollverlust an den Grenzen, in dessen Folge keineswegs nur Bürgerkriegsflüchtlinge, sondern zum Beispiel auch große Mengen an Wirtschaftsmigranten aus den Balkanstaaten unüberprüft nach Deutschland oder in andere EU-Staaten einreisen konnten.

Drittens waren die EU-Kommission und die Regierungen der Mitgliedsstaaten nach dem EGMR-Urteil und im Wissen um die schnell wachsende Menge an syrischen Bürgerkriegsflüchtlingen schlicht untätig. Obwohl gerade die Eurorettungspolitik in Griechenland eine gute Handhabe geboten hätte, wurde nichts unternommen, um den leicht erkennbaren Systemausfall zu beheben, bevor es zum völligen Kontrollverlust kam.

Vom Untergang der Titanic wird berichtet, dass einige begüterte männliche Passagiere sich durch die Kollision mit dem Eisberg nicht beunruhigen ließen und bis zum Ende den Klängen des Schiffsorchesters lauschten. Keine Panik auf der Titanic! Glaubten diese Passagiere bis zuletzt an die Unsinkbarkeit der Titanic oder verzichteten sie zugunsten von Frauen und Kindern auf einen Platz in den Rettungsbooten? Wir wissen es nicht und wir werden es nie wissen. Vielleicht war es eine stoische und opfermütige Haltung im Angesicht einer Katastrophe, die nicht mehr zu verhindern war. Vielleicht erlagen diese Passagiere aber auch einem Realitätsverlust, der an die ignorante Business-as-usual-Haltung der EU-Führung und der Regierungen ihrer Mitgliedsstaaten angesichts des offensichtlichen Systemausfalls zwischen 2011 und 2015 erinnert.

Der Kontrollverlust in der Flüchtlingskrise 2015 jedenfalls wäre zu verhindern gewesen. Auf die Möglichkeiten, das griechische Asylsystem binnen vier Jahren wieder flott zu machen, habe ich verwiesen. Man hätte aber auch die systemischen Mängel in der Asylgesetzgebung der EU angehen und beheben können.

Trotz der Verwerfungen durch den großen Flüchtlingsstrom 2015/16 gibt es in beiden Dimensionen bis zum heutigen Tag nur geringe Fortschritte. Das griechische Asylwesen ist dem Vernehmen nach etwas verbessert worden und in Einzelfällen dürfen EU-Staaten inzwischen Flüchtlinge, für die Griechenland zuständig ist, wieder zurückführen. Aber nur in Einzelfällen. Bezüglich der gesetzgeberischen Mängel gibt es seit bald vier Jahren keinen Konsens darüber, wie die Asylgesetzgebung der EU neu gefasst werden sollte.

Letzteres hängt mit dem Lissabon-Vertrag zusammen, der das Thema des folgenden Kapitels ist. Dort werde ich die meiner Meinung nach einzige Möglichkeit beschreiben, wie der Systemausfall im Bereich Flüchtlingspolitik auf der gesetzgeberischen Ebene gelöst werden kann.

Derzeit müssen wir nüchtern feststellen, dass das Problem fortbesteht. Das Dublin-System ist in der Flüchtlingskrise zusammengebrochen und kaum jemand bestreitet, dass es in dieser Form nicht wieder errichtet werden kann. Es bedarf also einer neuen Gesetzgebung. Zwar haben das EU-Türkei-Abkommen und die Schließung der Balkanroute durch Nicht-EU-Staaten wie Mazedonien temporär den Flüchtlingsdruck deutlich reduziert. Aber das Grundproblem einer schlecht konzipierten und praktisch nicht mehr respektierten Gesetzgebung ist nicht behoben.

Der Systemausfall hält also an. Im Falle eines neuen Flüchtlingsstroms wären wir schlecht gewappnet.

Leider ist dies nicht das einzige Beispiel eines fortbestehenden Systemausfalls. Es gibt zahlreiche andere. Immer sind es Mängel in den Gesetzen und vertraglichen Grundlagen der EU, die noch nicht behoben sind. Aufgrund des Lissabon-Vertrages kommen sie in den letzten Jahren sogar verschärft zur Geltung und bedrohen die Einheit der EU. Dies zeigt das folgende Kapitel.

2. KAPITEL

VON DER EINSTIMMIGKEIT ZUR MEHRZÜNGIGKEIT

Als das Volk Israel um 540 v. Chr. aus dem babylonischen Exil zurückkehrte, berichtete es von einem gewaltigen Turm, der in Babylon gebaut werden sollte. Dem jüdischen Historiker Flavius Josephus zufolge sollte dieser Turm der Bevölkerung Schutz bieten, falls Gott erneut die Welt mit einer großen Flut heimsuchen sollte.

Die Bibel berichtet, dass die Arbeiten am Turm zügig voranschritten. Gott selbst habe dies so kommentiert: »Siehe, ein Volk sind sie und eine Sprache haben sie alle. Und das ist erst der Anfang ihres Tuns. Jetzt wird ihnen nichts mehr unerreichbar sein, wenn sie es sich zu tun vornehmen« (1. Moses 11,6). In moderne Sprache übersetzt heißt dies wohl nichts anderes, als dass die Babylonier ihr Projekt planvoll und systematisch vorantrieben.

Aber dann scheint etwas an dem Bauvorhaben gründlich schief gegangen zu sein. Dies wird in die Worte gekleidet, dass Gott die Sprache der Babylonier verwirrt habe, sodass keiner den anderen mehr verstehen konnte. Wenn man das wörtlich nimmt, muss dies der ultimative Systemausfall gewesen sein. Systeme funktionieren nicht ohne Kommunikation. Natürlich konnte eine antike Zivilisation ein Bauprojekt nicht vollenden, wenn die Planungen nicht mehr erklärt und Anweisungen nicht mehr verstanden werden konnten.

Was uns im Folgenden interessieren soll, ist die Reaktion auf den Systemausfall. In Babylon führte sie dazu, dass die eben noch an einem bedeutenden gemeinsamen Projekt arbeitenden Menschen den Turmbau aufgaben und über die ganze Erde zerstreut wurden. Vielleicht kann man die Sprachverwirrung so verstehen, dass die unterschiedlichen Bautrupps sich zerstritten hatten und nun jeder seiner Wege zog. Das ursprünglich Geplante funktionierte nicht und es gab keine Einigkeit darüber, wie man es wieder zum Funktionieren bringen könnte. Also trennte man sich.

Vielleicht aber steht der Turm zu Babel auch symbolisch für das Reich der Babylonier. Dieses Reich war ein lange Zeit sehr erfolgreicher, gut funktionierender Vielvölkerstaat, in dem auch die verschleppten Juden schnell in die Oberschicht aufsteigen konnten. Unter dem Herrschaftssystem der babylonischen Könige – so eine mögliche Interpretation – waren sich die vielen Völker einig, sie sprachen eine Sprache. Aber als dieses Herrschaftssystem ausfiel, weil der Perserkönig Kyros der Große Babylon eroberte, kam es zu Streitigkeiten, und zumindest einige der in Babylon lebenden Völker besannen sich auf die Vorzüge der alten Heimat. So auch das Volk Israel, das der Völkergemeinschaft den Rücken kehrte und zurück ins Gelobte Land zog.

Sie merken, ich steuere auf das Thema Brexit zu. Die im Juni 2016 getroffene Entscheidung der britischen Bevölkerung, aus der Europäischen Union auszutreten, hängt ja zweifellos damit zusammen, dass sich ein großes, gemeinschaftliches Projekt nicht so entwickelt hat, wie die Briten es sich erhofft hatten. Nun kehren sie diesem Projekt den Rücken.

Aber mir geht es nicht um diese Oberflächlichkeit, die allgemein bekannt ist. Mir geht es um die Wirkungen und Folgen der Systemausfälle in der EU. Eine davon, die augenfälligste, ist der Brexit. Eine andere ist die Spaltung der EU in einen nordwesteuropäischen, einen osteuropäischen und einen südeuropäischen Teil. Zwischen diesen Teilen entstehen immer stärkere Zerwürfnisse und Frontlinien. Beide Entwicklungen, der Brexit und die Zerwürfnisse in der EU, bedrohen den Zusammenhalt der Union. Man hat zunehmend den Eindruck, dass ihre Völker nicht mehr dieselbe Sprache sprechen.

Ich will in diesem Kapitel herausarbeiten, dass es keineswegs unmittelbar die immer tiefere Integration ist, die zu den wachsenden

Spannungen in der EU und sogar zum Austritt eines wichtigen Mitgliedslandes führt. Wenn es um Vertragsänderungen ging, war die EU in ihrer Praxis oft viel flexibler als in ihrer Rhetorik. So hat sie es stets zugelassen, dass Mitgliedsstaaten bestimmte Integrationsschritte nicht mitgemacht haben, wenn sie diese nicht guthießen. Viele EU-Länder sind nicht im Euro, Großbritannien nimmt nicht an der Bankenunion teil, Dänemark, Großbritannien und Irland haben sich ganz oder teilweise von der gemeinsamen Asylpolitik ausnehmen lassen. Die EU ist eine EU unterschiedlicher Geschwindigkeiten, und diese Tatsache hat noch keinen Mitgliedsstaat zum Austritt bewogen – eher im Gegenteil.

Es ist also nicht per se die Währungsunion oder die gemeinsame Asylpolitik, die die Stabilität der EU bedroht. Es sind die *Systemausfälle* in der Währungsunion und in der gemeinsamen Asylpolitik, die zu den Spannungen und – im Falle Großbritanniens – zum Austritt führen. Nicht eine bestimmte Integrationsmaßnahme, sondern ihr *Nichtfunktionieren* gefährdet die Einheit der EU. Dies liegt daran, dass die Reaktion der EU auf einen Systemausfall gegen zentrale Interessen einzelner Mitgliedsstaaten verstoßen kann.

Eine wichtige Rolle spielt hierbei der Vertrag von Lissabon, der 2009 in Kraft trat. Dieser Vertrag ersetzte die gescheiterte Europäische Verfassung, die 2005 in Referenden in Frankreich und den Niederlanden abgelehnt worden war. Die wichtigste Änderung vor dem Hintergrund der Systemausfälle in problembehafteten Tätigkeitsfeldern der EU war der weitgehende Übergang vom Einstimmigkeitsprinzip zum Mehrheitsprinzip im »Ministerrat«, dem Rat der Europäischen Union.[1]

Bis zum Inkrafttreten des Vertrags von Lissabon hatten die Mitgliedsstaaten der EU in den meisten Angelegenheiten ein Vetorecht. Alle Gesetze mussten also einstimmig durch den Rat gehen. Da aber die EU von anfangs sechs auf inzwischen 28 Mitglieder angewachsen

---

1   Ich werde hinfort oft den inoffiziellen Ausdruck »Ministerrat« oder kurz »Rat« verwenden. Die offizielle Bezeichnung »Rat der Europäischen Union« wird leicht verwechselt mit dem »Europäischen Rat«, dem Gremium, in dem sich die Staats- und Regierungschefs versammeln.

war, drohte der EU die Entscheidungsunfähigkeit, wenn es weiterhin möglich sein würde, dass jedes einzelne Mitgliedsland – auch wenn es sich nur um einen Kleinstaat wie Malta oder Luxemburg handelte – jedes Gesetz durch sein Veto blockieren konnte.

Deshalb wurde im Vertrag von Lissabon verankert, dass der Rat künftig in den meisten Angelegenheiten mit »qualifizierter Mehrheit« entscheidet.[2] Die Mitgliedsstaaten verloren also ihr Vetorecht. Jedes einzelne Land kann seit Inkrafttreten des Lissabon-Vertrages überstimmt werden. Das ist in vielen Fällen praktisch, nämlich dann, wenn es um Angelegenheiten von minderer Bedeutung geht. Aber es sorgt für politischen Sprengstoff, wenn ein Land in einer Angelegenheit überstimmt wird, die es zu seinen vitalen Interessen zählt. Das war die Sorge von David Cameron.

2.1 Die Vorgeschichte des Brexit

Der Brexit ist das Werk von David Cameron. Ein unbeabsichtigtes Werk, aber doch von vorne bis hinten sein Werk.

Es begann, als Cameron und seine konservative Partei in Großbritannien in der Opposition waren. Damals stand der Lissabon-Vertrag zur Verabschiedung an und die Labour-Regierung von Premierminister Gordon Brown befürwortete den Lissabon-Vertrag. Cameron, der Oppositionsführer im Unterhaus, war gegen den Lissabon-Vertrag, denn dieser Vertrag beraubte Großbritannien seines Vetorechts im Ministerrat. Das ist ein wichtiges Recht, und es war zumindest für David Cameron nicht erkennbar, was Großbritannien im Austausch durch den Lissabon-Vertrag eigentlich hinzugewann.

Im benachbarten Irland fand ein Referendum über den Lissabon-Vertrag statt. Dabei sprachen sich die Iren gegen den Vertrag aus.

---

2   Wie schon in Kapitel 2 erläutert, erfordert die qualifizierte Mehrheit, dass mindestens 55 Prozent der Mitgliedsstaaten zustimmen und diese 65 Prozent der Bevölkerung vertreten.

Niemand zweifelte daran, dass die Briten ähnlich entscheiden würden, wenn es in Großbritannien ebenfalls eine Volksabstimmung gäbe. Cameron, im Unterhaus ohne Mehrheit, sah die doppelte Möglichkeit, die sich ihm bot: den ungeliebten Lissabon-Vertrag zu verhindern und sich selbst als den Premierminister zu porträtieren, der das Volk entscheiden lassen würde.

Deshalb versprach Cameron, dass er als Premier ein Referendum abhalten würde, falls der Lissabon-Vertrag zum Zeitpunkt seiner Amtsübernahme noch nicht in Kraft wäre. Aber nur dann. Denn einen Vertrag, der schon von allen EU-Staaten ratifiziert wurde, kann natürlich nicht mehr per Referendum gekippt werden.

Pech für Cameron. Als er 2010 die Wahlen gewann, war nichts mehr zu ändern. Der Lissabon-Vertrag war in Kraft. Großbritannien hatte ihn als einer der ersten Staaten ratifiziert.

Aber der Geist war aus der Flasche. Das Wort vom Referendum hing in der Luft und wollte nicht weichen. Es war wie mit der Grinsekatze aus »Alice im Wunderland«. Wenn die Katze verschwand, blieb ihr Grinsen in der Luft hängend zurück.

David Cameron konnte und wollte kein Referendum über den Lissabon-Vertrag mehr durchführen. Stattdessen versuchte er, die EU-Gegner in seiner eigenen Konservativen Partei durch den sogenannten European Union Act von 2011 zu beruhigen. Dies war ein Gesetz, das für künftige Veränderungen an den Europäischen Verträgen zwingend ein Referendum in Großbritannien vorschrieb.

Für Cameron war die Sache damit erst einmal erledigt. De facto verhinderte der European Union Act eine tiefere Integration Großbritanniens in die EU. Cameron hoffte, dass die konservativen EU-Gegner nun nicht mehr ständig auf der britischen EU-Mitgliedschaft herumhacken würden, sondern sich anderen, wichtigeren Fragestellungen widmen würden.

Diese Strategie hätte vielleicht auch funktionieren können. Aber nun kam die Eurokrise. Genauer: Man war schon mitten drin. Als Cameron 2011 den European Union Act beschließen ließ, war die Krise in vollem

Gange. Griechenland, Portugal, Spanien und Italien wankten. Irland, Großbritanniens engster Nachbar, wankte auch. Die Eurozone hatte die ersten großen Rettungsschirme beschlossen. Die EU als Ganzes hatte sich daran ursprünglich beteiligen wollen, aber Großbritannien hatte dies unterbunden. Cameron sah gar nicht ein, weshalb britisches Geld für die Rettung einer Währung eingesetzt werden sollte, aus der die Briten sich bewusst herausgehalten hatten.

Heraushalten war bis dahin das bestimmende Prinzip der britischen EU-Politik gewesen. Für die Briten war das große europäische Projekt der Binnenmarkt. Bis heute werden britische Politiker nicht müde, zu betonen, dass dieser Binnenmarkt eigentlich das Werk des früheren britischen EU-Kommissars Arthur Cockfield gewesen ist. Cockfield war von 1984–1988 Vizepräsident der EU-Kommission unter Jacques Delors gewesen und hatte fast 300 Gesetzeswerke auf den Weg gebracht, mit denen der heutige Binnenmarkt geschaffen wurde.

Aus den meisten anderen Maßnahmen der EU hat sich Großbritannien lieber herausgehalten. Die Briten hielten nichts vom Euro und ließen sich vertraglich das Recht einräumen, dauerhaft das Britische Pfund behalten zu dürfen. Sie hielten nichts von der Bankenunion und beaufsichtigen ihre Kreditinstitute lieber selbst. Sie hielten nichts vom Wegfall der Grenzkontrollen im Schengen-Raum und unterzeichneten das Schengener Abkommen daher nicht. Sie hielten wenig von der gemeinsamen Asylpolitik der EU und ließen sich im Vertrag von Amsterdam das Recht einräumen, an dieser Politik nicht teilnehmen zu müssen. Sie halten auch nichts von der Einrichtung einer Europäischen Staatsanwaltschaft, weil sie volles Vertrauen in die Staatsanwaltschaft Ihrer Königlichen Majestät haben.

Aber – und dies ist wichtig – alle diese Maßnahmen haben die Briten nicht bewogen, die EU zu verlassen. Sie waren damit zufrieden, dass sie nicht mitmachen mussten. Solange sich Großbritannien aus allem heraushalten konnte, was ihm missfiel, waren die Vorteile des Europäischen Binnenmarkts ein starker, überzeugender Grund, in der EU zu bleiben. Und nun, 2011, hatte Cameron mit dem European Union Act auch noch eine Absicherung gegen unangenehme Überraschungen in der Zukunft geschaffen: Jede neue Vertragsänderung hätte vom britischen Volk in einem Referendum gebilligt werden müssen.

Eigentlich schien also alles ganz gut geregelt zu sein. Die Eurokrise, die seit 2010 die Union schwer erschütterte, beunruhigte Cameron zwar, weil ein schwerer wirtschaftlicher Einbruch in der Eurozone sich auch negativ auf Großbritannien ausgewirkt hätte. Aber die Eurozone hatte ja nicht gezögert, haufenweise Geld aus den reicheren Eurostaaten in die Krisenstaaten zu schaufeln. Ob das nun klug oder unklug war, spielte für Großbritannien keine Rolle, Hauptsache, die Schwierigkeiten der Eurozone weiteten sich nicht zu einer Wirtschaftskrise aus, die auch Großbritannien erfasst hätte. Aber danach sah es 2011 nicht aus, nachdem die großen Rettungsschirme beschlossen worden waren. Insofern hätte Großbritannien gemütlich auf der Zuschauertribüne sitzen und beobachten können, wie die Eurozone sich abstrampelte.

2.2 Von Lissabon über die Eurokrise zu Camerons erster großer Niederlage

Hier komme ich zurück auf die Unterscheidung zwischen Systemausfall und Kontrollverlust. Der akute Kontrollverlust, der 2010 und 2011 in der Eurokrise eingetreten war, stellte für Großbritannien keinen Grund dar, über seine Mitgliedschaft in der EU nachzudenken. Das war ein Problem der Eurozone, und man hielt sich heraus. Was Großbritannien aber betraf, war das Systemversagen. Das Design und das Management der Eurozone hatten sich als ungeeignet erwiesen. Die Währungsunion war keine Stabilitätsgemeinschaft – ganz im Gegenteil, sie war eine Quelle der Instabilität. Cameron und der ganzen politischen Führung der EU war klar, dass – wie im vorigen Kapitel dargelegt – die rechtlichen Rahmenbedingungen der Währungsunion versagt hatten. Sie mussten geändert und durch neue gesetzliche Maßnahmen ergänzt werden, wenn man eine Wiederholung dieser Krise vermeiden wollte.

Der Systemausfall erzwang eine Änderung (und/oder eine Ergänzung) der gesetzlichen Grundlagen der Währungsunion. Da diese Grundlagen in den Europäischen Verträgen geregelt sind, glaubte Cameron Oberwasser zu haben. Die Eurozone stand unter Zugzwang: Sie musste etwas tun, damit der Euro bei der nächsten Krise nicht endgültig zusammenkrachen würde. Eine Änderung der Europäischen Verträge kann aber nur einstimmig erfolgen – also war die Zustimmung Großbritanniens erforderlich. Cameron sah in dieser Situation die Chance, den Lissabon-Vertrag teilweise wieder zu kassieren.

Selten so geirrt! Im Dezember 2011, beim Gipfeltreffen der Staats- und Regierungschefs, wurde Cameron nach Strich und Faden ausmanövriert. Drahtzieher waren Deutschland und Frankreich. Sir Ivan Rogers, Camerons ranghöchster Berater in EU-Angelegenheiten, hat diesen Vorgang erst jüngst öffentlich gemacht und dazu vermerkt, der Dezembergipfel von 2011 sei der am meisten unterschätzte Vorbote des Brexit gewesen. Bei diesem Gipfeltreffen habe es beinahe schon den endgültigen Bruch zwischen Großbritannien und der EU gegeben.[3]

Bevor wir zu dem Manöver kommen, muss man den Hintergrund verstehen: Großbritanniens primäres Interesse galt dem europäischen Binnenmarkt. Maßgebliche Kräfte der Eurozone beabsichtigten nun eine Menge von gesetzgeberischen Maßnahmen, die die Währungsunion (damals bestehend aus 17 von 27 Mitgliedsstaaten) stabilisieren sollten: eine gemeinsame Bankenaufsicht, einen gemeinsamen Fonds zur Bankenabwicklung, eine vergemeinschaftete Einlagensicherung, einen Eurorettungsfonds, eine Fiskalunion, einen Eurozonenhaushalt, eine vergemeinschaftete Arbeitslosenversicherung, einen europäischen Investitionsfonds, verschärfte Regeln zur Haushaltskontrolle, verschärfte Finanzmarktregulierung etc. Das alles hatte mit dem Binnenmarkt nichts zu tun. Man brauchte das für den Erhalt des Euro.

---

3   Sir Ivan Rogers: »The inside story of how David Cameron drove Britain to Brexit«. Vortrag am 24.11.2017 im Hertford College, Oxford, verfügbar unter https://www.civilservant.org.uk/library/2017-Ivan_Rogers-Cameron_and_Brexit.pdf.

Aber Gesetze der EU gelten immer für die ganze EU. Es gibt in den Verträgen keine Möglichkeit, Gesetze nur für die Eurozone zu erlassen. Von den beabsichtigten Maßnahmen wäre also der gesamte Binnenmarkt betroffen gewesen, auch wenn sie nur für die Eurozone gedacht waren.

Um es anschaulich zu machen: Alle Maßnahmen, die Banken und Finanzmarktregulierung betrafen, sollten der Stabilisierung des Euro dienen. Aber Cameron musste befürchten, dass sie massive Auswirkungen auf die Londoner City haben würden, das unbestrittene Finanzzentrum der EU. Obwohl Großbritannien dem Euro gar nicht angehörte, wäre sein vitalster Wirtschaftszweig von den Reparaturarbeiten der Eurozone unmittelbar betroffen. Aus britischer Sicht war es ein Schreckgespenst, dass die EU den britischen Finanzsektor regulieren würde, um eine nicht-britische Währung zu retten.

Die Londoner City konkurriert mit anderen Finanzzentren wie New York, Singapur, Tokio, Hongkong, Sydney und Toronto. Alles was die Wettbewerbsfähigkeit der City of London gegenüber diesen Konkurrenten beeinträchtigen kann, ist gefährlich. Denn die Konkurrenten werden ja nicht von der EU reguliert.

Das strukturelle Problem war der Lissabon-Vertrag: Großbritannien hatte kein Vetorecht mehr. Die Eurozone (17 von damals 27 Staaten) konnte mit qualifizierter Mehrheit im Rat Großbritannien überstimmen. Sie konnte Gesetze für den gesamten Binnenmarkt erlassen, obwohl sie nur für die Währungsunion gedacht waren.

Schlimmer noch: Die Europäischen Verträge sehen vor, dass früher oder später jedes Mitglied der EU den Euro einführen muss. Bis auf Großbritannien und Dänemark, die sich dauerhaft das Recht auf eine eigene Währung gesichert haben. Strukturell werden Großbritannien und Dänemark damit zu einer Minderheit, die jederzeit überstimmt werden kann, wenn die Eurozone ihre eigenen Interessen durchsetzen will.

Das war für Cameron inakzeptabel. Wenn Großbritannien dauerhaft als Nicht-Eurostaat in der EU bleiben sollte, dann musste er sicherstellen, dass auf britische Interessen stets Rücksicht zu nehmen war. Er brauchte also das Vetorecht zurück. Und jetzt war die Chance da: Die Eurozone brauchte seine Zustimmung, um die Bankenunion, die Fiskalunion, die Transferunion und die Politische Union in die Verträge zu schreiben. Als Gegenleistung wollte er ein britisches Veto, wenn vitale britische Interessen gefährdet waren. Großbritannien sollte nicht darunter leiden, dass die Eurozone einen hausgemachten Systemausfall beheben muss.

Im Vorfeld des Gipfeltreffens vom Dezember 2011 legten Camerons Beamte ein sauber ausgearbeitetes Papier vor, in dem Großbritannien detailliert seine Vorschläge und Forderungen vorstellte. Es war ein ziemlich technisches Papier, das genau auf die Interessen, Probleme und Zielkonflikte britischer Institutionen wie Schatzkanzleramt, Bank of England und Finanzindustrie einging.

Es hätte ein großer Deal werden können. Aber es war ein grandioser Fehlschlag. Mitten in der Eurokrise hatten die Regierungen anderer Länder keinen Nerv, sich mit britischen Befindlichkeiten zu befassen. In einer Situation, in der der Euro am Rande des Zusammenbruchs stand, hatte man alle Hände voll damit zu tun, diese Krise einzudämmen. Niemand in der Eurozone interessierte sich für die Auswirkungen in Großbritannien. Es war eher so, dass das britische Papier als ungehörig empfunden wurde. Aus Eurozonensicht versuchte Cameron, die Notlage der Eurozone auszunutzen, um sich selbst Vorteile zu verschaffen.

Frankreich und Deutschland stuften Camerons Schachzug als Erpressungsversuch ein. Schnell kamen sie überein, ihn zu ignorieren. Wenige Tage vor dem Dezembergipfel 2011 trafen sich Angela Merkel und der französische Präsident Nicolas Sarkozy in Marseille. Sie vereinbarten, auf die angestrebten Änderungen der Europäischen Verträge zu verzichten, weil diese der Zustimmung Großbritanniens bedurft hätten. Stattdessen beabsichtigten sie, einen neuen Vertrag nur zwischen den 17 Eurostaaten abzuschließen. Sie verließen also den Rechtsrahmen der Europäischen Verträge und vereinbarten die Grundzüge eines neuen zwischenstaatlichen Vertrages, bei dem Großbritannien nicht dabei war.

Dieser neue Vertrag wurde später als der sogenannte Fiskalpakt bekannt. Erst einmal war er überhaupt nicht bekannt. Denn Angela Merkel und Nicolas Sarkozy teilten David Cameron nicht mit, dass sie die Verabredung getroffen hatten, ein Abkommen nur unter den Eurostaaten zu schließen und damit Großbritannien zu umgehen. Man kann auch sagen, dass sie Cameron bewusst düpierten.

Jedenfalls reiste Cameron nichtsahnend zum Gipfeltreffen. Erst dort merkte er, dass die anderen hinter seinem Rücken etwas verabredet hatten. Niemand hatte Interesse an dem Handel, den er vorschlagen wollte. Er fand keinen einzigen Verbündeten. Noch nicht einmal die Länder, die ebenfalls nicht zur Eurozone gehörten, waren willens, sich mit der Eurozone anzulegen. Jedenfalls nicht für ein Vetorecht, das nur Großbritannien genützt hätte.

Großbritannien war völlig isoliert. Und Cameron merkte, dass die Eurozone ihre Interessen über die Interessen Großbritanniens gestellt hatte. Er nahm wahr, dass der Eurozone die Interessen Großbritanniens piepwurstegal waren.

Das aber war genau der Grund, weshalb Cameron ein britisches Veto hatte haben wollte. Genau diese Situation hatte er vorausgesehen und befürchtet. Nur hatte er gehofft, etwas dagegen tun zu können, ehe er sie erleben musste. Aber unverhofft kommt oft.

»Der Euro spaltet Europa!« Mit diesem Slogan bin ich 2013 in den Bundestagswahlkampf gezogen. Es war meine Antwort auf die Sottise der Bundeskanzlerin »Scheitert der Euro, scheitert Europa!«. Tatsächlich scheitert Europa, wenn es sich spalten lässt. Und genau das passiert durch den Euro. Mit der Währungsunion ist eine Gruppe von Staaten entstanden, die andere Interessen hat, als jene Staaten, die nur am Binnenmarkt, nicht aber am Euro teilnehmen.

Fatal wirkt sich in dieser Hinsicht der Lissabon-Vertrag aus. Denn die Eurostaaten haben immer die qualifizierte Mehrheit im Rat. Sie können ihre Interessen durchsetzen. Die Minderheit der Nicht-Eurostaaten kann das nicht. Da, wo die Interessen von Eurostaaten und Nicht-Eurostaaten gegensätzlich sind, ziehen die Nicht-Eurostaaten immer den Kürzeren.

Zudem sind die meisten Nicht-Eurostaaten verpflichtet, dem Euro beizutreten, wenn ihre Volkswirtschaften bestimmte Konvergenzkriterien erfüllen. Nur Dänemark und Großbritannien haben ein dauerhaftes Opt-out. Alle anderen müssen irgendwann dem Euro beitreten. Auch deshalb haben viele Nicht-Eurostaaten kein Interesse an einem Konflikt mit der Eurozone.

Langfristig wird also der Block der Eurostaaten immer größer werden und der Block der Nicht-Eurostaaten immer kleiner. Damit geht das politische Gewicht der Nicht-Eurostaaten gegen null. Mit den Mehrheitsregeln des Lissabon-Vertrages wird es für die Eurozone im Zeitverlauf immer leichter, die Nicht-Eurostaaten zu überstimmen. Die Währungsunion setzt sich durch, die reinen Binnenmarktländer unterliegen.

2.3 Das britische Referendum

David Cameron zog aus dem Gipfeltreffen von 2011 die Schlussfolgerung, dass Großbritannien nur dann dauerhaft in der EU, aber außerhalb der Eurozone bleiben könne, wenn es seine wichtigsten Interessen mit einem Veto schützen kann – ein Veto, das der Lissabon-Vertrag zumindest im Bereich der Finanzmarktregulierung nicht vorsah. Da der Verhandlungsweg gescheitert war, blieb nur noch übrig, den Eurostaaten die Pistole auf die Brust zu setzen: Entweder Großbritannien kriegt sein Veto oder Großbritannien geht.

Erpressung ist etwas für Kriminelle. In der Politik wird zwar auch erpresst, aber es darf nach außen hin nicht wie Erpressung wirken. Kein Staat der Welt würde einer offenen Erpressung nachgeben. Also müssen politische Erpressungen etwas netter verpackt werden. Die Bürger eines Staates dürfen nicht merken, dass ihr Staat erpresst wird. Das gilt auch für die EU. Deshalb hat Cameron nicht etwa gesagt: Entweder Großbritannien bekommt sein Veto oder Großbritannien geht. Sondern er hat das Ganze positiv und konstruktiv ausgedrückt: Ich habe hier Reformvorschläge für die EU. Ach ja, und ich werde ein Referendum über die EU-Mitgliedschaft in meinem Land durchführen. Wenn Ihr meine Reformen umsetzt, werde ich dem britischen Volk empfehlen, in der EU zu bleiben.

So ganz nett war es also gar nicht verpackt. Es war immer noch eine ziemlich unverblümte Erpressung. Und es war ein ziemlich riskantes Spiel, denn eigentlich hatte Cameron nicht gerade viele Trümpfe in der Hand. Gewiss, die meisten EU-Staaten wollten Großbritannien in der EU halten. Aber es gab auch eine gewisse Müdigkeit mit den Briten, die immer eine Ausnahme gewollt und bekommen hatten.

Wenn Cameron im Rahmen seiner Reformen zu viel forderte, lief er Gefahr, sein Blatt zu überreizen. Das wusste er. Er forderte deshalb schließlich gar nicht das Veto, das er gerne bekommen hätte. Stattdessen milderte er seine Forderungen ab. Was er am Ende bekam, war: EU-Gesetze, die der Währungsunion dienten, sollten für die Nicht-Eurostaaten stets nur freiwillig sein. Nicht-Eurostaaten sollten sich nie an den Kosten von Eurorettungsmaßnahmen beteiligen müssen. Und: Wenn ein Nicht-Eurostaat beantragt, dass ein Gesetz nicht nach dem Mehrheitsverfahren von Lissabon entschieden werden soll, dann muss der Europäische Rat darüber beraten und versuchen, eine Lösung zu finden.

Hm. Das Letzte ist ziemlich weit von einem Veto entfernt. Während die EU Zugeständnisse bezüglich der Eurozonenproblematik gemacht hatte, war das Grundproblem, dass Großbritannien bei der Gesetzgebung von den Mitgliedern der Währungsunion einfach überstimmt werden kann, nicht behoben. Zudem: Alles das war viel zu kompliziert, als dass es einen Eindruck beim britischen Wähler machen konnte.

Was wirklich Eindruck beim britischen Wähler machte, war der nächste Kontrollverlust der EU: Der im vorigen Kapitel geschilderte Systemausfall in der Asylpolitik war in der Flüchtlingskrise von 2015/16 für jeden europäischen Bürger erkennbar in dramatischer Weise eskaliert: Über die Balkanroute marschierten große Trecks von entwurzelten Menschen im Wesentlichen ungehindert durch Europa. Vielfach wurden sie von den Regierungen der betroffenen Länder auch gratis in Sonderzügen oder Reisebussen zur Grenze des nächsten Staates weiterbefördert. Über mehrere Monate hinweg überquerten bis zu 10.000 Menschen aus Syrien, Afghanistan, Pakistan, Eritrea und den Balkanstaaten täglich die deutsch-österreichische Grenze, ohne dass dies in irgendeiner Form von deutschen Grenzbeamten kontrolliert wurde.

Dies war der denkbar schlechteste Zeitpunkt für David Cameron, um den Briten zu erklären, was er in Brüssel erreicht hatte. Aber schon zuvor hatte er sich einen groben Schnitzer erlaubt: Dass er überhaupt seine Reformforderungen ausgerechnet im November 2015, mehr oder weniger in der heißesten Phase der Flüchtlingskrise, in Brüssel auf den Tisch legte, zeigt, dass er nichts aus dem Dezembergipfel von 2011 gelernt hatte: Damals hatten seine Wünsche kein Gehör gefunden, weil die politische Führung der EU mit der Eurokrise vollauf beschäftigt gewesen war. Wie viel Bereitschaft zum Verhandeln britischer Sonderwünsche konnte er wohl erwarten, wenn er auf dem Höhepunkt der Flüchtlingskrise wieder mit spezifisch britischen Anliegen vorstellig wurde?

Dennoch ging die EU diesmal auf Camerons Begehren ein. Er hatte keine Maximalforderungen gestellt und er bekam nicht alles, was er gefordert hatte, aber die EU machte ihm ein Angebot, das den britischen Interessen immerhin entgegenkam. Großbritannien hatte sich seit den Zeiten der seligen Margaret Thatcher ja schon manches Privileg erkämpft und jetzt, im Februar 2016, hätten die Briten ihre Trophäensammlung noch ein wenig erweitern können. Aber das, was Cameron erreicht hatte, war technisch und kompliziert. Einen durchschlagenden Erfolg konnte man es nicht gerade nennen. Während Cameron bei der EU durchaus ein wenig Gehör gefunden hatte, fand er dies bei seinen Wählern eher nicht.

Denn immer noch gingen die Bilder der Flüchtlingskrise durch Presse und Fernsehen. Erschütternde Bilder von kleinen Kindern, die ertrunken waren und tot an einem türkischen Strand lagen. Beunruhigende Bilder von Hundertausenden von Menschen, die in die reichen Länder Mittel- und Nordeuropas einwanderten. Bewegende Bilder von einer Welle der privaten Hilfsbereitschaft, wo immer die Flüchtlinge ankamen und mit dem Notdürftigsten versorgt werden mussten.

Es wird mir immer ein Rätsel bleiben, weshalb David Cameron die Verhandlungen mit der EU und das ursprünglich erst ein Jahr später angesetzte Referendum ausgerechnet in die Zeit der Flüchtlingskrise legte. Er wusste natürlich, dass die britischen EU-Gegner schon immer heftige Kritik an der Freiheit des Personenverkehrs in der EU geübt hatten. Die Flüchtlingskrise hatte mit der Personenfreizügigkeit in der EU zwar überhaupt nichts zu tun, aber das wiederum war nur Wenigen bekannt. Für die EU-feindliche United Kingdom Independence Party (UKIP) und andere EU-Gegner war die Flüchtlingskrise wie ein Elfmeter auf ein Tor ohne Torwart.

2.4 Die unterschätzte Einwanderung aus Osteuropa

Großbritannien hatte nämlich in der Tat – durch eigenes Verschulden – seit Jahren mit hohem Zuwanderungsdruck zu kämpfen. Ein großer Teil davon hing mit dem EU-Beitritt der osteuropäischen Länder im Jahr 2004 zusammen, insbesondere mit der Einwanderung polnischer Arbeitnehmer. Die Anzahl der in Polen geborenen Einwohner Großbritanniens hatte sich von 2001 (60.000 Personen) bis 2015 (700.000 Personen) mehr als verzehnfacht. In einigen Regionen Englands gab es erhebliche Verstopfungseffekte: Knappheit an Wohnraum, steigende Mieten und Immobilienpreise und eine Überfüllung von Grundschulen. Im März 2016, kurz vor dem Referendum, konnten Tausende britischer Schulkinder nicht in die Grundschule ihrer Wahl eingeschult werden, weil die Schule bereits voll war, und die konservative Arbeitsministerin Priti Patel, selbst indischer Abstammung, machte öffentlich die Personenfreizügigkeit in der EU für diese Missstände verantwortlich.

Allerdings lag die Verantwortung für die Situation wohl eher bei der früheren Labour-Regierung von Premierminister Tony Blair. Denn im Rahmen der Beitrittsverhandlungen zwischen EU und den osteuropäischen Staaten war vereinbart worden, dass die osteuropäischen Arbeitnehmer während einer bis zu siebenjährigen Übergangszeit keine Freizügigkeit genießen sollten – also nicht das Recht hatten, in einem beliebigen anderen EU-Staat nach Arbeit zu suchen. Die Bundesrepublik Deutschland hat davon zum Beispiel von 2004 bis 2010 Gebrauch gemacht, denn es wurde befürchtet, dass die viel höheren Löhne in Deutschland zu einer Masseneinwanderung polnischer Arbeitskräfte führen könnten. Nach sieben Jahren, so die Hoffnung, würde der Lohnabstand nicht mehr so groß sein, weil bekanntlich ärmere Staaten normalerweise schneller wachsen als reiche.

Tony Blair und seine Regierung entschieden anders als Deutschland. Die britische Wirtschaft boomte, qualifizierte Arbeitskräfte waren knapp und folglich stiegen die britischen Löhne. Der Premierminister hatte die für einen Labour-Politiker eher ungewöhnliche Sorge, dass die Löhne in England zu stark steigen würden! Dadurch hätte die internationale Wettbewerbsfähigkeit Englands Schaden nehmen können.

Großbritannien verzichtete deshalb auf die ausgehandelte Übergangsfrist und öffnete 2004 seinen Arbeitsmarkt für Zuwanderer aus Osteuropa. Diese Entscheidung sollte die Knappheit an qualifizierten Arbeitskräften mindern und das Lohnwachstum dämpfen. Deutschland hatte in der Boomphase der Wirtschaftswunderjahre aus sehr ähnlichen Gründen eine ganz ähnliche Entscheidung getroffen, als die Bundesregierung die ersten sogenannten Gastarbeiter anwarb.

Nur hatte sich die Regierung Blair verrechnet. Man hatte erwartet, dass rund 13.000 osteuropäische Arbeitskräfte einwandern würden. Tatsächlich waren es bis 2006 ungefähr 500.000 EU-Bürger.[4] Die soziale Infrastruktur Großbritanniens, insbesondere der Wohnungsbe-

---

4 Susanne K. Schmidt: Der Brexit: Ein Dilemma auch für die Europäische Union, FAZ vom 18.2.2019.

stand, das Schulwesen und in ärmeren Wohngegenden auch das Gesundheitssystem, erwiesen sich als überfordert.[5] Dies ist ein weiteres Beispiel für einen Systemausfall. Nur war es diesmal ein rein britischer Ausfall. Das Sicherungssystem, das die EU installiert hatte, um unerwünschte Verwerfungen durch den Beitritt der sehr viel ärmeren osteuropäischen Länder zu verhindern, hat im Allgemeinen sehr gut funktioniert. Probleme traten da auf, wo ein Land, in diesem Fall Großbritannien, die siebenjährige Übergangsfrist mutwillig außer Kraft gesetzt hatte. Statt den britischen Arbeitsmarkt sofort für alle osteuropäischen Arbeitskräfte freizugeben, wäre die britische Regierung sicherlich besser beraten gewesen, wenn sie während der Übergangszeit Obergrenzen für den Zuzug insbesondere der polnischen Arbeitnehmer angesetzt hätte.

Zwei abschließende Bemerkungen noch zu diesem Problemkreis: Erstens gab es offenbar eine erstaunliche Affinität polnischer Arbeitskräfte zu Großbritannien. Zwischen 2001 und 2015 wanderten mehr als 600.000 Polen ein, jedoch nicht annähernd so viele Personen aus Ungarn, Tschechien und der Slowakei zusammen. Inzwischen ist die Anzahl der in Großbritannien lebenden Polen auf mehr als eine Million gestiegen. Zweitens darf man nicht aus den Augen verlieren, dass es neben der polnischen Einwanderung im selben Zeitraum 2001–2015 eine mengenmäßig fast gleich große Einwanderung vom indischen Subkontinent (Indien, Pakistan, Bangladesch) gegeben hat. Die Verstopfungseffekte in der sozialen Infrastruktur Englands sind keineswegs nur auf die voreilig in Kraft gesetzte Personenfreizügigkeit für die Bürger der osteuropäischen EU-Neumitglieder zurückzuführen, sondern sind gleichrangig auch ein Erbe des britischen Kolonialreichs.

---

5   Eine wissenschaftliche Studie von Osea Giuntella, Catia Nicodemo und Carlos Vargas-Silva (»The effects of immigration on NHS waiting times«, Journal of Health Economics 58, S. 123-143) kommt zu dem Ergebnis, dass es im britischen Gesundheitswesen im Allgemeinen keine signifikanten Verstopfungseffekte durch Einwanderer gegeben habe. Allerdings sei in den Jahren unmittelbar nach der Osterweiterung der EU eine drei bis vier Jahre anhaltende Erhöhung der Wartezeiten in ärmeren Gegenden Englands festzustellen gewesen.

David Cameron kannte natürlich die migrationsbedingten Probleme in seinem Land. Er wusste um die Stimmung in der Bevölkerung. Genau deshalb ist es so schwer verständlich, weshalb er die Monate der Flüchtlingskrise für seinen europapolitischen Reformvorstoß nutzte. Da die EU-Mitgliedschaft die Mitgliedschaft im Binnenmarkt bedeutet und der Binnenmarkt die Personenfreizügigkeit beinhaltet, war die Personenfreizügigkeit die Achillesferse der EU-Befürworter in der britischen Volksabstimmung. In Titel IV des AEU-Vertrages heißt es »Free movement of people« und das klingt viel einfacher und – vor dem Hintergrund der Flüchtlingskrise – viel dramatischer als die eigentümliche deutsche Übersetzung »Personenfreizügigkeit«. Unter Letzterem stellt man sich vielleicht eher eine freizügige Person vor. Aber für den einfachen Engländer musste »free movement of people« ja geradezu suggerieren, dass auch die durch Europa wandernden Flüchtlinge und Migranten das Recht hätten, sich frei in der EU zu bewegen. Also auch nach Großbritannien – es sei denn, man träte aus.

Die EU-Befürworter waren in einer schwachen Position, auch wenn sie darauf hinweisen konnten, dass die Freizügigkeit natürlich nur für EU-Bürger gilt. Schwach erstens, weil die vielen Polen in England natürlich alle EU-Bürger waren, und schwach zweitens, weil die EU-Gegner sagen konnten: »Seht Euch doch nur an, was Deutschland macht! Jetzt nehmen sie alle diese Flüchtlinge mit offenen Armen auf. In ein paar Jahren werden sie sie alle einbürgern. Dann sind die ganzen Syrer, Pakistani und Afghanen EU-Bürger und können ungehindert nach England einreisen.«

Dies Argument ist faktisch sogar richtig. Natürlich wird Deutschland in absehbarer Zeit vielen Flüchtlingen der Jahre 2015 und 2016 die deutsche Staatsbürgerschaft verleihen. Und damit verbunden ist die Freizügigkeit in der EU, also auch das Recht, sich in Großbritannien niederzulassen, sollte Großbritannien dann noch EU-Mitglied oder zumindest Mitglied des Binnenmarktes sein.

Allerdings sollte man hoffen, dass Flüchtlinge in Deutschland nur dann eingebürgert werden, wenn sie sich gut integriert haben, wenn sie Deutsch gelernt haben und in Deutschland berufstätig sind. Das ist eine große Leistung für Menschen, die aus dem arabischen oder indischen Kulturkreis kommen. Es ist nicht sehr wahrscheinlich, dass die, die erfolgreich in Deutschland Fuß gefasst haben, nach ihrer Einbürgerung nichts Eiligeres zu tun haben, als nach Großbritannien umzusiedeln, wo sie wieder von vorne beginnen müssten.

Die britische Volksbefragung im Juni 2016 ging knapp aus: 52 Prozent der Wähler stimmten für den Austritt Großbritanniens, 48 Prozent für den Verbleib in der EU. Es ist gut möglich, ja sogar wahrscheinlich, dass das Resultat andersherum ausgefallen wäre, wenn die Abstimmung nicht im unmittelbaren Nachgang der Flüchtlingskrise stattgefunden hätte.

Der Brexit ist damit die Folge von gleich drei Systemausfällen: Erstens des Systemausfalls im Vorfeld der Eurokrise. Die Reparaturen, die die Eurozone während und nach der Krise glaubte durchführen zu müssen, vertieften die im Lissabon-Vertrag bereits angelegte Spaltung zwischen Großbritannien und dem Rest der EU. Das Referendum war die Folge. Zweitens des mutwilligen Systemausfalls, den die Regierung Tony Blairs provoziert hatte, indem sie auf die verzögerte Einführung der Personenfreizügigkeit bei der EU-Osterweiterung verzichtet hatte. Dies schuf die Voraussetzungen dafür, dass die EU-Mitgliedschaft von den Briten vor allem durch die Zuwanderungsbrille betrachtet wurde. Und drittens des Systemausfalls im Vorfeld der Flüchtlingskrise. Hätte das Dublin-System der EU funktioniert, wäre der Flüchtlingsstrom sehr viel kleiner ausgefallen und hätte geordnet gemanagt werden können. Kein Zweifel, dass die britischen Wähler dann ein günstigeres Bild der EU vor Augen gehabt hätten.

2.5 Der Lissabon-Vertrag und die Reform von Dublin III

Als Student begegnete ich 1987 einmal dem damaligen Bundespräsidenten Richard von Weizsäcker. Er war an die Universität Bonn gekommen und traf eine kleine Gruppe von Stipendiaten der Studienstiftung des deutschen Volkes. An dem Abend ging es um ein politisch-historisches Thema. Damals war Europa noch vom Eisernen Vorhang geteilt und es ging um die Frage, wie die westlichen Demokratien mit den Diktaturen Osteuropas und insbesondere mit der Sowjetunion umgehen sollen. Das ist ein weites Thema, und der Bundespräsident leitete es ein mit der Feststellung: »Geschichte wiederholt sich nicht. Aber sie wiederholt ihre Lehren.«

Das ist treffend. Was die EU im Gefolge der Eurokrise mit Großbritannien erlebt hat, wird sich nicht wiederholen. Aber wir sollten die Lehre daraus verinnerlichen, damit wir sie nicht in anderer Form ein zweites Mal lernen müssen.

Auf die Eurokrise folgte die Flüchtlingskrise. Die Flüchtlingskrise legte eine andere Spaltung der EU offen: Nicht zwischen Eurostaaten und Nicht-Eurostaaten, sondern – ganz grob – zwischen Ost und West. In der Flüchtlingspolitik ist es, als ob der Eiserne Vorhang Europa noch teilen würde.

Am 2. Dezember 2015 fand ein außergewöhnliches Ereignis statt: Zwei Mitgliedsstaaten der EU, die Slowakei und Ungarn, verklagten den Rat der Europäischen Union vor dem Europäischen Gerichtshof wegen gravierenden Rechtsbruchs. Es ging um einen Beschluss des Rates, gegen den neben der Slowakei und Ungarn auch Tschechien und Rumänien gestimmt hatten. Polen trat dem Verfahren auf der Seite der Kläger bei.

Hingegen traten Belgien, Deutschland, Griechenland, Frankreich, Italien, Luxemburg, Schweden und die EU-Kommission als Streithelfer des Rates auf. Die EU war exakt entlang des Eisernen Vorhangs gespalten, mehr als 25 Jahre nach seinem Verschwinden.

In der Sache ging es um die Flüchtlingspolitik. Der Rat hatte am 22. September 2015 beschlossen, insgesamt 120.000 Flüchtlinge aus Griechenland und Italien »in das Hoheitsgebiet der anderen Mitgliedsstaaten« umzusiedeln. Dafür waren Aufnahmequoten vorgesehen. Nach Polen beispielsweise sollten ca. 10.000 Flüchtlinge umgesiedelt werden. Die Begründung für die Umsiedlung war die Überlastung Italiens und Griechenlands mit Asylbewerbern. Es handelte sich also letztlich um das Eingeständnis der Tatsache, dass die Verteilung der Flüchtlinge nach dem Dublin-System ungerecht war.

Der Rat stützte sich bei seinem Entschluss auf eine Befugnis in Artikel 78 Absatz 3 des AEU-Vertrags, nach der der Rat einem Mitgliedsstaat, der sich aufgrund eines plötzlichen Zustroms von Flüchtlingen in einer Notlage befindet, mit »vorläufigen Maßnahmen« helfen darf. Um die Situation in den am stärksten vom Flüchtlingsstrom betroffenen Ländern zu mildern, hatte der Europäische Rat schon einige Monate früher (am 23. April 2015) eine Notfall-Umsiedlung auf freiwilliger Basis geprüft. Die Brisanz des jetzt angegriffenen Beschlusses bestand darin, dass die anderen Mitgliedsstaaten verpflichtet wurden, Flüchtlinge in der vom Rat vorgesehenen Größenordnung bei sich aufzunehmen.

Ungarn und die Slowakei hielten den Beschluss des Rates unter anderem deshalb für rechtswidrig, weil die Umsiedlung von Flüchtlingen keine »vorläufige Maßnahme« sei, sondern ohne weiteres langanhaltende Folgen haben könne. Auch bezweifelten sie, dass sich Griechenland und Italien tatsächlich in einer Notlage befänden. Im Zweifel gebe es andere Maßnahmen, die der Rat hätte ergreifen können. Der jetzige Schritt sei unzulässig, weil es sich um einen bloßen Beschluss handele, der dem Gesetzestext von Dublin III unmittelbar widerspreche. Ein Beschluss dürfe nicht einem Gesetz widersprechen – dafür müsse man schon ein neues Gesetz machen.

Übrigens hätte Ungarn selbst in den Genuss der Umsiedlungen kommen können. Der ursprüngliche Vorschlag der Kommission sah vor, Italien, Griechenland *und Ungarn* zu entlasten. Denn auch in Ungarn waren im Herbst 2015 ja sehr viele Flüchtlinge aufgelaufen, und die Kommission sah dort wohl ebenfalls einen Notfall, dem man abhelfen solle. Oder sie glaubte, durch die Einbeziehung Ungarns den osteuropäischen Widerstand gegen ihren Vorschlag – und speziell den massiven Widerstand Ungarns – abwenden oder abmildern zu können.

Aber die Ungarn ließen sich darauf nicht ein. Sie bestritten, irgendwelche Hilfe nötig zu haben, und betonten, sie hätten die Lage im Griff, vielen Dank. Sie wollten auf keinen Fall in den Genuss einer Maßnahme kommen, die sie als Türöffner für eine von der EU gesteuerte Verteilung von Flüchtlingen ansahen.

Denn genau das war der ernste Hintergrund für die juristischen Auseinandersetzungen: Die osteuropäischen Staaten fürchteten, dass der Beschluss des Rates nur ein Testballon dafür sei, künftig auch in der neuen Asylgesetzgebung der EU verpflichtende Aufnahmequoten für Asylbewerber vorzusehen. Bisher, sprich: unter der Dublin-III-Gesetzgebung, mussten die osteuropäischen Staaten fast keine Asylbewerber aufnehmen. Eine Quotenregelung in einer neuen Asylgesetzgebung würde dies grundlegend ändern.

Ganz ähnlich wie Großbritannien sich durch gesetzgeberische Maßnahmen der EU in wichtigen Interessen beeinträchtigt fühlte, so empfanden auch die osteuropäischen Staaten neue EU-Gesetze, diesmal im Bereich der Asylpolitik, als eine Bedrohung und als unzulässigen Eingriff in ihre inneren Angelegenheiten. Und ähnlich wie Großbritannien waren sie sich natürlich der Tatsache bewusst, dass sie seit dem Lissabon-Vertrag im Rat überstimmt werden konnten – wie es bei dem jetzt vor dem Europäischen Gerichtshof angefochtenen Beschluss ja bereits geschehen war.

Der EuGH ließ sich mit seinem Urteil Zeit. Aber nach fast genau zwei Jahren wies er die Klagen im September 2017 ab. Die Einzelheiten der Urteilsbegründung müssen hier nicht dargestellt werden. Aber bemerkenswert war doch, wie der EuGH ein zentrales Argument der Kläger zu widerlegen versuchte: Diese hatten vorgetragen, dass die vom Rat beschlossenen Umsiedlungen keine »vorläufige Maßnahme« seien, weil durch sie *dauerhafte* Bindungen der umgesiedelten Flüchtlinge an ihr neues Gastland entstünden.

Dies hielt der EuGH für ein unzulässiges Argument, denn Umsiedlungen könnten immer dauerhafte Folgen haben. In völlig verquerer Logik erklärte der EuGH: Die dauerhaften Folgen dürften bei der Beurteilung der Vorläufigkeit der Maßnahme nicht berücksichtigt werden, weil Umsiedlungsmaßnahmen sonst ja nicht als vorläufige Maßnahmen durchgeführt werden dürften.[6]

Das ist ungefähr so, als hätte ein Richter in sein Urteil geschrieben: »Wenn eine Straftat strafbar wäre, dann könnte die Straftat nicht mehr legal verübt werden. Also ist die Straftat nicht strafbar.« Da muss man erst mal drauf kommen! Kein Wunder, dass so innovative Köpfe wie die Richter des Europäischen Gerichtshofs mit monatlich 23.354 Euro bedacht werden!

In diesem Urteil des EuGH tritt ein Problem hervor, das immer wieder die europäische Politik kennzeichnet: Der politische Wille setzt sich oft über die rechtlichen Rahmenbedingungen hinweg und der Europäische Gerichtshof duldet und stützt diese Rechtsbeugungen.

2.6 Die Grundwerte der EU

Im konkreten Fall ist sachlich der Wille des Rates gar nicht zu beanstanden: Natürlich waren Griechenland und Italien 2015 viel stärker durch Asylbewerber belastet als viele andere Mitgliedsstaaten. Insofern war es sinnvoll, eine Umverteilung vorzunehmen. Dies insbesondere dann, wenn sie – was im Ratsbeschluss freilich nicht der Fall war – sich vornehmlich auf die Länder ausgewirkt hätte, die bis dahin eine weit unterdurchschnittliche Zahl von Asylbewerbern aufgenommen hatten.

Aber von der sachlichen muss man die rechtliche Ebene trennen. Und da hatten Ungarn und die Slowakei gute Gründe, an der Rechtmäßigkeit des Ratsbeschlusses zu zweifeln. Rechtsstaatlichkeit ge-

---

6   Weil es so unglaublich ist, hier der Wortlaut: »Wäre bei der Beurteilung des vorläufigen Charakters im Sinne von Art. 78 Abs. 3 AEUV die Dauer der Auswirkungen einer Umsiedlungsmaßnahme auf die umgesiedelten Personen zu berücksichtigen, könnte nämlich keine Maßnahme zur Umsiedlung von Personen, die unzweifelhaft internationalen Schutz benötigen, auf diese Bestimmung gestützt werden, da einer Umsiedlung solche mehr oder weniger langfristigen Auswirkungen inhärent sind.« Vgl. EuGH: Urteil vom 06.09.2017 – C-643/15; C-647/15, Randziffer 99.

hört zu den Grundwerten der EU. Wenn es für die politisch gewollte oder sachlich gebotene Umsiedlungsmaßnahme keine angemessene Rechtsgrundlage gibt, dann muss man sie entweder durch einen Gesetzgebungsakt schaffen oder man muss es den Mitgliedsstaaten anheimstellen, Italien und Griechenland freiwillig beizuspringen.

Was nicht geht, ist ein Rückfall auf das »Recht des Stärkeren«: Die Mehrheit der Mitgliedsstaaten darf sich nicht über die Minderheit hinwegsetzen, ohne dass dies durch die vertraglichen und gesetzlichen Grundlagen der EU gedeckt ist. Denn sonst setzt man nicht nur Anreize dafür, dass andere es bei anderer Gelegenheit ähnlich halten. Man gefährdet auch die Einheit der EU, weil Staaten fürchten müssen, dass ihre Rechte willkürlich beschnitten und ihre legitimen Interessen geschädigt werden könnten. Die Rechtstreue ist eine notwendige Grundlage für den Erfolg der EU und genau deshalb wird das Rechtsstaatsprinzip stets zu ihren Grundwerten gerechnet.

Apropos Grundwerte: Davon gibt es ja auch noch andere als nur die Rechtsstaatlichkeit. In den Schaufensterreden, die führende EU-Politiker gerne halten, obwohl sie eigentlich kaum je etwas Neues dabei sagen, gehören die »gemeinsamen europäischen Werte« zum Standardvokabular. Aber ehrlicherweise sollte man sagen: In der Flüchtlingspolitik kann im Hinblick auf Ost- und Westeuropa von gemeinsamen europäischen Werten wohl keine Rede sein.

Luxemburgs Außenminister Jean Asselborn sieht das allerdings anders. Als amtierender Ratspräsident sagte er im November 2015, in der EU seien »einige dabei, die haben wirklich die Werte der Europäischen Union, was ja nicht nur materielle Werte sind, nicht richtig verinnerlicht«.[7] Für Asselborn gibt es also die gemeinsamen Werte der EU, aber einige Staaten haben sie noch nicht richtig verstanden.

Sei dem, wie ihm sei. Wenn man in den Jahren der Flüchtlingskrise die Haltung der osteuropäischen Staaten in wenigen Worten zusammenfassen wollte, dann lautete sie: »Wir wollen keine Flüchtlinge bei

---

7   Spiegel online vom 9.11.2015: »Luxemburgs Außenminister warnt vor Zerfall der EU«.

uns haben.« Die dominante westeuropäische Haltung hingegen war: »Wir helfen, wo wir können.« Auch wenn sich seither einiges verändert hat, auch wenn Italien unter der neuen Regierung wohl eher im osteuropäischen Lager steht und Österreich vielleicht auch: Der grundsätzliche Wertekonflikt ist nach wie vor da. Zwischen den Auffassungen in Ost und West klaffen Welten.

Der westeuropäische Standpunkt ist ein moralischer: »Wer in Not ist, dem muss geholfen werden.« Der osteuropäische Standpunkt ist ein völkischer: »Diese Leute gehören nicht zu uns.« Das sind eindeutig andere Werte.

Oder besser: Es ist eine andere Wertehierarchie. Es ist ja nicht so, dass die Osteuropäer die Not nicht sehen und nicht bereit wären, zu helfen und sie zu lindern. Anderswo gerne. Aber eben nicht durch Aufnahme in ihrem Land und ihrem Volk. Hilfe für Notleidende darf nicht die Einheit der Nation gefährden.

Umgekehrt haben auch die Westeuropäer natürlich ein Volksbewusstsein. Aber wir stellen die Einheit der Nation im Zweifel zurück, wenn es gilt, Verfolgten zu helfen. Nicht unbeschränkt, aber doch sehr weitgehend.

Gleichwohl: Wenn die Wertehierarchie eine andere ist, dann ist es billige Rhetorik, von gemeinsamen Werten zu sprechen, die unterschiedliche Wertigkeit der Werte aber zu verschweigen. Denn die Unterschiede in der Wertordnung führen zu sehr praktischen Unterschieden in der Politik.

Nirgends wird das so deutlich wie am politischen Handeln der EU nach der großen Krise von 2015/16. Oder besser: Am Fehlen eines politischen Handelns. Dabei wäre ein Handeln dringend nötig. Denn das Dublin-System der EU ist in dieser Krise ja für jeden erkennbar gescheitert. Das System ist ausgefallen und hat einen langanhaltenden Kontrollverlust im Bereich Asyl und Migration hervorgerufen. Nichts wäre naheliegender, als umgehend gesetzliche Maßnahmen zu ergreifen, die ein funktionsfähiges EU-Asylsystem wiederherstellen. Nein: herstellen!

Denn das ursprüngliche Dublin-System war nie wirklich funktionsfähig. Nicht für den Fall eines großen Flüchtlingsdrucks. Zu ungerecht war die Verteilung der Flüchtlinge geregelt. Deshalb kann das System auch nicht wiederbelebt werden: Da jeder neue Flüchtlingsstrom mit großer Wahrscheinlichkeit wieder von Süden oder Südosten kommen wird, wären erneut die südeuropäischen Staaten für den größten Teil der Flüchtlinge zuständig. Wir wissen inzwischen, wie die südeuropäischen Staaten darauf reagieren würden: Sie würden die Flüchtlinge, die irgendwie ins Land gelangen, nicht oder allenfalls teilweise registrieren und sie dann in Zügen und Bussen an die nächstgelegene Nordgrenze bringen.

Das wäre offener Gesetzesbruch, denn noch sind die Dublin-III-Regeln formal gültiges Gesetz. Aber der Gesetzesbruch zeigt auch, dass das Gesetz faktisch nicht mehr in Kraft ist. Denn niemand hat die Kraft, es durchzusetzen. Dublin III ist in der Flüchtlingskrise von Griechenland und Italien in völlig offensichtlicher Form gebrochen worden. Aber die EU-Kommission, die sich als »Hüterin der Verträge« versteht, hat inzwischen drei Jahre verstreichen lassen, ohne ein Vertragsverletzungsverfahren gegen diese Staaten einzuleiten. Der Europäische Rat hat noch nicht einmal einen Tadel ausgesprochen, geschweige denn den Europäischen Gerichtshof angerufen. Niemand hat die geringsten Anstrengungen unternommen, um Griechenland und Italien dazu zu bringen, sich künftig wieder an Dublin III zu halten.

Damit ist das Gesetz tot. Nicht rechtlich, aber doch politisch. Dass das Gesetz tot ist, wird allgemein akzeptiert. Es wird akzeptiert, weil man einsieht, dass es ein ungerechtes und untaugliches Gesetz war. Nur hat man sich noch nicht auf etwas Besseres einigen können.

Das wiederum liegt an den unterschiedlichen Werten. Oder den unterschiedlichen Wertehierarchien. Es gibt keinen Konsens in der EU, wer in künftigen Krisen in welchem Umfang für welche Asylbewerber zuständig sein soll. Auch in Westeuropa, auch zwischen Deutschland und den meisten seiner Nachbarn, gibt es jede Menge

Meinungsunterschiede. Aber die größte Kluft klafft zwischen den Meinungen in Ost- und Westeuropa.

2.7 Keine Reparatur in Sicht

Bis zu einem bestimmten Punkt ist die Situation ähnlich wie nach der akuten Eurokrise: Mangelhafte Gesetzgebung, mangelhafte Gesetzesanwendung und politisches Versagen verbanden sich zum Systemausfall. Der folgende Kontrollverlust führte jedermann vor Augen, dass das System repariert oder auch völlig neu aufgesetzt werden muss.

Aber es gibt einen gewichtigen Unterschied: In der Eurokrise wurde sofort mit den Reparaturen begonnen. Es wurde ein Gesetz nach dem anderen verabschiedet – nicht immer die richtigen, aber immerhin wurde gehandelt. Dabei stieß man Großbritannien vor den Kopf und überging seine Interessen – mit den bekannten Folgen.

Nach der Flüchtlingskrise aber wurde nicht gehandelt. Kein einziges Gesetz wurde verabschiedet oder verbessert. Immer noch ist das untaugliche Dublin III formal in Kraft. Das Problem besteht darin, dass die westeuropäischen Staaten sich – zum Glück – bislang nicht trauen, die osteuropäischen Mitgliedsstaaten einfach vor den Kopf zu stoßen.

Denn formal könnte die EU handeln. Das Europaparlament hat bereits einen Gesetzentwurf verabschiedet, der die Aufnahmeverpflichtungen aller europäischen Binnenländer und damit auch die der osteuropäischen Länder erheblich erhöhen würde. Ich halte diesen Gesetzentwurf für schlecht durchdacht und politisch in höchstem Maße unklug, aber er liegt vor. Jetzt müsste der Rat entscheiden.

Auch das ist möglich, denn der Lissabon-Vertrag ermächtigt den Rat, einen Mehrheitsbeschluss zu fassen. Die – in den Augen der Mehrheit – widersetzlichen osteuropäischen Staaten könnten überstimmt werden. Die Staatenmehrheit könnte ein Asylgesetz verabschieden, das ihre eigene Wertehaltung ausdrückt und sie den osteuropäischen Staaten aufzwingt. Aber das wäre politisch nicht nur unklug, es wäre desaströs. Wenn die Mehrheit dies täte, würde dies vermutlich eine Verfassungskrise der EU auslösen. Es könnte zum Bruch osteuropäischer Staaten mit der EU kommen.

Alles scheitert an der Frage, wie die Flüchtlinge in der EU verteilt werden sollen. Die osteuropäischen Staaten, allen voran Polen und Ungarn (plus seit kurzem Italien), sind nicht bereit, einen Mehrheitsbeschluss zu akzeptieren, der sie verpflichtet, eine bestimmte Menge an Flüchtlingen aufzunehmen. Für sie ist diese Frage eine Frage der nationalen Souveränität und der Einheit der Nation.

Inhaltlich haben die Osteuropäer damit zweifellos recht. Ein Staat, der gegen seinen Willen Menschen auf seinem Territorium dulden muss, ist nicht mehr souverän. Und wenn diese Menschen Ausländer sind und dauerhaft in größerer Menge auf dem Territorium des Staates leben, dann wird der Staat nicht mehr nur von *einer* Nation getragen.

Juristisch haben die Osteuropäer aber nicht recht. Die Asylpolitik fällt seit dem Vertrag von Amsterdam (1999) in die Zuständigkeit der EU. Und seit dem Vertrag von Lissabon (2009) wird über diese Fragen im Rat mit qualifizierter Mehrheit entschieden. Diesen Verträgen haben auch die osteuropäischen Länder aus freier, souveräner Entscheidung zugestimmt. Wenn man den vertraglichen Bestimmungen in freier, souveräner Entscheidung zugestimmt hat, kann die Anwendung ebendieser Vertragsbestimmung zumindest aus juristischer Perspektive keine Verletzung der staatlichen Souveränität sein.

Die Osteuropäer haben sich freiwillig den Regeln der europäischen Asylgesetzgebung und den Mehrheitsregeln des Lissabon-Vertrages unterworfen. Die westeuropäischen Staaten könnten also einfach darauf bestehen, dass die Osteuropäer sich an die vereinbarten Spielregeln halten. Worauf dann die Osteuropäer allerdings kontern könnten, dass die Westeuropäer sich ja ebenfalls nicht an die Spielregeln gehalten haben, als es darum ging, Neuverschuldung und Schuldenstand unterhalb der vertraglich vereinbarten Obergrenzen von 3 Prozent und 60 Prozent des BIPs zu halten.

2.8 Vom schwierigen Umgang der EU mit ihrem Recht

Die EU ist ein schwieriges Projekt. Sie beruht auf Verträgen und Gesetzen, die eigentlich allgemein eingehalten und respektiert werden sollten. Aber das ist oft nicht der Fall. Wenn es ihnen wichtig genug erscheint, verstoßen die Mitgliedsländer eben gegen die Verträge und beugen oder brechen die Gesetze der EU. Das wird meist irgendwie entschuldigt und nie sanktioniert.

Aber genau die Vertragsbrüche und Gesetzesübertretungen führen dann zu den Krisen der EU. Das haben wir mit den ständigen Übertretungen der Defizit- und Schuldengrenzen genauso erlebt wie mit den gegen elementare Menschenrechtsstandards verstoßenden Mängeln des griechischen Asylsystems. Beides verstieß gegen klare gesetzliche Vorgaben der EU und führte geradewegs in die Krise.

Vielleicht sind dies einfach Zeichen der Überforderung. Es ist um ein Vielfaches schwieriger, ein funktionierendes Staatswesen aus 28 verschiedenen Staaten zu formen, als einen dieser 28 Staaten ordentlich zu regieren. Denn in einem Einzelstaat ist es vergleichsweise leicht, Gesetze und andere Maßnahmen der Regierung so zu gestalten, dass sie den Verhältnissen im Land gerecht werden. Aber in der EU hat man es mit 28 teilweise sehr unterschiedlichen Staaten zu tun. Wie soll ein und dasselbe Gesetz allen 28 Staaten mit ihren unterschiedlichen Institutionen, Traditionen und Situationen in gleichem Maße gerecht sein können?

Die Schwierigkeiten fangen schon auf allerkleinster Ebene an. Der frühere Verfassungsschutzpräsident Hans-Georg Maaßen beschrieb mir einst, wie die Europäisierung einer wichtigen Aufgabe schon auf dem banalsten Niveau ins Straucheln geraten kann:

Es ging um den Wegfall der Binnengrenzen im Zuge des Schengener Durchführungsabkommens. Portugal, Spanien, Frankreich, Deutschland und die Benelux-Staaten hatten sich 1995 darauf geeinigt, auf Grenzkontrollen untereinander zu verzichten. Voraussetzung dafür war, dass die Außengrenzen dieses sogenannten Schengen-Raumes nach einheitlichen Standards kontrolliert wurden. Italien konnte dem Abkommen 1995 nicht beitreten, weil es die vereinbarten Standards noch nicht einhalten konnte. Zu diesen Standards zählten zum Beispiel moderne Dokumententestgeräte, die Fälschungsmerkmale in Pässen feststellen können.

Italien hatte das Schengener Abkommen bereits 1990 gemeinsam mit den anderen Schengen-Staaten ratifiziert. Aber bei der Inkraftsetzung des Schengener Durchführungsabkommens 1995 wurde Italien nicht zugelassen, weil es die notwendigen Standards nicht erreichte. Das war natürlich eine wenig schmeichelhafte Zurücksetzung eines Landes, das zu den Gründungsmitgliedern der heutigen EU gehörte. Diese Schmach wollte Italien möglichst schnell hinter sich lassen. Die Defizite sollten behoben werden und dafür wurde an jede Grenzkontrollstelle auch ein Satz Dokumententestgeräte geliefert. Dann lud Italien eine Delegation des deutschen Innenministeriums und des Bundesgrenzschutzes ein, um sich von den italienischen Kontrollmaßnahmen auf See und in den Häfen Bari und Brindisi zu überzeugen.

Zu der Delegation, die sich im Juni 1997 auf die Reise machte, gehörte auch der junge Hans-Georg Maaßen. Sobald sie angekommen waren, inspizierten die Mitglieder der Delegation die installierten Vorrichtungen an den Grenzkontrollstellen. Doch nirgendwo waren die gelieferten Dokumententestgeräte zu sehen. Auf Nachfrage wussten die italienischen Beamten aber genau, wo sie waren. Es wurden einige Schränke geöffnet und darin befanden sich, sauber gestapelt und noch originalverpackt, die vermissten Gerätschaften!

Das ist natürlich eine Kleinigkeit im Vergleich zu den Herausforderungen, die sich stellen, wenn ein europäisches Gesetz so gestaltet werden soll, dass es mit 28 unterschiedlichen nationalen Rechtssystemen kompatibel ist, auf 28 unterschiedlich organisierte Regierungsapparate zugeschnitten ist und 28 verschiedenen gesellschaftlichen Strukturen gleichermaßen gut dienen können muss. Aber allein der italienische Schlendrian, der sich den deutschen Beamten in Brindisi darstellte, ist ein großes Problem, denn normalerweise kontrollieren deutsche Beamte natürlich nicht die Maßnahmen, die 27 andere Mitgliedsstaaten bei der Umsetzung eines europäischen Gesetzes ergreifen. Weder könnte die deutsche Verwaltung die nötigen personellen Ressourcen dafür aufbringen, noch sind die anderen Staaten normalerweise dazu bereit, sich von deutschen Beamten kontrollieren zu lassen. Und wenn es keine Kontrollen gibt, dann macht es eben jeder Staat so, wie er es für richtig hält.

Deshalb ist Zurückhaltung gut, wenn es darum geht, der Europäischen Union neue Aufgaben zu übertragen. In der Praxis klappt vieles nicht so gut, wie es auf dem Papier der Fall sein sollte. In den Mitgliedsstaaten gibt es eingespielte Verfahren, wie bestimmte Aufgaben der öffentlichen Hand durchzuführen sind. Es ist auch nicht grundsätzlich schlimm, dass diese Verfahren oft von Land zu Land unterschiedlich sind. Schlimm wäre es, wenn die Aufgaben nicht mehr befriedigend erledigt werden können, weil sie den nationalen Verwaltungen aus der Hand genommen werden und die Europäische Union an der Bewältigung der übernommenen Aufgaben scheitert.

Die Asylpolitik der EU ist ein gutes Beispiel für dieses Problem. Vor dem Vertrag von Maastricht, der 1993 in Kraft trat, war die Asylpolitik eine Angelegenheit, die rein in der Kompetenz der Mitgliedsstaaten lag. Die Mitgliedsstaaten gewährten Asyl nach den Kriterien, die ihre jeweiligen Parlamente beschlossen hatten. Insofern hatten die Mitgliedsstaaten die volle Kontrolle über die Bedingungen, unter denen Asylbewerber ihr Land betreten durften, und die volle Kontrolle darüber, in welchen Fällen tatsächlich Asyl gewährt wurde.

Mit dem Vertrag von Maastricht wurde die Asylpolitik von der EU als eine Angelegenheit von gemeinschaftlichem Interesse definiert. Dies war sinnvoll, weil gleichzeitig auch der Wegfall der Binnengrenzkontrollen in der EU angestrebt wurde. Es wurde vereinbart, dass der Rat die Zusammenarbeit der Mitgliedsstaaten in Asylfragen fördern sollte und *einstimmig* Maßnahmen verabschieden konnte, die dieser Zusammenarbeit dienlich waren. Der Rat konnte aber nicht die Kriterien festlegen, nach denen Asyl gewährt wurde. Es wurde lediglich bestimmt, dass alle Länder in ihrer Asylpolitik die Europäische Menschenrechtskonvention und die Genfer Flüchtlingskonvention respektieren sollten. Insofern waren die Mitgliedsstaaten in der Wahl ihrer Kriterien zwar nicht mehr völlig frei, aber de facto waren beide Konventionen wohl in allen Mitgliedsstaaten ohnehin der maßgebliche Bezugsrahmen.

Mit dem 1999 in Kraft getretenen Vertrag von Amsterdam aber wurde die Asylpolitik vergemeinschaftet. Seither ist es Aufgabe des Rates, festzulegen, welches Mitgliedsland für welche Asylbewerber zuständig ist, welche Mindestnormen in den EU-Staaten für die Aufnahme und Anerkennung von Asylbewerbern und Flüchtlingen gelten und welche Mindestnormen die entsprechenden Verfahren in den einzelnen Mitgliedsstaaten erfüllen müssen. Zunächst musste der Rat einstimmig entscheiden. Seit dem Lissabon-Vertrag sind jedoch das Mehrheitsprinzip und die Mitwirkung des Europaparlaments vorgesehen.

Im Dublin-Abkommen und den nachfolgenden Verordnungen Dublin II und Dublin III wurden diese neuen Kompetenzen der EU dann genutzt, um die für alle Mitgliedsstaaten verbindliche EU-Asylgesetzgebung zu formen. Die Schwächen dieser Gesetzgebung habe ich im vorigen Kapitel bereits dargelegt: Das Recht auf internationalen Schutz wurde viel weiter gefasst als es zum Beispiel der deutschen Gesetzgebung entsprach, und die Frage, welche Länder in welchem Umfang die Schutzansprüche zu gewährleisten haben, wurde nicht geregelt. De facto verblieb diese Pflicht in offensichtlich ungerechter Weise allein bei den meist südeuropäischen Staaten, deren EU-Außengrenze die Asylbewerber bei ihrer Einreise in die EU überquerten. Warum die südeuropäischen Staaten sich auf diese »Lösung« des Verteilungsproblems überhaupt jemals eingelassen haben, entzieht sich meiner Kenntnis.

Jedenfalls hat sich die EU mit dieser Aufgabe übernommen. Es ist ihr nicht gelungen, ein Asylsystem aufzubauen, das die selbstgesetzten humanitären Ansprüche erfüllt und eine faire, von allen Mitgliedsstaaten akzeptierte Verteilung der Asylbewerber gewährleistet.

2.9 Deutschlands Flüchtlingspolitik während des jugoslawischen Bürgerkrieges

Man muss deshalb die Frage aufwerfen, ob es richtig war, die Autonomie der nationalen Asylsysteme aufzugeben und die Asylpolitik auf die EU-Ebene zu übertragen. Dabei würde man es sich zweifellos zu leicht machen, wenn man schlicht darauf verwiese, dass die Asylsysteme der Mitgliedsstaaten über Jahrzehnte hinweg ohne größere Verwerfungen funktioniert haben. Denn die Nachkriegszeit bis zum Zusammenbruch der sozialistischen Staaten 1989/90 war in Europa durch außergewöhnliche Stabilität gekennzeichnet. Größere Flüchtlingsströme gab es weder in Europa noch in seiner näheren Nachbarschaft.

Dies änderte sich aber in den Neunzigerjahren mit dem jugoslawischen Bürgerkrieg. Jugoslawien und Syrien hatten mit jeweils rund 23 Millionen Einwohnern fast dieselbe Bevölkerungsgröße. In beiden Ländern fand ein mehrere Jahre währender, blutiger Bürgerkrieg statt. Die Zahl der Todesopfer in Syrien wird dabei mit rund einer halben Million Menschen bislang auf ungefähr das Vierfache der Kriegstoten in den jugoslawischen Nachfolgestaaten geschätzt. Auch die Zahl der Flüchtlinge ist in Syrien deutlich höher: Rechnet man als Flüchtlinge die Menschen, die ihr Land verlassen haben (also nicht die sogenannten Binnenflüchtlinge), so hat der Bürgerkrieg in Syrien ungefähr sechs Millionen Menschen zu Flüchtlingen gemacht, während die kriegerischen Auseinandersetzungen in den Westbalkanstaaten ungefähr 1,6 Millionen Menschen außer Landes getrieben haben.

Dabei ist allerdings zu berücksichtigen, dass Jugoslawien geographisch viel näher an der EU liegt als Syrien. Fast alle jugoslawischen Flüchtlinge drängten in EU-Staaten, während die syrischen Flüchtlinge sich zunächst fast ausschließlich auf Nicht-EU-Länder verteilten: Libanon, Irak, Jordanien und die Türkei. Unter diejenigen syrischen Flüchtlinge, die sich auf den Weg nach Europa machten, mischten sich wiederum viele Menschen aus anderen Ländern, u. a. aus dem Irak, dem Iran, aus Pakistan, Afghanistan, Eritrea und aus den Nachfolgestaaten Jugoslawiens. Insgesamt verzeichnen die EU-Statistiken für diese Länder in den Jahren 2015 und 2016 etwa 1,66 Millionen neue Asylbewerber. Dies ist also fast exakt dieselbe Menge wie während des jugoslawischen Bürgerkriegs.

Ich konzentriere mich im Folgenden stellvertretend für die nationalen Asylpolitiken auf das Verhalten Deutschlands während des Flüchtlingsdrucks aus dem zerfallenden Jugoslawien. Die ersten Kriegshandlungen hatten 1991 begonnen. In diesem Jahr verzeichnete Deutschland 260.000 Asylanträge, die im Wesentlichen noch nicht mit dem Jugoslawienkrieg zusammenhingen, sondern in großen Teilen auf Antragsteller aus Osteuropa, nicht zuletzt auf Roma aus Rumänien, zurückgingen. Im Folgejahr 1992 aber stiegen die Asylbewerbungen sprunghaft auf 440.000 an. Der Grund für diesen Anstieg waren vor allem Kriegsflüchtlinge aus Jugoslawien.

Diese Menschen waren zum größten Teil nicht asylberechtigt. Die linksliberale Wochenzeitung »Die Zeit« fasste den Sachstand 1992 wie folgt zusammen:[8]

> »Eines ist allen Kriegsflüchtlingen gemeinsam: Auf den Artikel 16 des Grundgesetzes der Bundesrepublik (›Politisch Verfolgte genießen Asylrecht‹) können sie sich nicht berufen. Granateinschläge und Massaker marodierender Tschetniks mögen Fluchtgründe sein, zum politischen Asyl in Deutschland berechtigen sie nicht. Ein Drittel aller Anträge dieses Jahres sind schon jetzt abgelehnt. (...)
>
> Für die Gewährung von Asyl ist nicht das Leid der Menschen entscheidend. Das Elend von Krieg und Bürgerkrieg darf Asylrichter genausowenig berühren wie die Beschreibung grausamster Folterpraktiken. Nur wer aufgrund seiner explizit geäußerten politischen

---

8   Kuno Kruse, Stefan Scheytt und Michael Schwelien: »Krieg ist kein Asylgrund«, Die Zeit 29/1992.

*Meinung oder seines religiösen Engagements zielgerichteter persön-
licher Verfolgung durch die Staatsorgane seines Heimatlandes ausgesetzt ist, genießt Asylrecht.*«

Da im Allgemeinen keine Asylberechtigung vorlag und eine Einreise
nach Deutschland nur mit Visum möglich war, wies die deutsche
Grenzpolizei 1992 Tausende von Flüchtlingen an der deutsch-österrei-
chischen Grenze ab. Das führte zu Spannungen mit Österreich, das
eine gemeinsame Grenze mit der früheren jugoslawischen Teilrepublik
Slowenien hat und schon aus humanitären Gründen niemandem die
Einreise verweigern wollte, dessen Leben im Kriegsgebiet bedroht war.
Beide Staaten, Deutschland und Österreich, hatten die Genfer Flüchtlingskonvention unterzeichnet, die ein Zurückschieben von Flüchtlingen verbot, wenn dadurch deren Leben oder Freiheit in Gefahr geraten würde. Da dies in Österreich natürlich nicht der Fall war, konnte
Deutschland jugoslawische Kriegsflüchtlinge an der Grenze zurück-
weisen, während Österreich dies nicht tun konnte.

Trotzdem war die Anzahl der Asylbewerber in Deutschland auf einem Rekordhoch und obwohl die meisten Bewerber abgelehnt wurden,
konnte Deutschland sie gleichwohl natürlich nicht in die Bürgerkriegs-
gebiete abschieben. Ende 1992 wurde deshalb der sogenannte Asylkompromiss zwischen CDU/CSU und SPD vereinbart. Danach wurde
1993 das Grundrecht auf Asyl im Grundgesetz erheblich eingeschränkt,
indem zunächst bestimmt wurde, dass künftig niemand mehr asylberechtigt war, der durch ein sicheres Drittland einreiste. Zu diesen
sicheren Drittländern gehörten die EU-Mitgliedsstaaten genauso wie
Polen, Tschechien und Österreich, die damals noch nicht der EU an-
gehörten. Deutschland war ganz von »sicheren Drittstaaten« umgeben
und eigentlich konnte man nur noch Asyl erhalten, wenn man mit dem
Flugzeug kam.

Allerdings waren die meisten Bürgerkriegsflüchtlinge ohnehin
nicht asylberechtigt. Der Grund für die Änderung lag wohl eher darin,
dass man eine Handhabe für schnelle Zurückweisungen an der Grenze

haben wollte. Wer an der Grenze angab, dass er in Deutschland Asyl beantragen wolle, konnte unverzüglich abgewiesen werden. Bislang hatte es in diesen Fällen Einreise, Antragstellung, Verfahren und Ablehnung gegeben – Letzteres verbunden mit der Feststellung, dass eine Abschiebung freilich nicht möglich ist.

Der Asylkompromiss beinhaltete aber noch eine zweite, heute völlig zu Unrecht in Vergessenheit geratene Komponente. Es war nämlich auch vereinbart worden, in das Ausländergesetz eine neue Bestimmung zugunsten von Kriegsflüchtlingen aufzunehmen. Not und Leid der Kriegsflüchtlinge waren ja unbestreitbar und Deutschland wollte sich an der Linderung dieser Not beteiligen. Aber Kriegsflüchtlinge waren eben keine politisch Verfolgten im Sinne des Grundgesetzes und Deutschland war nicht – damals noch nicht! – bereit, diesen Unterschied zu verwischen.

Stattdessen wurde in das Ausländergesetz ein neuer Paragraph 32a eingeführt, der dem Schutz von Kriegs- und Bürgerkriegsflüchtlingen gewidmet war. Er besagte im Wesentlichen, dass Deutschland diesen Menschen Schutz gewähren *kann*. Konkret hieß es in Absatz 1:

»Verständigen sich der Bund und die Länder einvernehmlich darüber, dass Ausländer aus Kriegs- oder Bürgerkriegsgebieten vorübergehend Schutz in der Bundesrepublik Deutschland erhalten, ordnet die oberste Landesbehörde an, dass diesen Ausländern zur vorübergehenden Aufnahme eine Aufenthaltsbefugnis erteilt und verlängert wird.«

In dieser einfachen Bestimmung liegt, wie ich weiter unten argumentieren werde, der Schlüssel für die Lösung der unlösbar scheinenden Asylproblematik in der EU. Ich möchte vier Elemente des damaligen Gesetzestextes hervorheben:

1. Bund und Länder einigen sich einvernehmlich. Das Grundprinzip ist also die Freiwilligkeit der Entscheidung. Niemand wird zu etwas gezwungen, was er nicht möchte.
2. Es gibt keinen Rechtsanspruch von Flüchtlingen auf Aufnahme in Deutschland. Deutschland kann Schutz gewähren, ist dazu aber nicht verpflichtet.

3. Der Schutz ist ausdrücklich vorübergehend. Er ist an eine befristete Aufenthaltserlaubnis gebunden.
4. Bund und Länder sind frei, über die Menge der aufzunehmenden Flüchtlinge zu entscheiden.

Übrigens kam es erst 1999 während des Kosovo-Krieges zur Anwendung der neuen Bestimmung. Davor hatte der hohe Zustrom von Asylbewerbern des Jahres 1992 die Bereitschaft zur Aufnahme erst einmal nachhaltig gedämpft.

Im Vergleich der Geschehnisse von 1992 und 2015 ist festzuhalten, dass in sehr unterschiedlicher Form auf den hohen Flüchtlingsdruck an den Grenzen reagiert wurde. 2015 gab es eine lange Phase des Kontrollverlusts: Über Monate hinweg konnten täglich Tausende von Menschen völlig unkontrolliert nach Deutschland einreisen. Die EU als der zuständige Gesetzgeber starrte wie paralysiert auf das Geschehen. Bis auf den heutigen Tag hat es keine Änderung der Gesetzeslage gegeben, die sich 2015 als untauglich herausgestellt hat. Statt im eigenen Haus aufzuräumen, schloss die EU ein Abkommen mit der Türkei ab und beredete die Balkan-Staaten dazu, die Weiterreise von Flüchtlingen ohne Visum zu unterbinden. Der Erfolg dieser Vereinbarungen ändert aber nichts daran, dass die EU-Gesetzgebung nach wie vor untauglich ist und eine neue große Flüchtlingswelle auf anderem Wege, zum Beispiel über das Mittelmeer, die EU erneut unvorbereitet treffen würde.

Der Grund für die Untätigkeit der EU nach innen hin liegt natürlich an den großen Meinungsverschiedenheiten unter den EU-Staaten. Sie lähmen die Handlungsfähigkeit der EU. Deutschland hingegen war 1992 zwar ebenfalls nicht gut auf einen großen Flüchtlingsstrom vorbereitet, reagierte aber sowohl administrativ als auch als Gesetzgeber umgehend und angemessen: Einerseits wurde ein unkontrollierbar großer Zustrom über die Grenzen unterbunden, andererseits wurde eine Möglichkeit geschaffen, Kriegs- und Bürgerkriegsflüchtlingen Schutz zu gewähren. Und Deutschland entschied selbst, in welchem Ausmaß es dies tun wollte.

Die Krise von 1992 ist auf der mitgliedsstaatlichen Ebene gelöst worden und sie ist – zumindest für Deutschland – auf der mitgliedsstaatlichen Ebene besser gelöst worden als die Flüchtlingskrise von 2015/16 auf der europäischen Ebene. Dies hat seinen systematischen Grund darin, dass die Handlungsfähigkeit größer ist, wenn es nur um den Willen *eines* Staates geht. Schließlich geht es ja direkt und unmittelbar um das Wohl dieses Staates. Liegt die Entscheidung auf der EU-Ebene, ist der Wille von sehr vielen verschiedenen Staaten zu berücksichtigen. Zudem würde das, was zum Wohle eines Staates geschehen könnte, oft gerade nicht zum Wohle eines anderen Staates geschehen. Es ist ganz natürlich, dass bei einem solchen Zielkonflikt die Handlungsfähigkeit der EU schon deshalb leidet, weil unklar ist, wessen Wohl sie den Vorrang geben sollte.

2.10 Eine neue Flüchtlingspolitik für die EU

Im aktuellen Fall hat dies zur völligen Untätigkeit geführt. Das ist gefährlich. Seit mehr als drei Jahren sucht die EU eine neue Verteilungsregel für ihre Flüchtlingspolitik. Es ist an der Zeit, festzustellen, dass es diese Verteilungsregel nicht mit Zustimmung aller Mitgliedsstaaten geben wird. Es ist an der Zeit, zuzugeben, dass die Anwendung des Lissabon-Vertrages (Entscheidung mit qualifizierter Mehrheit im Rat) die EU sprengen könnte: Die osteuropäischen Staaten in dieser sensiblen Angelegenheit zu überstimmen, hieße, eine Lunte in den Graben zu legen, der heute die EU-Mitgliedsstaaten da trennt, wo früher der Eiserne Vorhang verlief.

Deshalb gibt es nur einen Lösungsweg für die Asylgesetzgebung in der EU: Es geht nur, wenn alle Staaten freiwillig mitmachen. Dies war auch der Ansatz, den die Bundesrepublik Deutschland 1992 beim Schutz von Kriegs- und Bürgerkriegsflüchtlingen wählte. Wie oben hervorgehoben, wurde ausdrücklich Wert darauf gelegt, dass Bund und Länder *im Einvernehmen* handeln. Genau das muss jetzt auch für das Verhältnis zwischen EU und Mitgliedsstaaten gelten.

Ich betone hier das Einvernehmen zwischen EU und Mitgliedsstaaten. Wenn wir die EU, den Binnenmarkt und die Personenfreizügigkeit in der EU erhalten können, kann man die Asylgesetzgebung nicht völlig in das Belieben jedes einzelnen Mitgliedsstaates stellen. Eine Mitsprache der EU bzw. – das ist dasselbe – ein Einvernehmen mit den anderen Mitgliedsstaaten der EU ist unerlässlich. Denn es wird natürlich vor oder nach der Zuerkennung eines bestimmten Schutzstatus Wanderungsbewegungen innerhalb der EU geben. Insofern sind von der Asylpolitik eines EU-Mitglieds immer auch die anderen Staaten betroffen. Eine völlige Renationalisierung der Asylpolitiken ist daher nicht möglich.

Auf europäischer Ebene müssen gewisse Rahmenbedingungen für die Asylpolitiken der einzelnen Staaten gesetzt werden. Diese Rahmenbedingungen müssen einerseits Mindeststandards für Asylverfahren enthalten. Andererseits müssen sie allseits akzeptierte Grenzen für den Anspruch auf internationalen Schutz ziehen.

Die Mindeststandards sind das geringere Problem. Der Maastricht-Vertrag legte bereits fest, dass jeder EU-Mitgliedsstaat die Genfer Flüchtlingskonvention und die Europäische Menschenrechtskonvention beachten muss. Alle Mitgliedsstaaten haben diese Konventionen unterzeichnet und alle Mitgliedsstaaten akzeptieren diese Verpflichtung auch heute. Wo, wie zum Beispiel in Griechenland, Verstöße festzustellen sind, sollte die EU unverzüglich all ihren Einfluss geltend machen, um diese zu beheben. Man muss nicht warten, bis der Europäische Gerichtshof für Menschenrechte den Staat öffentlich bloßstellt.

Um allseits akzeptierte Grenzen für den Schutzanspruch zu definieren, sollte ferner sauber unterschieden werden zwischen politisch Verfolgten einerseits und Kriegs- und Bürgerkriegsflüchtlingen andererseits. Dies steht genau im Einklang mit der Genfer Flüchtlingskonvention, die eben nicht auch die Opfer von Kriegen und Bürgerkriegen schützt, sondern ausschließlich diejenigen Menschen, die wegen individueller Merkmale (beispielsweise wegen ihrer politischen Überzeugung, ihres Glaubens oder ihrer Zugehörigkeit zu einer besonderen ethnischen oder sozialen Gruppe) gezielt verfolgt werden. Dieses (weit definierte) Verständnis von »politischer Verfolgung« liegt auch dem deutschen Grundrecht auf Asyl zugrunde.

Alle Staaten der EU akzeptieren die Genfer Flüchtlingskonvention. Keiner bestreitet, dass diese Art von Verfolgten Schutzstatus genießen sollte. Die Anzahl dieser individuell Verfolgten ist klein im Vergleich zu der großen Zahl von Kriegs- und Bürgerkriegsflüchtlingen. Dennoch ist es wahrscheinlich, dass die meisten dieser politisch verfolgten Flüchtlinge in den Staaten der EU eintreffen, die eine EU-Außengrenze haben. Aber das muss keineswegs Südeuropa sein. Es ist durchaus vorstellbar, dass eines Tages eine große Zahl von politisch Verfolgten zum Beispiel aus Russland oder Weißrussland flieht und zuerst in den EU-Staaten Osteuropas aufläuft.

Deshalb und angesichts der eher kleinen Fallzahlen sollte es möglich sein, eine gerechte Verteilungsregel für derartige Verfolgte zu vereinbaren. An der Aufnahme der Anspruchsberechtigten nach der Genfer Flüchtlingskonvention sollten sich alle Staaten beteiligen, auch diejenigen, die keine Außengrenze haben. Schon diese Zielsetzung wird vermutlich ein längeres Feilschen in der EU zur Folge haben, aber die Aufgabe ist lösbar. Einvernehmlich lösbar.

2.11 Kontingentlösungen für die Opfer von Kriegen und Bürgerkriegen

Es bleiben die Kriegs- und Bürgerkriegsflüchtlinge. Niemand bestreitet deren Notlage, und jeder mitfühlende Mensch möchte ihr Schicksal lindern. Aber jeder vernünftige Mensch weiß auch, dass dies nicht einfach dadurch geschehen kann, dass man jedem Kriegsopfer die Aufnahme in der EU zusichert. Wie bereits erwähnt, wird schon heute die Zahl der Kriegs- und Bürgerkriegsflüchtlinge weltweit auf 60–80 Millionen Menschen geschätzt. Weitere militärische Konflikte mit verheerenden Auswirkungen könnten entstehen. Die Welt ist zu groß, zu instabil und zu unsicher, als dass ein Staat oder ein Staatenverbund zusichern könnte, alle Leidtragenden der Kriege bei sich zu beherbergen. Es wäre ein leeres Versprechen. Es wäre haltlose Großsprecherei. Wie Anspruch und Wirklichkeit in der EU auseinanderklaffen, sieht man schon im ganz Kleinen. Werfen wir noch einmal einen Blick auf Mohammeds Rechtsstreit vor dem EGMR. Mohammed bekam Recht. Der EGMR ließ zwar durchaus Zweifel an Mohammeds persönlicher Glaubwürdigkeit erkennen, aber er nahm seinen Fall zum Anlass, das griechische Asylsystem als Ganzes zu untersuchen. Ergebnis: Dort wurden systematisch und wiederkehrend elementare Standards der Menschenrechte verletzt. Was für eine Ohrfeige für Griechenland!

Aber welche Konsequenzen zogen die EU und ihre anderen Mitgliedsstaaten? Sie setzten die Abschiebungen nach Griechenland aus. Das genügte, um das Dublin-System zu unterminieren. Aber genügte es denn, um die Missstände abzustellen?

Wenn man das EGMR-Urteil ernst nimmt, hätte man eigentlich alle Flüchtlinge aus Griechenland evakuieren müssen. Die Menschenrechtsverletzungen betrafen ja vor allem die Flüchtlinge, die im Lande waren. Also hätte man doch schleunigst alle Flüchtlinge aus Griechenland in andere EU-Staaten ausfliegen lassen müssen. Aber niemand war bereit, das zu tun. Niemand war bereit, die Flüchtlinge aktiv aus den menschenunwürdigen Umständen des griechischen Asylwesens herauszuführen. Wohlgemerkt, wir sprechen über das Jahr 2010, lange vor der großen Krise. Wir sprechen über die EU, die offiziell weltweit verkündet, Kriegs- und Bürgerkriegsopfern menschenwürdige Aufnahme zu gewähren. Wir sprechen über haltlose Großsprecherei.

Wenn die EU – im Einvernehmen mit ihren Mitgliedsstaaten – eine Regelung für die Opfer von Kriegen und Bürgerkriegen herbeiführen will, gibt es nur die pragmatische Lösung, die Deutschland 1992 gewählt hat: Die EU *kann* Kriegsopfern Aufnahme und Schutz gewähren, aber sie kann das nur in dem Umfang leisten, in dem die einzelnen Mitgliedsstaaten aus humanitären Gründen bereit sind, dies zu tun.

Möglicherweise wird es dann Mitgliedsstaaten geben, die überhaupt keine Kriegsflüchtlinge aufnehmen wollen. Das muss man akzeptieren. Aber auch Osteuropäer sind keine Unmenschen. Wahrscheinlicher ist es, dass jeder EU-Staat eine gewisse Aufnahmebereitschaft zeigen wird, manche mehr, manche weniger. Jede Regierung wird für ihre Entscheidung die Rückendeckung ihrer Wähler brauchen. Auch das ist gut. Man kann die Verantwortung nicht auf die EU oder auf andere Mitgliedsstaaten abschieben, sondern man muss für die eigene Entscheidung die Unterstützung seiner Bürger haben.

Es würde sich um eine demokratisch legitimierte Entscheidung handeln, die ausdrückt, dass humanitäre Hilfe eine freiwillige Hilfe sein sollte, nicht eine erzwungene. Damit wird das Problem gelöst, in das der Lissabon-Vertrag die EU geführt hat: Das Überstimmen einer Minderheit ist zwar rechtlich möglich, könnte politisch aber die EU von innen heraus zerstören.

Statt einer Mehrheitsentscheidung auf der Basis eines mengenmäßig unbeschränkten Schutzanspruchs von Kriegsopfern würde eine Kontingentlösung praktiziert werden: Jedes Mitgliedsland der EU meldet in völlig freiwilliger, souveräner Entscheidung das Kontingent an Kriegs- und Bürgerkriegsflüchtlingen, das es aufzunehmen bereit ist. Die Gesamtaufnahme der EU ist genau die Summe der einzelnen Kontingente.

Ein zweiter, wichtiger Punkt ist folgender: Die Auswahl der Flüchtlinge, die im Rahmen der Kontingentlösung in Mitgliedsländern der EU aufgenommen werden, sollte ausschließlich in den Flüchtlingslagern in der Krisenregion erfolgen. Es ist überhaupt nicht einzusehen, weshalb gerade die Flüchtlinge aufgenommen werden sollen, die sich irgendwie an die Außengrenzen der EU durchschlagen.

Die EU sendet ein völlig falsches Signal in die Welt, wenn sie nur die Bürgerkriegsflüchtlinge aufnimmt, die es irgendwie schaffen, die EU-Außengrenze zu überqueren. Stattdessen müsste sie genau das Gegenteil kommunizieren: Kriegs- und Bürgerkriegsflüchtlinge haben nur dann eine Chance auf vorübergehenden Schutz in der EU, wenn sie sich in das nächstgelegene Flüchtlingslager begeben und sich dort ordnungsgemäß registrieren lassen. Flüchtlingslager sollten die Anlaufstelle für Flüchtlinge sein, nicht der konspirative Treffpunkt eines kriminellen Schleppers. Die EU oder ihre Mitgliedsstaaten könnten und sollten in den Lagern die Kontingente so zusammenstellen, dass diejenigen aufgenommen werden, die den Schutz am dringendsten nötig haben: Familien mit kleinen Kindern, Waisen, alleinstehende Frauen, Kranke, Kriegsversehrte und alte Menschen. Das sind meist nicht die, die sich auf die Reise nach Europa machen.

Für alle Flüchtlinge muss klar sein, dass es sich um einen temporären Schutz handelt. Dieser wird gewährt über eine befristete Aufenthaltsgenehmigung auf dem Territorium eines ganz bestimmten EU-Staates. Verstöße könnten zur Rückführung in das Flüchtlingslager führen. Vermutlich ist es sinnvoll, auch einen weiteren Punkt der deutschen Gesetzgebung von 1992 zu übernehmen: Wer sich um Aufnahme in ein Flüchtlingskontingent bewirbt, sollte zugleich erklären müssen, dass er ein Kriegs- oder Bürgerkriegsflüchtling ist – und dass er deshalb keinen Anlass hat, einen Asylantrag zu stellen.

Grundprinzip ist also die strenge Trennung zwischen »politisch« Verfolgten im Sinne der Genfer Flüchtlingskonvention auf der einen Seite und den Opfern militärischer Konflikte auf der anderen Seite. Wenn Letztere nur noch über die Flüchtlingslager Aufnahme in die EU finden können, werden an den Außengrenzen der EU nur noch die auflaufen, die politisch verfolgt wurden – oder dies behaupten. Natürlich stellt sich auch hier noch die Frage, wie man Missbrauch verhindert.

2.12 Politisch Verfolgte ohne Ausweise

Ohne allzu sehr in die Verästelungen der Asylproblematik eintauchen zu wollen, muss hier ein wesentlicher Aspekt noch besprochen werden: Wer in der EU politisches Asyl beantragen möchte, weil er aufgrund individueller Eigenschaften verfolgt wurde, muss seine Identität nachweisen können. Ohne Nachweis der Identität ist eine Entscheidung über Asylgründe schlicht nicht möglich.

Natürlich gibt es wenige Fälle, wo ein politisch Verfolgter tatsächlich seinen Ausweis verloren hat. Aber es ist offensichtlich, dass die meisten Antragsteller, die ohne Ausweise die EU erreichen, schlicht lügen. Es ist zur Masche geworden, die Ausweise absichtlich zu vernichten, um längere Verfahrensdauern, längere Aufenthalte und schwierigere Abschiebungsprozeduren zu erzwingen.

Es ist auch ein Systemausfall, dass die EU und ihre Mitgliedsstaaten auf die hunderttausendfachen Lügen in diesem Bereich noch immer keine Antwort gefunden haben. Dabei ist eigentlich nur eine Antwort denkbar: Ohne Ausweis keine Einreise und kein Asylantrag. Wer einreisen will, um einen Asylantrag zu stellen, muss Ausweispapiere haben. Wer keine hat, muss sich erst einmal darum kümmern, dass er welche erhält.

Diese Haltung ist nur dann ein Problem, wenn der nicht identifizierbare Antragsteller behauptet, dass er in dem Land, das er gerade verlassen möchte, verfolgt werde. Man kann das im Einzelfall nicht ausschließen. Für diese Fälle (ein angeblich akut verfolgter Antragsteller ohne Ausweispapiere) braucht die EU ein Partnerland, das sicher ist. Mindestens ein Partnerland, in dem keinerlei politische Verfolgung stattfindet und in dem eine EU-Dienststelle Antragstellern bei der Beschaffung ihrer Dokumente behilflich ist; aber zugleich auch ein Land, in das man nicht unbedingt fliehen würde, wäre man nicht politisch verfolgt.

Nehmen wir beispielsweise Ghana. Ghana ist eine stabile Demokratie und wird im Asylwesen schon seit langem als sicheres Herkunftsland eingestuft. Antragstellern, die keine Ausweispapiere haben und aus Furcht vor Verfolgung nicht zurückkehren wollen in das Land, das sie gerade verlassen, könnte angeboten werden, dass sie nach Ghana ausgeflogen werden. Nach Feststellung ihrer Identität hätten sie von Ghana aus die Möglichkeit, ihren Asylantrag zu stellen.

Vermutlich würde dieses Angebot nur in geringem Umfang angenommen werden. Hingegen würde die Anzahl der Antragsteller, die sich ausweisen können, drastisch ansteigen. Und da es sich ja ohnehin nur noch um die relativ kleine Gruppe von Menschen handelt, die individuelle politische Verfolgung geltend machen, wäre das Asylwesen der Mitgliedsstaaten nur noch mit überschaubaren Zahlen von grundsätzlich identifizierbaren Antragstellern konfrontiert.

Natürlich muss die EU mindestens ein Partnerland wie Ghana dafür gewinnen, alle nicht identifizierbaren Antragsteller aufzunehmen – oder ihnen zumindest das Angebot zu machen. Das wird kein Land so ohne weiteres machen. Die EU wird Gegenleistungen anbieten müssen. Eine Aufnahmeprämie pro aufgenommene Person kommt nicht infrage – zu groß wäre die Gefahr, dass dann Menschen absichtlich auf den Weg geschickt werden, um nach ihrer Zurückweisung die Aufnahmeprämie zu kassieren. Aber wie wäre es, wenn die EU einem Land wie Ghana im Gegenzug für beispielsweise eine fünfjährige Aufnahmebereitschaft ein großes Entwicklungshilfepaket anbietet?

Der Türkei wurden 3 Milliarden Euro für ihre Kooperation in der Flüchtlingspolitik geboten. Auch andere Länder werden genau abwägen, wann die finanziellen Vorteile, die die EU bietet, lohnend genug sind. Und da die EU ohnehin ihre Entwicklungshilfe für afrikanische Länder erhöhen will: Was spricht denn dagegen, dass man ein Land besonders fördert, das eine stabile Demokratie ist und sich keine Menschenrechtsverletzungen zuschulden kommen lässt?

Es ist nicht so, dass die Asylproblematik in der EU nicht lösbar wäre. Es gibt auch andere sinnvolle Vorschläge. Was aber keine Option ist, ist das Nichtstun. Das EU-Asylsystem ist ausgefallen und bis heute noch nicht wieder in Stand gesetzt worden. Dass noch keine neue Krise entstanden ist, liegt ausschließlich daran, dass der Flüchtlings- und Migrationsdruck derzeit nicht mehr so stark ist wie 2015/16. Aber es ist natürlich kein Verlass darauf, dass das so bleibt. Von Nordafrika und über das Mittelmeer her kann jederzeit eine Zuspitzung erfolgen.

Die EU wird das Problem nicht lösen können, wenn sie nicht wesentliche Kompetenzen wieder an die Mitgliedsstaaten der EU zurückgibt. Insofern ist die Vergemeinschaftung der Asylpolitik, die mit dem Vertrag von Amsterdam vereinbart wurde, ein illustratives Beispiel dafür, dass man sich hüten sollte, leidlich funktionierende nationale

Systeme unbedacht in europäische Verantwortung zu überführen. Die EU neigt dazu, sich mit viel Pathos zu übernehmen. Es ist nicht antieuropäisch, dies so zu sagen, denn es ist die nüchterne Wahrheit. Wer die europäische Idee eines harmonischen Miteinanders der europäischen Staaten ernsthaft fördern möchte, der sollte die Staaten Europas als ihre tragenden Säulen betrachten. Europa kann das Dach sein, aber es kann die Säulen nicht ersetzen.

All dies setzt Vertrauen voraus. Die Bürger der europäischen Staaten müssen sowohl den Säulen als auch dem Dach vertrauen. Das ist heute nicht mehr bei allen Bürgern der Fall. Damit befasst sich das folgende Kapitel.

3. KAPITEL

RECHTSSTAATLICHKEIT, RECHTSCHAFFENHEIT UND RECHTSEXTREME

Mir fiel buchstäblich die Kinnlade runter, als das ranghöchste anwesende AfD-Mitglied das Wort ergriff. Der Sprecher, ein älterer Herr, beruflich sehr erfolgreich und langjähriges CDU-Mitglied, dozierte in gewundenen Sätzen, doch voller Selbstgewissheit. Die Quintessenz war: Dem Verfassungsschutz kann man nicht trauen. Denn er ist eine staatliche Institution. Wer weiß, wann er uns beobachtet.

Ich war damals Bundessprecher der AfD. Es war im Herbst 2014 und die AfD war gerade in die ersten drei Landtage eingezogen. Diese Erfolge führten zu erheblichem Mitgliederzuwachs. Aber es war auch eine Zeit der Radikalisierung. In der Ukraine herrschte Krieg, die Neue Rechte trommelte für Putin, und in Dresden zog die islamfeindliche Pegida-Bewegung wöchentlich mit Großdemonstrationen durch die Stadt.

Die AfD brauchte eine neue Satzung und eine Kernfrage war, wie man das Eindringen radikaler Kräfte unterbinden konnte. Ich hatte eine Satzungsbestimmung vorgeschlagen, nach der niemand aufgenommen werden durfte, der einer vom Verfassungsschutz beobachteten Organisation angehört hatte. Ein klares Kriterium, das ein Mindestmaß an politischer Hygiene gesichert hätte.

Aber die neue Satzung war in der Partei sehr umstritten. Es gab viele Diskussionsveranstaltungen, auf denen jede einzelne Bestimmung unter die Lupe genommen wurde. In einem dieser Treffen flammte nun auch Widerstand gegen den Verfassungsschutz auf.

Es war ungeheuerlich. Der Redner, selbst ein langjähriger Staatsdiener, misstraute dem Staat zutiefst. Er sah im Verfassungsschutz kein Mittel, um unsere Demokratie zu schützen, sondern eine Instanz, die der Staat zum Angriff auf die Demokratie nutzen könnte. Eine Beobachtung der AfD durch den Verfassungsschutz (von der damals keine Rede war) wäre für ihn nicht etwa ein Anlass gewesen, die AfD infrage zu stellen. Nein, sie wäre ein Anlass gewesen, den Verfassungsschutz infrage zu stellen.

Manche Despoten haben früher den Überbringer einer schlechten Nachricht hinrichten lassen, weil ihnen die Nachricht nicht passte.

Das Misstrauen gegenüber dem Staat und seinen Institutionen hatte ich in der AfD nicht zum ersten Mal gehört. Aber noch nie hatte es ein in der Parteihierarchie so hoch stehendes Mitglied so drastisch formuliert.

Die AfD war 2013 als eine eurokritische Partei gegründet worden. Die Eurokrise war damals in aller Munde. Teilweise wurde sie als eine Krise der Währungsunion wahrgenommen, teilweise als eine Krise der EU. Nicht zuletzt Kanzlerin Angela Merkel trug dazu bei:»Scheitert der Euro, dann scheitert Europa«, sagte sie – ohne je zu begründen, warum das so sein sollte.

Vielleicht wollte sie auch nur davon ablenken, dass die Eurokrise die Glaubwürdigkeit der CDU und der Bundesregierung infrage stellte. Denn beide hatten ja bei der Einführung des Euro fest versprochen, dass Deutschland nie für die Schulden anderer Staaten zahlen müsste. Dieses Versprechen war seit 2010 Makulatur. Aber das versuchte man möglichst unter den Teppich zu kehren.

Diese Vermischung von Problemkreisen: Krise des Euro – Krise der EU – Glaubwürdigkeitskrise der deutschen Politik, erklärt, weshalb sich in der AfD auch Menschen einfanden, deren Staatsverständnis von solch grundlegendem Misstrauen geprägt war, wie es jener AfD-Funktionär ausdrückte.

Grob gesprochen waren in der frühen AfD drei Strömungen vertreten: Erstens diejenigen, die den Euro und die Eurorettungspolitik aus volkswirtschaftlichen Gründen kritisierten. Sie glaubten, dass eine Einheitswährung so vielen sehr unterschiedlichen Ländern nicht gerecht werden könne, und waren der Auffassung, dass die riesigen Rettungssummen den schwachen Ländern falsche Anreize setzten. Zweitens gab es die, deren Fokus mehr auf der EU lag und die deshalb eine eher institutionenkritische und legalistische Sicht auf das Problem hatten: Sie störten sich am Bruch der Nichtbeistandsklausel, an der Tatsache, dass die EU nie die Verletzungen der Defizit- und Schuldengrenzen sanktionierte und dass die EZB und der Europäische Stabilitätsmechanismus (ESM) ungeheure Macht erhielten.

Drittens waren dann da die Menschen, die dem Staat bzw. der EU grundsätzlich misstrauten. Die die Eurokrise nur als einen weiteren Beleg dafür ansahen, dass der Staat die Bürger täuschte, dass er gar nicht das Allgemeinwohl verfolgte, sondern speziellen Interessensgruppen diente, dass er log und trog, wenn es nötig war. Diese Sicht erstreckte sich nicht nur auf den Staat Bundesrepublik Deutschland, sondern natürlich auch auf die EU, die noch kein Staat ist, aber gerne einer werden möchte. Denn die EU trug ja die Hauptschuld an der Eurokrise. Jean-Claude Junckers vielzitiertes Wort »Wenn es ernst wird, muss man lügen«, war als Beleg fehlender Redlichkeit Wasser auf die Mühlen dieser Leute.

Die erste Strömung war im Wesentlichen eine Kritik am Euro, die zweite eine Kritik an der EU. Das schloss sich nicht aus und demzufolge waren viele AfD-Mitglieder (auch ich selbst) mit unterschiedlichen Akzentsetzungen *beiden* Strömungen zuzuordnen. Das gemeinsame Bestreben war es, die Fehlentwicklungen zu korrigieren und Europa zu verbessern. Ich nenne diese Gruppe deshalb die »Verbesserer«.

Die dritte Strömung bezeichne ich als die »Verbitterten«. Ihre gesamte Grundhaltung dem Staat und den Politikern gegenüber war skeptisch, pessimistisch und eben verbittert. Sicherlich wollten die Verbitterten ebenfalls die Fehler der gemeinsamen Währung korrigieren, vorzugsweise gleich durch eine vollständige Abschaffung des Euro. Aber selbst die Wiedereinführung der D-Mark hätte die meisten von ihnen nicht mit dem Staat oder der EU versöhnt. Zu tief verwurzelt waren Enttäuschung und Frustration, zu groß war das Misstrauen gegenüber allem, was von offizieller Seite kam.[1]

Ich bin in den vorangegangenen Kapiteln auf Vieles eingegangen, was die »Verbesserer« in die AfD geführt hatte. Dies waren ökonomische und juristische Sachverhalte sowie die Art, wie die EU und ihre Mitgliedsstaaten damit umgingen. Für die Verbitterten aber gab es ein weiteres Motiv: Für sie war alles, was im Umkreis der Eurokrise geschah, symptomatisch für das, was sie auch in anderen Bereichen als Verlogenheit und Heuchelei führender Politiker wahrnahmen. Die AfD war für die Verbitterten das Aufbegehren der Bürger gegen derartige Zumutungen.

Man würde es sich nun zu leicht machen, wenn man diese Sichtweise der Verbitterten einfach als falsch und unbegründet abtun würde. Tatsächlich hat sie einen wahren Kern – und keinen ganz kleinen. Es wird geheuchelt in der EU, es wird mit massiver medialer Unterstützung Schönfärberei betrieben und es wird je nach politischer Opportunität mit sehr ungleichem Maß gemessen.

Ich werde einiges davon in diesem Kapitel darstellen. Denn obwohl diese Unsitten kein so grundlegend negatives Staats- und Politikverständnis rechtfertigen, wie es die Verbitterten in der AfD entwickelt haben, tragen sie doch genau dazu bei. Und weil die Verbitterung ein fruchtbarer Nährboden für Radikalismus ist, ist es wichtig, darauf hinzuweisen, dass die politische Führung in Deutschland und der EU selbst den Infektionsherd befeuern. Dies zeigt seine Wirkungen nicht nur in Deutschland, sondern auch in anderen europäischen Staaten,

---

[1] Dementsprechend informierte sich diese Gruppe auch überwiegend aus »alternativen Medien« von Russia TV bis hin zu irgendwelchen Pseudowissenschaftlern und Scharlatanen, die sich mit geschickter Rhetorik über das Internet ein ebenso unwissendes wie – in dieser Hinsicht – unkritisches Publikum als treue Fangemeinde aufbauen.

wo links- oder rechtspopulistische Parteien erheblichen Auftrieb bekommen haben.[2]

Es geht hier also um die politischen Reaktionen, die auf Systemausfälle folgen. Diese Reaktionen erstrecken sich von der Gründung neuer politischer Kräfte bis hin zu der Art, wie Regierungen und Staatsführer mit Kritik an ihren politischen Leistungen umgehen. Das wiederum hat Folgen für die politische Entwicklung: Wenn die Kritiker ernst genommen und die aufgetretenen Probleme eingestanden und offen diskutiert werden, setzt eine andere Entwicklung ein, als wenn die Schwierigkeiten vertuscht und die Kritiker diskreditiert werden sollen.

Schauen wir uns dies für Deutschland an: Die Gründung der AfD war keine allzu überraschende Reaktion auf die Eurokrise. Keine der etablierten Parteien war ja willens oder fähig, den Systemausfall zu erkennen, zu diagnostizieren oder gar zu beheben. Selbst als der Kontrollverlust bereits eingetreten war, standen alle Parteien in Nibelungentreue zur Politik der Bundeskanzlerin.[3] Ein eurokritischer Wähler hatte keine Partei, die er wählen konnte. Die »Verbesserer« waren politisch heimatlos und gründeten die AfD.

Die Rettungsschirme waren ebenfalls eine politische Reaktion auf die Krise – nur eben seitens der EU. Diese Rettungsschirme waren ein Bruch des Nichtbeistandsprinzips. Sie waren aber auch ein Bruch des Versprechens, das namentlich CDU und CSU den deutschen Wählern vor der Einführung des Euro gegeben hatten: Deutschland würde nie

---

2   Syriza (links) und Anel (rechts) in Griechenland, die Lega (rechts) und die Fünf-Sterne-Bewegung (links) in Italien, Podemos (links) und VOX (rechts) in Spanien, Front National (rechts) und La France Insoumise (links) in Frankreich, UKIP in Großbritannien, die Schwedendemokraten, die Freiheitliche Partei Österreichs (alle rechts) – die Liste ließe sich noch verlängern. In Osteuropa ist die Situation insofern anders, als es dort oft die traditionellen Parteien sind, die die populistischen Stimmungen aufgreifen und fortpflanzen.

3   Die Gelder der Eurorettungspolitik retteten im Wesentlichen die Gläubigerbanken Griechenlands. Sie schadeten ansonsten den griechischen Arbeitnehmern und verursachten Massenarbeitslosigkeit und Altersarmut. Warum die SPD, seinerzeit ihrer Kanzlerin stets loyale Opposition, diese Politik unterstützte, wird mir für immer ein Rätsel bleiben. Es ist wohl nur mit dem intellektuellen Niedergang an der Parteispitze zu erklären.

für fremde Schulden zahlen müssen. Die Verbitterten fühlten sich in ihren Ansichten bestätigt. Auch sie drängten in die AfD.

Ohne EU keine AfD. Der Systemausfall der Eurokrise führte zur Gründung der Partei. Aber ohne die Verbitterten hätte die Partei sich anders entwickelt. Die Gründe für die Verbitterung sind vielschichtig und sie liegen keineswegs nur bei der EU. Doch dem Teil, der bei der EU liegt, wollen wir jetzt nachspüren. Denn anders ist die politische Radikalisierung in Deutschland und in der EU nicht zu vollständig zu verstehen.

3.1 Die Verbitterten

Die Verbitterung sitzt tief, sie hat viele verschiedene Wurzeln und ihre genauen Ursprünge werden nie zu erschließen sein. Sie zeigt sich in einem grundsätzlichen Misstrauen gegenüber dem Staat, in einer Verachtung der Politiker und einer Empörung über hohle Phrasen. Diese Grundstimmung schwingt stets und bei praktisch allen Verbitterten mit. Von diesen zog die AfD aber vor allem diejenigen an, die darüber hinaus ein besonderes Interesse an wirtschaftlichen und finanziellen Angelegenheiten hatten. Ihre Verbitterung richtete sich in besonderem Maße gegen das internationale Finanzsystem.

Das war ja auch nur natürlich. Die Eurokrise war eine wirtschaftliche und finanzielle Krise – als solche schmort sie auch heute noch unter der Oberfläche. Zudem hatte es kurz vor der Eurokrise eine weltweite Finanzkrise gegeben, die zu den schwersten wirtschaftlichen Erschütterungen seit der Weltwirtschaftskrise der Dreißigerjahre gerechnet werden muss. Das Vertrauen in die Märkte war erschüttert. Weit mehr als nur erschüttert war das Vertrauen in ihren finanziellen Überbau: in Banken, Hedgefonds, Derivate, Schulden und Papiergeld.

Erschüttert war aber auch das Vertrauen in die Rechtschaffenheit und das Verantwortungsbewusstsein der Politiker. Fast jeder Bürger ist auch ein Steuerzahler und erwartet, dass Politiker mit ihren Steuergeldern sorgsam haushalten. Dass Politiker die Interessen der Steuerzahler vertreten, gehört zur Standardrhetorik in Wahlkämpfen. Aber was die Bürger in der Finanzkrise erleben mussten, waren riesige, augenscheinlich unkontrollierbare Transfers von Steuergeldern an Banken, deren Management versagt und in deren Aufsichtsräten Politiker offenkundig die Aufsicht verpennt hatten.

Ein paar Beispiele mögen dies in Erinnerung rufen:

– Die HSH Nordbank, eine Landesbank, hatte hohe Verluste zu verzeichnen. 2008 bekam sie zunächst eine Liquiditätsgarantie des Bankenrettungsfonds Soffin in Höhe von 30 Mrd. Euro. 2009 folgten eine Kapitalzufuhr von 3 Mrd. Euro und eine Verlustabschirmungszusage von 10 Mrd. Euro jeweils aus Steuermitteln. Wie sich später herausstellte, hinderten die Hilfen aus Steuergeldern die HSH Nordbank nicht, ihren vermögenden Kunden bei fragwürdigen Steuergeschäften (sogenannten Cum-Ex-Geschäften) behilflich zu sein und Kundenvermögen über eine Luxemburger Tochtergesellschaft in die Steueroase Panama zu verschieben. Strafverfahren wegen Beihilfe zur Steuerhinterziehung wurden später gegen Bußgeldzahlungen eingestellt. Trotz des enormen Einsatzes öffentlicher Gelder verloren 4000 Beschäftigte der Bank ihren Arbeitsplatz.

– Die Bayerische Landesbank hatte 2007 eine österreichische Bank für 1,6 Mrd. Euro erworben. 2009 verkaufte sie sie für 1 (!) Euro zurück an Österreich. Der Gesamtverlust dieses Investments betrug 3,7 Mrd. Euro. Da sie auch mit anderen Geschäften heftige Verluste gemacht hatte, erhielt sie einen Kapitalzuschuss von 7 Mrd. Euro und weitere Garantien in Höhe von 15 Mrd. Euro – beides aus Steuermitteln. Obwohl sie nur aufgrund von Steuergeldern überleben konnte, war auch die Bayerische Landesbank über eine Luxemburger Tochter emsig damit befasst, Kunden beim Steuersparen zu helfen. Dafür wurden nicht weniger als 129 Briefkastenfirmen in Panama gegründet. Aufsichtsratsvorsitzender der Bank war der bayrische Finanzminister Erwin Huber (CSU).

– Die Landesbank Baden-Württemberg und die Westdeutsche Landesbank in Nordrhein-Westfalen steckten ebenfalls bis über beide Ohren in den roten Zahlen. Die Landesbank Baden-Württemberg wurde – natürlich aus Steuermitteln – mit einer Kapitalspritze von 5 Mrd. Euro und Kreditgarantien von 16 Mrd. Euro gerettet. Die Westdeutsche Landesbank aber musste abgewickelt werden, nachdem insgesamt 21 Mrd. Euro an staatlichen Beihilfen dort versenkt worden waren. In beiden unter öffentlicher Aufsicht stehenden Banken gingen rund 4000 Arbeitsplätze verloren.

Ein Fiasko nach dem anderen. Alle Aufregung über Millionengräber wie die Hamburger Elbphilharmonie (die Baukosten stiegen von anfangs projektierten 77 Millionen Euro auf 866 Millionen Euro) wirkte da wie Kinderkram. In der Finanzkrise schien auch die marodeste Bank so viel Geld aus Steuermitteln hinterhergeworfen zu bekommen, wie sie es eben gerade brauchte. Und immer wieder waren es Politiker gewesen, die die Aufsicht über die Bank innegehabt hatten und sie eigentlich hätten ausüben sollen.

Es ist durchaus verständlich, dass es Menschen gab, die vollständig das Vertrauen in das Finanzsystem verloren, als ab 2010 nicht nur Banken, sondern ganze Staaten zusammenzubrechen drohten. Und für viele war damit auch die gesamte Politikerkaste diskreditiert, die nun vor einem großen Problem stand: Wie sollte man die Öffentlichkeit davon überzeugen, dass schon wieder Banken mit Steuergeldern gerettet werden mussten? Vielleicht sogar das europäische Finanzsystem als Ganzes! Und diesmal waren es nicht einstellige oder niedrige zweistellige Milliardenbeträge. Diesmal ging es um Hunderte von Milliarden Euro.

Es ist also kein Wunder, dass die Verbitterten Zulauf hatten. Oder in ihrer Verbitterung bestärkt wurden.

Zudem machte die Politik den nächsten Fehler: Sie täuschte die Öffentlichkeit über das Ziel der Operation. Plötzlich wurde mantraartig verbreitet, dass die Maßnahmen der Rettung des Euro dienten. Das war schwer zu verstehen. Jeder, der die Angelegenheit verfolgt hatte, wusste, dass Griechenland und andere Staaten zu hoch verschuldet waren. Es war bekannt, dass sie Schwierigkeiten hatten, Zinsen und Tilgung pünktlich zu bezahlen und neue Kredite zu erhalten. Was hatte das mit dem Euro zu tun?

Es war ein Ablenkungsmanöver, und noch dazu ein ziemlich plumpes. Es wurde öffentlich durchaus darauf hingewiesen, dass die sogenannten Rettungsschirme nötig seien, um eine neue Finanzkrise zu verhindern. In diesem Zusammenhang wurde auch nicht verhehlt, dass Banken zusammenzubrechen drohten, wenn Staaten ihre Zahlungsfähigkeit verloren, weil die betroffenen Banken hohe Bestände an Staatsanleihen dieser Staaten hielten. Aber dann wurde nicht etwa gefragt, wer denn die Verantwortung dafür trug, dass die Banken so viel Geld in offensichtlich riskante Staatsanleihen investiert hatten.[4]

Denn das war das eigentliche Problem. Von der Fehlentscheidung der Banken aber wurde abgelenkt, indem die Frage von Verantwortung oder gar Schuld überhaupt nicht thematisiert wurde. Stattdessen hieß es, dass die drohende Insolvenz von Staaten und/oder Banken eine Gefahr für den Euro darstelle und dieser deshalb mit Milliardensummen gerettet werden müsse.

In der Weltwirtschaftskrise sind von 1930 bis 1933 mehr als 1000 Banken in den USA zusammengebrochen. Dass dies schwerste wirtschaftliche Verwerfungen zur Folge hatte, ist jedem Abiturienten bekannt. Aber dass der Dollar deshalb gerettet werden musste, wurde noch nicht vernommen. Auch bei den zahlreichen anderen Bankenkri-

---

4   Ein wesentlicher Grund ist erneut schlechte Gesetzgebung und damit ein Systemausfall: Staatsanleihen werden in der EU (und allen anderen OECD-Staaten) wie risikolose Papiere behandelt. Banken müssen keinerlei Eigenkapital vorhalten, um eventuelle Verluste aus Staatsanleihen auffangen zu können. Da Eigenkapital teuer zu halten ist, investieren Banken auch heute noch besonders gerne in Staatsanleihen. Obwohl mehrere EU-Staaten in der Eurokrise am Rande der Zahlungsunfähigkeit standen und Griechenland 2012 eine geordnete Staatsinsolvenz durchlief, tut die EU auch heute in ihrer Gesetzgebung noch so, als beinhalteten Staatsanleihen keinerlei Risiko. Das führt dazu, dass die Banken der Eurozone immer noch mit Staatsanleihen wie vollgesogen sind. Italien wird vermutlich das nächste Land sein, wo uns dies auf die Füße fällt.

sen der Wirtschaftsgeschichte stand nie die Existenz der Währung auf dem Spiel. Dass das in einer Währungsunion grundsätzlich anders sein soll, ist zumindest erklärungsbedürftig. Es wurde aber nicht erklärt.

Die Verbitterten sind verbittert, aber das heißt nicht, dass sie dumm sind. Sie erkannten das Ablenkungsmanöver. Und fühlten sich belogen. In ihren Augen zeigte dies erneut die Schlechtigkeit der Politik. Erstens weil sie untrennbar mit den Interessen der Finanzindustrie verbandelt sei, zweitens weil sie »Volksverarschung« begehe. Da der Euro als Vorwand benutzt wurde, um die wahren Absichten der angeblichen Rettungspolitik zu verbergen, fühlten sich diese Verbitterten angezogen von einer Partei, die die Eurorettungspolitik kritisierte und den Euro infrage stellte.

Übrigens hatten die Verbitterten mit ihrer Kritik in Bezug auf die Eurorettung völlig recht. Die als »Eurorettung« verkaufte Politik war eine Politik zur Rettung von Schuldenstaaten und deren Hausbanken. Die Öffentlichkeit wurde mit dem Begriff »Eurorettung« hinters Licht geführt und auf Linie gebracht, weil sie sich unter diesem Begriff Sorgen um ihr Geld machte. Diese Kritik wurde auch von der »Verbesserer«-Strömung in der AfD geteilt.

Der Unterschied bestand darin, dass die Verbitterten ihre Kritik nicht auf den Problemkomplex Euro und die sogenannte Eurorettung beschränkten. Für sie passte das vielmehr in das politische Weltbild, das sie bereits hatten. Die Erfahrungen der Krise waren für sie nur ein weiterer Beleg dafür, dass dem Staat und seinen Repräsentanten grundsätzlich nicht zu trauen sei und er schlechte, gegen die Interessen des Volks gerichtete Absichten hege. Aus diesem Geist speiste sich auch die Einlassung des eingangs erwähnten AfD-Funktionärs.

Verbitterung ist die Voraussetzung für die Radikalisierung einer Partei. In der Flüchtlingskrise fielen selbst äußerst abstruse Vorwürfe wie »Merkel will Deutschland abschaffen« oder »Brüssel plant eine Umvolkung« bei den Verbitterten auf fruchtbaren Boden, weil diese Parolen deren genereller Grundeinstellung, schlecht vom Staat und seinen führenden Repräsentanten zu denken, entsprachen.

Wenn eine Regierung von Problemen ablenkt, sie kleinredet, sie beschönigt oder bewusst die Öffentlichkeit irreführt, tut sie dies, weil sie ihre Bürger nicht beunruhigen will. Sie will sie einlullen. Mit einem großen Teil der Bevölkerung gelingt ihr das auch. Ein kleinerer Teil aber reagiert darauf kritisch und zu diesem Teil zählen die Verbitterten. Bei den Verbitterten erreicht die Regierung das genaue Gegenteil dessen, was sie erreichen will: Wenn die Verbitterten erkennen, dass ein Problem weggeredet oder gar verschwiegen werden soll, wächst die Verbitterung. Sie fühlen sich in ihrer Meinung bestätigt, dass die Regierung die wahren Probleme gar nicht angehen will, sondern sie mit hohlen Phrasen und einem Guss aus rosa Soße zukleistern möchte. Sie merken, dass eine offene Debatte nicht erwünscht ist, und empfinden die Stellungnahmen der Regierung als Propaganda und gezielte Meinungsmache. Vorwürfe wie Mundverbote, Denkverbote und Zensur sind dann schnell bei der Hand.

3.2 Die Propaganda der EU

Schauen wir uns zum Beispiel an, wie die EU den Euro darstellt: Anlässlich des 20. Jahrestages der Euro-Einführung am 1. Januar 2019 sagte die deutsche EZB-Direktorin Sabine Lautenschläger, der Euro sei »ein ganz großer Erfolg«. Und EU-Kommissionspräsident Juncker sekundierte wenige Tage später in seiner offiziellen Euro-Geburtstagsrede, dass ohne die Unabhängigkeit der EZB der Euro »nicht den Erfolg gehabt hätte, der heute der seine ist«. Frau Lautenschläger wiederum geriet über die Erfolge geradezu ins Schwärmen: »Wir müssen sehr viel besser erklären, welche Vorteile der Euro bringt, welchen Wohlstand, welche Sicherheit, wie viele Arbeitsplätze davon abhängen, dass der Euro das Handeln innerhalb des Euroraumes so erleichtert und wirtschaftlich gesehen Wohlstand und Arbeitsplätze bringt.«[5]

---

5   »Der Euro ist ein Erfolg«, Deutschlandfunk, 30.12.2018, Sabine Lautenschläger im Gespräch mit Klemens Kindermann.

Leider hat Frau Lautenschläger das dann aber nicht erklärt. Die Vorteile wurden einfach nur behauptet. Und die Nachteile des Euro wurden nicht mit einem Wort erwähnt. Weder von ihr noch von Juncker. Damit sind die Äußerungen von höchsten Repräsentanten der EU und der EZB aber bloße Propaganda. Jeder weiß, was hier verschwiegen wird: dass der Euro uns in größte Probleme geführt hat. Die Wahrheit ist, dass die südeuropäischen Staaten in schwere Rezessionen geraten sind, von denen sie sich teilweise bis heute nicht erholt haben. Damit einher gingen langanhaltende Rekordstände von Arbeitslosigkeit und Jugendarbeitslosigkeit sowie große Einkommensverluste für breite Bevölkerungsschichten.

Wer wie Frau Lautenschläger in Spanien, Italien und Griechenland von den Vorteilen des Euro für Wohlstand und Arbeitsplätze gesprochen hätte, wäre des menschenverachtenden Zynismus bezichtigt worden. Bis heute drücken hohe Schuldenlasten die damaligen Krisenstaaten, und nur der Nullzinspolitik der EZB haben sie es zu verdanken, dass sie unter dieser Last nicht in die Staatsinsolvenz gehen mussten. Nullzinsen belasten aber die Sparer in der ganzen Eurozone und gefährden die kapitalgedeckte Altersvorsorge.

Dieselbe Einseitigkeit, mit der Frau Lautenschläger und Herr Juncker sich zum Euro äußern, findet sich in zahllosen ähnlichen Stellungnahmen führender Politiker. Frau Lautenschläger ist keine Politikerin, sondern eine Direktorin der EZB. Und Herr Juncker sprach als Präsident einer überstaatlichen Behörde, der EU-Kommission. Von Staatsdienern muss man erwarten, dass sie eine gewisse Objektivität wahren. Sie sind der gesamten Bevölkerung gegenüber zur Aufrichtigkeit verpflichtet. Wenn sie reine Schönfärberei betreiben, müssen sie sich nicht wundern, wenn manche Bürger Zweifel an ihrer Rechtschaffenheit hegen.

Es hilft hier nicht weiter, darauf zu verweisen, dass Juncker ja auch Politiker ist. Auch von Politikern erwartet man Redlichkeit. Die Einzigen, die das nicht tun, sind die Verbitterten, die ihr Urteil über Politiker bereits gefällt haben und es in solcher Rhetorik bestätigt finden.

Es gibt viele Beispiele dafür, dass Politiker die »Populisten« schelten, während sie selbst genau das tun, was das Wesen des Populisten ausmacht: Dinge so stark zu vereinfachen, dass die Darstellung falsch wird. Wer das tut, ist unredlich. In der Flüchtlingskrise äußerte sich das zum Beispiel darin, dass jeder Ankommende pauschal als Flüchtling bezeichnet wurde. Die bloße Tatsache, dass jemand in der EU eintraf, sollte offenbar belegen, dass der Betreffende auf der *Flucht* war.

Dieser Schluss ist offensichtlich falsch. Natürlich gibt es unter den Ankömmlingen einen nicht ganz kleinen Teil von Menschen, die ihre Heimat ohne jeden äußeren Zwang verlassen haben. Sie mögen mit den wirtschaftlichen Zuständen in ihrem Heimatland unzufrieden gewesen sein und sich eine bessere Zukunft durch Auswanderung erhofft haben. Aber Auswanderung ist keine Flucht. Auswanderer sind keine Flüchtlinge. Auch die Gesetze der EU regeln das ganz klar.

Wer dennoch jeden Ankömmling als Flüchtling bedauert, leugnet ein gravierendes Problem: Dass der Schutz, den wir Flüchtlingen gewähren, missbraucht wird. Dennoch ist diese Art von Leugnung in Reden führender Politiker weit verbreitet. Leugnung ist unredlich. Man kann das achselzuckend abtun, man kann es als ein Ärgernis empfinden, das man nicht durchgehen lassen sollte, oder man kann es als Beleg einer grundsätzlichen Verlogenheit ansehen, die schlechte Absichten verdecken soll. Die Verbitterten tun Letzteres.

Auch wenn die EU-Kommission über Migration spricht, vereinfacht sie in unzulässiger Weise oder betreibt grobe Irreführung. So wird immer wieder betont, man müsse legale Einwanderungsmöglichkeiten schaffen, um die illegale Migration zu bekämpfen. So sagte Jean-Claude Juncker 2015: »Wenn es mehr sichere und kontrollierte Einwanderungsmöglichkeiten nach Europa gibt, können wir die Migration besser steuern und die illegalen Geschäfte von Menschenhändlern weniger attraktiv machen.«[6]

---

6   Jean-Claude Juncker: Rede zur Lage der Union, 9. September 2015.

Nun gibt es legale Einwanderungsmöglichkeiten schon heute. Ausländische Studenten können an unseren Universitäten studieren, hochqualifizierte Arbeitskräfte können in die EU einwandern, Familiennachzug wird gestattet. Man hat aber nicht unbedingt den Eindruck, dass das irgendwie geholfen hat, die illegale Migration besser zu steuern oder den Schleppern das Handwerk zu legen.

Das ist auch ganz natürlich, denn es handelt sich, wie Juncker es fordert, um »kontrollierte Einwanderungsmöglichkeiten«. Es wird kontrolliert, wer die gesetzlichen Anforderungen zur legalen Einwanderung erfüllt und wer nicht. Natürlich gibt es fast unbeschränkt viele Menschen, die die Anforderungen nicht erfüllen. Diese Menschen sind das Kundenpotential der Schlepper und Menschenhändler.

Wenn wir mehr Studenten und Hochqualifizierte legal in die EU einreisen lassen, ändert das an der Zahl der Geringqualifizierten gar nichts. Folglich ist auch der Druck der illegalen Migration völlig unverändert. Es besteht schlicht kein nennenswerter Zusammenhang zwischen legaler Migration und illegaler Migration. Es sei denn, wir würden bei der legalen Migration auf Kontrollen verzichten und alle Interessenten einreisen lassen. Das haben wir 2015/16 eine Zeitlang ausprobiert.

Auf einer pragmatischen Ebene ist völlig klar, dass wir die legale Migration nicht für geringqualifizierte Arbeitskräfte freigeben können. Die Anzahl Geringqualifizierter außerhalb der EU ist unüberschaubar groß. Also bleibt der Migrationsdruck der Geringqualifizierten bestehen. Es ist völlig egal, wie viele Wege der legalen Migration in welcher Form geschaffen werden. Solange Geringqualifizierte ausgesperrt bleiben, wird ihr Andrang stets viel größer sein als das, was die Boote aller Schlepper und Menschenhändler über das Mittelmeer transportieren können. Wer zur Lösung dieses tragische Ausmaße annehmenden Problems mehr legale Migration empfiehlt, handelt unredlich. Er täuscht eine Lösung vor, von der klar ist, dass sie keine ist.

Es gibt Menschen, bei denen so etwas verfängt. Es klingt ja erst mal gut: Wir ermöglichen legale Migration, dann gibt es weniger illegale

Einwanderung. Wer nicht gerne nachdenkt, lässt sich davon vielleicht einlullen. Aber es gibt auch Leute, die dieses Niveau von Argumentation peinlich finden. Jedenfalls wenn es von der politischen Führungselite Europas kommt.

Und dann gibt es die Verbitterten. Die, die schon gewohnheitsmäßig Politikern die schlechtesten Absichten unterstellen. Sie wittern eine Verschwörung mit dem Ziel, Deutschland oder Europa »umzuvolken«. Für die Verbitterten ist eine Argumentation wie die von Juncker nicht töricht, sondern raffiniert: Denn damit könnten die Staatslenker im Volk den Eindruck erwecken, als wollten sie Migration bekämpfen, während sie tatsächlich genau das Gegenteil anstreben und umsetzen.

Kennen Sie Max Frischs Theaterstück »Biedermann und die Brandstifter«? In dem Drama leben Brandstifter im Dachgeschoss der Herrn Biedermann. Sie teilen ihm mit, dass sie einen Brand legen wollen, aber er hält das für einen Scherz. Sie bereiten ihre Brandstiftung in aller Ruhe vor, und zwar unter Biedermanns Augen. Gerade deshalb nimmt Biedermann dies weiterhin nicht ernst, sondern hält die Vorbereitungen für die Fortsetzung des Scherzes – einen Dauerbrenner-Scherz, sozusagen. Bis es schließlich brennt.

In den Augen der Verbitterten ist die EU der Brandstifter. Sie macht genau das, was sie ankündigt: Sie erhöht die legale Einwanderung. Und die Biedermeier-Bürger freuen sich, weil sie glauben, dass dies in bester Absicht geschieht. Aber in den Augen der Verbitterten will die Kommission gar nicht, dass die illegale Einwanderung sinkt – und sie glaubt es auch gar nicht. Ihr Ziel sei die Vernichtung des einheimischen Volkes durch maximale Einwanderung »kulturfremder Zuwanderer«.

Das ist natürlich Stuss. Aber Tatsache ist, dass es viele Leute gibt, die diesen Stuss glauben. Man wird diese Menschen nicht von ihrem Glauben abbringen können, indem man ihnen sagt, dass die Vorstellungen der Kommission zur Steuerung der Migrationsströme einfach nur töricht sind. Denn die Verbitterten glauben nicht, dass die Kommission töricht ist. Sie glauben, sie sei raffiniert.

Aber sie überschätzen die Kommission. Man kann diese Vorstellungen nicht wirklich ernst nehmen. Es sei denn, man gehört zu den Verbitterten – dann passen sie genau ins Weltbild. Unabsichtlich fördert und bestärkt die EU ihre schärfsten Gegner.

3.3 Sprücheklopfen

Erinnern Sie sich an Karlsson vom Dach? Nach seinen eigenen Worten ein schöner, grundgescheiter und gerade richtig dicker Mann in den besten Jahren. (Bitte denken Sie bei dieser Selbstbeschreibung noch nicht an die Europäische Union!) Jedenfalls ist Karlsson auch der beste Dampfmaschinenaufpasser der Welt. Wobei ihm die erste und einzige Dampfmaschine, die er je in seine kleinen, dicken Hände bekam, überraschend schnell explodierte. Ein Systemausfall gefolgt vom Kontrollverlust. Doch das stört keinen großen Geist, sagt Karlsson.

Denn Karlsson ist auch der beste Gockelhahnmaler der Welt, der beste Fleischklößchenesser der Welt, der beste Kinderaufpasser der Welt und ganz gewiss ist er der beste Sprücheklopfer der Welt. Darüber wollen wir jetzt reden.

Sprücheklopfen ist eine weitverbreitete Eigenschaft. Die EU hat da kein Monopol, und ein schöner, grundgescheiter und gerade richtig dicker Mann in den besten Jahren stellt sie sicherlich locker in den Schatten. Aber auch die EU klopft so ihre Sprüche. Und anders als Karlsson, dem man seine Selbstüberschätzung nie richtig verübeln kann, kann die EU sich durchaus Sympathien verscherzen, wenn sie gerade richtig dick aufträgt. Vor allem die Verbitterten werden noch bitterer, wenn Anspruch und Wirklichkeit in der EU zu weit auseinanderklaffen.

Nur ein kurzes einleitendes Beispiel in Sachen Brexit: Es ist ein Standardanspruch der EU, dass die vier Freiheiten des Binnenmarktes unteilbar seien. Und so ist es auch geregelt: Jeder Staat muss diese Freiheiten akzeptieren, für den Personenverkehr, den Kapitalverkehr, den Warenverkehr und den Verkehr von Dienstleistungen. Deshalb bekam

Großbritannien keine Zugeständnisse, als es die Personenfreizügigkeit zumindest in bestimmten Situationen ein bisschen einschränken wollte. Doch für Griechenland wird bereits seit 2015 eine Ausnahme gemacht. Seit mehr als drei Jahren betreibt Griechenland Kapitalverkehrskontrollen und verletzt damit die Freiheit des Kapitalverkehrs. Das scheint niemanden zu stören, und wahrscheinlich ist es auch nicht wirklich schlimm. Aber es entlarvt das Gerede von den vier unteilbaren Freiheiten als Sprücheklopferei.

Als Griechenland eine Finanzkrise hatte, durfte es die Kapitalverkehrsfreiheit einschränken. Bis heute. Als Großbritannien aufgrund überaus hoher Einwanderung aus Osteuropa die Personenfreizügigkeit einschränken wollte, ging das gar nicht. Die vier Freiheiten seien untrennbar mit dem Binnenmarkt verknüpft, hieß es aus Brüssel.

Das wirft die Frage nach der Glaubwürdigkeit auf: Wird in Bezug auf zwei Mitgliedsstaaten, hier Griechenland und Großbritannien, mit gleichem Maß gemessen? Diese Frage wollen wir jetzt etwas systematischer untersuchen:

Schauen wir auf die Ansprüche, die die EU im EU-Vertrag an sich richtet. In dessen Artikel 2 heißt es:

»Die Werte, auf die sich die Union gründet, sind die Achtung der Menschenwürde, Freiheit, Demokratie, Gleichheit, Rechtsstaatlichkeit und die Wahrung der Menschenrechte ...«

Ich werde auf die meisten dieser Werte im Folgenden zu sprechen kommen und zeigen, dass es um ihre Achtung in Europa nicht so gut bestellt ist, wie die EU uns gerne glauben machen würde. Die Kluft zwischen vollmundiger Rhetorik und dem tatsächlichen Geschehen untergräbt aber die Glaubwürdigkeit der EU. Sie entfremdet, wie ich zeigen werde, zudem die osteuropäischen Länder, weil die EU zum Beispiel bei dem Wert der Rechtsstaatlichkeit in West- und Osteuropa sehr unterschiedliche Maßstäbe anlegt. Und sie beschädigt das Vertrauen, das die Bürger in Säulen und Dach des europäischen Hauses haben müssen.

3.4 Rechtsstaatlichkeit in Griechenland

Mit dem Maastrichter Vertrag von 1992 war die Währungsunion gegründet worden. Diese wurde im Vertrag mit folgenden Worten beschrieben: »Die Mitglieder vermeiden übermäßige öffentliche Defizite.« Dies ist auch heute noch die gültige Vertragsbestimmung in Artikel 126 des AEU-Vertrages.

Wie ich im ersten Kapitel bereits ausführlich dargelegt habe, ist diese Bestimmung des AEU-Vertrages von den Mitgliedsstaaten wieder und wieder verletzt worden, ohne dass dafür irgendwelche Sanktionen verhängt wurden. Man könnte nun zunächst die nicht ganz abwegige Auffassung vertreten, dass die Einhaltung völkerrechtlicher Verträge auch zu den Verpflichtungen eines Rechtsstaats gehört.

Aber das ist ein so billig zu machender Punkt, dass ich ihn hier gar nicht erst weiterverfolgen möchte. Denn Juncker würde sagen: Das stört keinen großen Geist. Ich will mich stattdessen auf den Staat konzentrieren, der nicht nur gegen die völkerrechtlich verankerte Verpflichtung aus Artikel 126 verstoßen hat, sondern seinen Verstoß auch noch durch gefälschte Statistiken verdeckte. Sie ahnen es: Es geht um Griechenland, das sich unter Vorspiegelung falscher Tatsachen die Aufnahme in den Euro erschlich.

Aufgrund objektiver volkswirtschaftlicher Daten hätte Griechenland niemals den Euro einführen dürfen. Heute wissen das alle, aber in den entscheidenden Jahren zwischen 1997 und 1999 wusste man das in der EU offenbar nicht. Da ging man in der Europäischen Union davon aus, dass die griechische Regierung ehrbar sei und nur wahrheitsgemäße Daten nach Brüssel melde. Falls jemand doch Zweifel hatte, sagte er es nicht oder wollte es aus politischen Gründen nicht sagen.

Doch die griechischen Daten waren gefälscht. Die ausgewiesenen Staatsdefizite lagen wesentlich höher als die erlaubten 3 Prozent des Bruttoinlandsproduktes, nämlich bei 6,6 Prozent in 1997, 4,3 Prozent in 1998 und 3,4 Prozent in 1999. Griechenland hatte gegenüber der EU dagegen folgende Zahlen eingereicht: 4,0 Prozent, 2,5 Prozent und

1,8 Prozent.[7] Das Ganze war ein glatter Betrug. Der Betrug wurde erst 2004 entdeckt, sechs Jahre nach der ersten Fälschung und drei Jahre nach der damit erschlichenen Aufnahme in den Euro. Reporter recherchierten in Athen, Berlin und Brüssel und gingen der Frage nach: Wie war es möglich, dass Griechenland überhaupt in die Eurozone gelangen konnte? Eine der völlig hanebüchenen Erklärungen: Oftmals seien in dem Land Zahlen aus Bilanzen telefonisch weitergegeben worden. Da könne es schon mal zu einem verzeihlichen Fehler kommen ...

Der Betriebswirtschaftler Walter Rademacher war von 2008 bis 2016 Chef von Eurostat, des Statistischen Amtes der Europäischen Union mit Sitz in Luxemburg. Gegenüber Journalisten der »Bild«-Zeitung erklärte er das griechische System in Bezug auf einen Teil des Defizits:

»Die Zahl, die uns genannt wurde, war 45 Millionen, während der richtige Betrag 495 Millionen betrug. Zu irgendeinem Zeitpunkt verschwindet die 9 mitten in der Zahl bei der Kommunikation zwischen zwei Einrichtungen.«

Da sei es im Nachhinein unmöglich, herauszufinden, ob die 9 von jemandem bewusst getilgt wurde oder es sich um eine »Systemschwäche« handelte.

»Die Qualität unserer Statistiken war tatsächlich nicht gut. Aber man muss auch die Mentalität in Griechenland verstehen. Es gibt hier einfach ein größeres Problem mit Schwarzarbeit und der damit verbundenen Ehrlichkeit«, wirbt der damalige griechische Finanzminister Giannos Papantoniou Jahre später um Verständnis. Was, bitte, hat Schwarzarbeit damit zu tun, dass Beamte die Zahlen ihrer Haushaltspläne falsch melden?

Die Athener Statistik-Professorin Zoe Georganta behauptet: »Da wurden einfach Papierberge im Statistikamt abgegeben, auf denen hand-

---

7   Vgl. Report by Eurostat on the Revision of the Greek Government Deficit and Debt Figures, 22.11.2004.

schriftlich irgendwelche Summen eingetragen waren. So entstanden völlig fiktive Angaben zu den Schulden der Krankenhäuser.« Allerdings ist eine handschriftliche Summe nicht unbedingt eine falsche Zahl. Auch ist es nicht verboten, Papier zu benutzen. Wenn das Statistikamt über Papierberge klagt, klingt es eher so, als habe man da einfach nicht alles weiterverarbeitet, was eingereicht wurde.

Es wird bemerkenswerterweise kein Klischee ausgelassen, um die Fälschungen als bedauerliche Fehler zu bagatellisieren. Wenn es sich aber nur um zufällige Fehler gehandelt hätte, dann wäre es doch sehr erstaunlich, dass sie genau das politisch gewünschte Ergebnis zur Folge hatten. Es scheint eine auffällig große Zahl von »Fehlern« gegeben zu haben, die das Staatsdefizit schrumpfen ließen, bis es schließlich unter den Maastrichter Grenzwerten lag. Es gab jedoch offenbar keine größeren Fehler, die in die andere Richtung gewirkt hätten.

Bezeichnend ist hier eine schriftliche Stellungnahme, die der Generalsekretär der griechischen Statistikbehörde ESYE der EU übersandte, nachdem für 2008 erneut grob falsche Zahlen für das Defizit nach Brüssel gemeldet worden waren. Demnach sei er angewiesen worden, bestimmte Zahlen zu melden, »gleichgültig welche Einwände das ESYE gegen die neuen Zahlen haben mochte«.[8]

Obwohl der unter Falschangaben erwirkte Beitritt zum Euroraum viel Staub aufwirbelte, wies die Kommission darauf hin, dass nicht vorgesehen sei, Griechenland mit spürbaren Sanktionen zu bestrafen. Die nachfolgende griechische Regierung habe die Fehlberechnungen (sprich: Manipulationen) ihrer Vorgängerin selbst aufgedeckt und müsse deshalb straffrei bleiben. Auch sei der juristische Dienst der Kommission zu dem Ergebnis gekommen, es gebe keine rechtliche Grundlage dafür, Griechenland im Nachhinein aus dem Euroraum auszuschließen. Fall geklärt, Akte geschlossen.

---

8   Bericht der EU-Kommission vom 8. Januar 2010 zu den Statistiken Griechenlands über das öffentliche Defizit und den öffentlichen Schuldenstand, S. 19, Fußnote 18.

Genau das hätte nicht passieren dürfen. Nicht in einer EU, die die Rechtsstaatlichkeit als einen ihrer zentralen Werte hochhält. Der Verdacht liegt auf der Hand, dass die griechischen Defizitzahlen unter politischem Einfluss manipuliert wurden. Wenn dies zutrifft, handelt es sich nicht um eine statistische Bagatelle, sondern um einen absichtlichen Rechtsbruch auf vermutlich höchster politischer Ebene. Es handelt sich darum, dass die Stabilitätskriterien des Maastrichter Vertrages verletzt wurden und die europäischen Partner über diesen Sachverhalt getäuscht wurden. Es handelt sich darum, dass mit schmutzigen Methoden die Eintrittskarte in den Euro gesichert wurde.

Nachdem Griechenland die statistischen Falschangaben selbst öffentlich gemacht hatte, hätte ein Rechtsstaat eine umfangreiche Untersuchung veranlassen und die politischen Verantwortlichkeiten klären lassen müssen. Nichts davon geschah. Wer auch immer den Betrug veranlasste oder verantwortete, kam ungeschoren davon. Jahre später mussten die Steuerzahler aller Euroländer die Zeche zahlen.

Die brisante Manipulation blieb auch deshalb folgenlos, weil die EU darauf verzichtete, die ihr zur Verfügung stehenden rechtlichen Mittel zu nutzen. Auch wenn ein Rauswurf aus dem Euro juristisch nicht möglich war, hätte es nämlich andere Möglichkeiten gegeben. Hierzu zählt insbesondere das sogenannte Artikel-7-Verfahren, das mit dem Vertrag von Amsterdam (1999) in das EU-Recht eingeführt worden war.

3.5 Artikel-7-Verfahren

Artikel 7 des EU-Vertrages sieht ein dreistufiges Verfahren vor, wenn der Verdacht besteht, dass ein Mitgliedsstaat der EU die Grundwerte der EU schwerwiegend verletzt. Bei Griechenland bestand dieser Verdacht sogar in doppelter Hinsicht. Zum einen weil es als wahrscheinlich gelten musste, dass Beamte der griechischen Statistikbehörde von der politischen Führung zu pflichtwidrigem Verhalten, also einem schweren Dienstvergehen, aufgefordert worden waren. Zum andern weil nach Bekanntwerden der Manipulationen die griechische Regierung keine unabhängige Untersuchung der gegen sie selbst erhobenen Vorwürfe eingeleitet hatte und nichts unternommen worden war, um eine Wiederholung solcher Vorfälle zu vermeiden.[9]

Der hier gefährdete Grundwert der EU ist die Rechtsstaatlichkeit. Eine Regierung, die eigene Bedienstete zum Rechtsbruch auffordert, ist offensichtlich eine schwere Gefahr für den Rechtsstaat. Eine Regierung, die solche Vorwürfe nicht unabhängig untersuchen lässt, ist das ebenfalls.

Das Artikel-7-Verfahren ist fein abgestuft. In der ersten Stufe hätte der Rat in einem Beschluss erklären können, dass er die Rechtsstaatlichkeit in Griechenland in Gefahr sieht. In der zweiten Stufe hätte er feststellen können, dass die Rechtsstaatlichkeit tatsächlich und anhaltend verletzt wird. In der dritten Stufe hätte der Rat Griechenland bestimmte Rechte entziehen können – entweder finanzielle Rechte oder politische Mitwirkungsrechte.

Vor den Beschlüssen der ersten und zweiten Stufe wäre Griechenland jeweils angehört worden. Außerdem hätte Griechenland zwischen der ersten und zweiten Stufe die Möglichkeit gehabt, die Missstände abzustellen. Denn die zweite Stufe wird nur gezündet, wenn der Missstand anhält. Da ein Artikel-7-Verfahren von jedem Staat als etwas außerordentlich Peinliches empfunden wird – man sitzt praktisch öffentlich auf der Anklagebank –, hätte die EU mit Artikel 7 ein scharfes Schwert zur Hand gehabt, um Griechenland dazu zu bringen, ein fachkundiges und von politischen Pressionen freies Berichtswesen für nationale Statistik aufzubauen.

Diese Chance wurde verpasst und auch das war Teil des großen Systemversagens in der Eurokrise. Denn Griechenland lieferte ja mindestens noch bis 2008 falsche Angaben zu Schuldenstand und Neuverschuldung. Wäre dies nicht der Fall gewesen, hätte die drohende

---

9 Tatsächlich hat es eine Wiederholung dann ja auch bei der nach unten korrigierten Angabe für das griechische Staatsdefizit von 2008 gegeben.

Zahlungsunfähigkeit Griechenlands noch früher erkannt und Gegen-
maßnahmen noch früher vorbereitet werden können.

Demokratie ist neben der Rechtsstaatlichkeit ein weiterer Grundwert der EU. Deshalb sei angemerkt, dass das Artikel-7-Verfahren aus
demokratischer und rechtsstaatlicher Sicht selbst ein ziemlich bizar-
res Verfahren ist. Denn zu einem demokratischen Rechtsstaat gehört
eigentlich, dass das Prinzip der Gewaltenteilung respektiert wird: Die
Staatsgewalt wird aufgeteilt in die drei Gewalten Regierung (Exekutive),
Gesetzgebung (Legislative) und Rechtsprechung (Judikative).

Artikel 7 des EU-Vertrages verstößt gegen dieses Prinzip, denn hier
wird ein Teil der *Legislative* (der Rat) selbst zum Richter. Eigentlich
müsste die Judikative, also der Europäische Gerichtshof, über einen
Mitgliedsstaat urteilen, dem ein Verstoß gegen die Grundwerte der EU
laut Artikel 2 des EU-Vertrages vorgeworfen wird. Artikel 7 sieht dies
jedoch nicht vor.

Es ist vielmehr so, dass die Mitgliedsstaaten sowohl Kläger als
auch Richter sein können: Ein Drittel der Mitgliedsstaaten kann einen anderen Staat des Verstoßes gegen die Grundwerte beschuldigen.
Alle Mitgliedsstaaten (bis auf den betroffenen) können dann darüber
abstimmen, ob diese Anschuldigung zu Recht erhoben wird. Das ist
nicht rechtsstaatlich. Man könnte daher argumentieren, dass der zum
Schutz der Grundwerte gedachte Artikel 7 selbst gegen Grundwerte der
EU verstößt.

Es ist zudem ausgesprochen ineffizient. Denn eine Krähe hackt der
anderen bekanntlich kein Auge aus. Wenn Staaten über Staaten zu Gericht sitzen, werden zumindest einige der Richter bedenken, dass sich
die Rollen auch einmal umkehren könnten. Könnte es nicht sein, dass
sie selbst eines Tages vor dieses Gremium geschleppt werden? Ist es da
nicht besser, sich Freunde zu machen, indem man ein Auge zudrückt,
wenn ein anderer Staat eines Vergehens beschuldigt wird?

Doch in Ermangelung eines besseren Instrumentes ist es sinnvoll,
zumindest Artikel 7 zur Verfügung zu haben. Bislang wurde das Verfahren jedoch nur zweimal eingeleitet, nämlich im Dezember 2017

gegen Polen (durch die Kommission) und im September 2018 gegen Ungarn (durch das Europaparlament). Ein drittes Verfahren gegen Rumänien steht möglicherweise demnächst an – jedenfalls hat das Europaparlament im November 2018 eine kritische Resolution zur Rechtsstaatlichkeit in Rumänien mit deutlicher Mehrheit beschlossen.[10]

Es fällt auf, dass das 1999 beschlossene Artikel-7-Verfahren lange Zeit gar nicht verwendet wurde.[11] Das liegt sicherlich auch an dem guten Sozialverhalten der Krähen. Jüngst aber wurde zweimal ein Verfahren gegen osteuropäische Länder aktiviert und ein Verfahren gegen Rumänien wäre ein drittes Verfahren gegen ein osteuropäisches Land. Dies wird nicht nur von meinen osteuropäischen Abgeordnetenkollegen mit gerunzelter Stirn bemerkt. Der Vorwurf steht im Raum, dass die EU mit zweierlei Maß messe, wenn ihre Grundwerte bedroht sind. Oder schärfer: Die EU schwinge sich zwar rhetorisch gerne zum Verteidiger ihrer Grundwerte auf, aber nur, wenn es gegen osteuropäische Länder gehe.

Manche meiner Kollegen im Europaparlament sagen mir, dass es einen einfachen Grund gebe, weshalb vornehmlich osteuropäische Staaten Ziel des Artikel-7-Verfahrens seien: Diese Staaten hätten aufgrund von 40 Jahren kommunistischer Unrechtsherrschaft eben noch nicht das richtige Gespür dafür entwickelt, wie ein Rechtsstaat funktionieren müsse. Und auch nicht dafür, dass politische Eingriffe in Rechtsprechung und Pressefreiheit ein absolutes Tabu sind. Möglicherweise hängt der strenge Blick der EU-Kommission auf Osteuropa mit dieser Einstellung zusammen.

---

10 Diese drei Fälle sind völlig unterschiedlich. Ich selbst habe im Europaparlament für das Verfahren gegen Polen gestimmt und die Resolution zu Rumänien unterstützt. Für ein Artikel-7-Verfahren gegen Ungarn liegt nach meiner Auffassung hingegen keine ausreichende Evidenz vor.

11 Die Sanktionen, die im Jahr 2000 gegen Österreich verhängt wurden, waren keine Anwendung von Artikel 7 EUV. Sie waren in der EU abgesprochene Maßnahmen der einzelnen EU-Mitgliedsstaaten gegen die Koalitionsregierung aus Österreichischer Volkspartei (ÖVP) und der Freiheitlichen Partei Österreichs (FPÖ).

Derartige Belehrungen bringen allerdings EU-Abgeordnete aus den betroffenen Ländern Osteuropas regelmäßig auf die Palme. Ihre Entgegnung ist des Nachdenkens wert. Gerade die Osteuropäer wüssten die Freiheit und einen Rechtsstaat doch am ehesten zu schätzen. Denn sie hätten sich all das selbst unter großen Opfern erkämpft. Die westlichen EU-Staaten und Brüssel aber seien blind für die Mängel ihrer eigenen Rechtssysteme.

Da ist etwas Wahres dran. Gegen Polen und Ungarn wurden Rechtsstaatsverfahren eingeleitet – warum eigentlich nicht gegen Griechenland? Zur Erinnerung: Der Europäische Gerichtshof für Menschenrechte (EGMR) hatte im Fall »Mohammed« 2010 ja ausdrücklich befunden, dass das gesamte griechische Asylsystem gegen die Menschenwürde verstoße. Es kann doch kaum einen schwereren Vorwurf für ein Land geben, das den Grundwerten der EU, darunter der Achtung der Menschenwürde, verpflichtet sein sollte! Dennoch hat die EU auch hier kein Artikel-7-Verfahren gegen Griechenland eingeleitet.

Warum eigentlich nicht gegen Griechenland? Die Sache mit den gefälschten griechischen Defizitzahlen hatte noch eine skurrile Fortsetzung, die erneut die Frage aufwirft, ob die politische Führung Griechenlands selbst aktiv den Rechtsstaat untergräbt. Denn was nach der Aufdeckung des Skandals passierte, war Folgendes:

Nachdem die Sache mit den erneuten Datenfälschungen 2009 ruchbar geworden war, wurde Andreas Georgiou 2010 zum neuen Chef der griechischen Statistikbehörde ernannt. Georgiou klärte mithilfe von EU-Experten die Vorgänge auf und brachte das griechische Statistikwesen in Übereinstimmung mit den internationalen Standards. Dadurch aber fielen die griechischen Defizitzahlen höher aus als bislang publiziert.

Es wäre kabarettreif, wenn es nicht so traurig wäre. Georgiou wurde deshalb von der griechischen Staatsanwaltschaft der »Untreue« angeklagt. Im März 2017 wurde er wegen »ehrabschneidender Äußerungen« über die betrügerischen Praktiken seiner Vorgänger zu zwölf Monaten Gefängnis (!) verurteilt. Nach diversen Einsprüchen wurde die Sache sogar noch schlimmer, denn schließlich verurteilte ihn das oberste griechische Gericht 2018 zu einer Bewährungsstrafe von sage und schreibe zwei Jahren Haft. Dies für den Mann, der in der Statistikbehörde aufgeräumt hat und sie nach übereinstimmender Einschätzung aller Fachleute auf internationale Standards umgestellt hat.

Für eine Pressemitteilung, in der Georgiou die berechtigte Frage stellte, warum gegen ihn ermittelt werde, während gegen die Verantwortlichen der griechischen Datenmanipulationen keine Verfahren eingeleitet wurden, erhielt Georgiou eine Geldstrafe von 10.000 Euro. Wegen der drohenden Haftstrafe muss Georgiou seit mehreren Jahren im amerikanischen Exil leben.

Das Europaparlament – immerhin – verurteilte mehrfach das Vorgehen der griechischen Behörden gegen Georgiou. Aber weder das Parlament noch die EU-Kommission, noch das erforderliche Drittel an Mitgliedsländern sah einen Anlass, gegen Griechenland ein Verfahren nach Artikel 7 einzuleiten. Das ist erklärungsbedürftig.

3.6 Spaniens Umgang mit der Demokratie

Wenn wir schon über Haftstrafen reden: Zu den Grundwerten der EU gehören auch Freiheit und Demokratie. Wie fühlt sich dieses edle Bekenntnis wohl für die gewählten Abgeordneten des katalanischen Regionalparlaments an, die seit ihrer Wahl Ende 2017 ohne Gerichtsurteil im Gefängnis sitzen? Die Abgeordneten sind in einer demokratischen Wahl gewählt worden, maßgeblich wohl deshalb, weil sie für die Unabhängigkeit Kataloniens von Spanien eintraten. Man kann geteilter Meinung darüber sein, ob eine Sezession Kataloniens von Spanien sinnvoll ist und ob sie verfassungsrechtlich überhaupt zulässig ist. Aber in einer Demokratie sollte es nicht strafbar sein, eine Meinung zu haben und sich mit dieser Meinung einer demokratischen Wahl zu stellen.

Selbst wenn die spanische Verfassung eine Sezession Kataloniens nicht zulässt, muss es in einem freien Staat möglich sein, dass man eine Änderung der Verfassung auf demokratischem Wege anstrebt oder dass man diese Verfassungsbestimmung auf gerichtlichem Wege überprüfen möchte, gegebenenfalls auch durch Anrufung internationaler Gerichtshöfe.

Natürlich wirft die spanische Regierung den Abgeordneten nicht ihre Meinung vor. Sie inhaftiert sie wegen Rebellion. Die Rebellion soll darin bestanden haben, dass die Abgeordneten ein Referendum über die Sezession Kataloniens durchgeführt haben. Sogar der frühere spanische Ministerpräsident Felipe González hält diesen Vorwurf für fragwürdig.

Ein Referendum über die Abspaltung eines Landesteils ist im spanischen Recht nicht vorgesehen. Wer dies dennoch durchführt, führt wohl im Wesentlichen eine Art private Meinungsumfrage durch. Privat, denn die von der spanischen Regierung zunächst verbreitete Behauptung, das Referendum sei mit staatlichen Mitteln finanziert worden, ist falsch. Dies geht aus einem Papier hervor, das das spanische Finanzministerium im Februar 2018 dem zuständigen Gerichtshof Nr. 13 in Barcelona übersandte.[12]

Auch im deutschen Grundgesetz gibt es kein Recht auf Sezession. Eine Sezession wäre wohl verfassungswidrig. Aber nehmen wir an, die Bayernpartei (die gibt es wirklich!) würde eine Sezession des Freistaates zur zentralen Forderung ihres Programms erheben, bei Wahlen Kandidaten nominieren, die das Grundgesetz entsprechend ändern wollen und im Vorgriff darauf schon mal ein Referendum über die Abspaltung Bayerns von der Bundesrepublik Deutschland organisieren.

Die Antwort der Bundesregierung wäre wohl, dass die Abspaltung Bayerns verfassungsrechtlich nicht möglich und eine Volksabstimmung darüber unzulässig sei. Die Bevölkerung würde darauf hingewiesen, dass das Referendum eine private Initiative sei, deren Ergebnis rechtlich ohne Belang sei. Völlig abwegig der Gedanke, dass wir diese Aktivisten der Rebellion beschuldigen, sie in Untersuchungshaft nehmen und mit bis zu 30 Jahren Haft bedrohen würden.

---

12   José Antich: »Nor was there misuse of public funds.« ElNational.cat, 28.2.2018.

Genau das passiert aber den gewählten Abgeordneten des katalanischen Regionalparlaments. Besteht hier nicht mindestens ein Anfangsverdacht, dass in der EU Werte der Freiheit, der Demokratie und der Rechtsstaatlichkeit massiv verletzt werden?

In Brüssel befindet sich direkt neben dem Europaparlament das »Haus der Europäischen Geschichte«. Dieses Museum entspringt einer Idee des früheren Präsidenten des Europaparlaments Hans-Gert Pöttering (CDU). Ich habe das Museum anlässlich seiner Eröffnung im Mai 2017 besucht und war eher enttäuscht: Es ist thematisch viel zu breit angelegt und verharrt deshalb völlig in der Darstellung von Oberflächlichkeiten.

Aber ein Plakat berührte mich sehr: Es war 1974 von einer christlich-antifaschistischen Gruppe in Belgien entworfen worden und zeigte eine rote Sonne neben dem fettgedruckten Spruch: »Tourist, es gibt keine Sonne in den spanischen Gefängnissen!«[13] Spanien stand damals noch unter der Herrschaft des Militärdiktators Francisco Franco, der hart gegen politisch Andersdenkende vorzugehen pflegte. Reisende, die Spanien als sonnenverwöhntes Urlaubsland liebten, sollten daran erinnert werden, dass sie einen Unrechtsstaat stützten, in dem es politische Gefangene gab.

Heute haben wir ein demokratisches Spanien, das der Rechtsstaatlichkeit und der Demokratie verpflichtet sein sollte. Aber wie ist es mit unseren demokratischen Vorstellungen zu vereinbaren, dass gewählte katalonische Abgeordnete seit ihrer Wahl im Gefängnis sitzen und an Beratungen und Beschlussfassungen der Volksvertretung, ihres Parlaments, nicht teilnehmen dürfen? Könnte Spanien seinen Strafverfolgungsanspruch gegen diese Abgeordneten nicht auch mit sehr viel milderen Mitteln sichern, zum Beispiel mit Einzug der Reisepässe oder zur Not mit einer Fußfessel, die das Verlassen des Landes unmöglich machen würde? Alles wäre doch besser und menschlicher als die lang-

---

13   Mouvement Chrétien pour la Paix: »Touriste, il n'y a pas de soleil dans les Prisons d'Espagne!« (1974).

fristige Inhaftierung von Menschen, die gewaltlos und auf demokratischem Wege versucht haben, in einem demokratischen Staat Mehrheiten für ihre politischen Auffassungen zu gewinnen.

Unübersehbar misst die EU hier mit zweierlei Maß. Gegen Staaten wie Polen und Ungarn leitet die EU Artikel-7-Verfahren zur Wahrung der Rechtsstaatlichkeit ein, weil Bedenken bestehen, ob die Regierungen ungehörigen Einfluss auf die Zusammensetzung der Gerichte nehmen. Im Fall Griechenlands aber passiert nichts, wenn die Gerichte ganz offensichtlich einen politisch missliebigen Chef der Statistikbehörde drangsalieren. Und im Fall Spaniens passiert nichts, wenn frei gewählte Abgeordnete eines Parlaments inhaftiert werden.

Wohlgemerkt: Die katalanischen Abgeordneten wurden nicht verurteilt. Augenscheinlich werden sie auch nicht von einer parlamentarischen Immunität geschützt. Sie befinden sich seit Ende 2017 in Untersuchungshaft, obwohl sie dem Gesetz nach als unschuldig gelten müssen, solange sie nicht rechtskräftig verurteilt sind. Zumindest die erste Stufe des Artikel-7-Verfahrens, in der der Rat den betroffenen Staat anhört, könnte mit Fug und Recht auch gegen Spanien eingeleitet werden. Frau Bundeskanzlerin! Il n'y a pas de soleil dans les prisons d'Espagne!

3.7 Korruption und Mafia untergraben den Rechtsstaat

Im Raum schwebt der Vorwurf, dass die EU mit ungleichem Maß misst. Polen, Ungarn und Rumänien mögen manches auf dem Kerbholz haben. Vielleicht verletzen sie wirklich die Grundwerte der EU. Dann soll das untersucht werden, und, wenn es sich bestätigt, angeprangert und sanktioniert werden. Aber man liefert den Verbitterten – und nicht nur diesen – weitere Munition, wenn die EU Verdachtsmomente in anderen Staaten nicht genauso konsequent nachgeht wie bei osteuropäischen Staaten.

Dann nämlich klingt das Gerede von den Grundwerten hohl. Dann wirkt es, als ginge es gar nicht wirklich um die Grundwerte. Als würden sie nur willkommene Instrumente sein, um politische Rechnungen zu begleichen. Das muss nicht wahr sein, aber es wird so wahrgenommen. Zum Beispiel von der rumänischen Regierungschefin Viorica Dăncilă. Auf die rumänienkritische Resolution des Europaparlaments im Dezember 2018 antwortete sie: »Wir werden bestraft, nur weil wir ein osteuropäisches Land sind.«

Dies wird sehr bald der gängige Abwehrreflex der osteuropäischen Staaten sein, wenn die EU nicht auch die Missstände in anderen europäischen Staaten angeht. Dadurch besteht die Gefahr, dass auch die Kritik, die berechtigt ist, nicht mehr angenommen wird.

Aber Kritik an Rumänien ist sehr berechtigt. Das Ausmaß an Korruption ist außerordentlich hoch. Im sogenannten Korruptionswahrnehmungsindex von Transparency International liegt Rumänien auf Rang 3 der korruptesten EU-Staaten. Die rumänische Sprache soll 30 Redewendungen für »Schmiergeld« haben. Es gibt zweifelhafte Justizreformen, die möglicherweise die Verfolgung von Korruption erschweren sollen, und die Organisation »Reporter ohne Grenzen« berichtet von Bestrebungen, die freie Presse des Landes in Propagandainstrumente der Regierung umzuwandeln.

Ähnliche Vorwürfe gibt es auch gegen Ungarn. Hier hat besonders ein Korruptionsskandal Schlagzeilen gemacht, in dem der Schwiegersohn von Ministerpräsident Orbán, István Tiborcz, eine entscheidende Rolle spielt: Nach einem Bericht des EU-Antibetrugsamtes Olaf (Office Européen de Lutte Anti-Fraude) soll Tiborcz mittels eines »organisierten Betrugsmechanismus« EU-Fördermittel in Millionenhöhe eingesteckt haben. Die Firma »Elios Innovativ«, an der Tiborcz bis 2015 beteiligt war, erhielt in den Jahren 2009 bis 2014 von 35 ungarischen Städten und Gemeinden Aufträge zur Erneuerung der öffentlichen Beleuchtung. Die EU bezuschusste das Vorhaben mit 43,7 Millionen Euro. Olaf bemängelt, dass die Ausschreibungen so formuliert waren, dass nur Elios diese Aufträge erhalten konnte.

Unbestritten ist, dass es zu einem künstlichen Hochtreiben der Kosten und zu einer Verschleierung der Mittelverwendung gekommen ist. Zudem steht Ungarn ebenfalls wegen Justizreformen und einer angeblichen Einschränkung der Pressefreiheit in der Kritik. Obwohl Ungarn auf diese Kritik unbestritten konstruktiv reagiert und die meisten Missstände behoben hat, sah das Europaparlament genügend Anlass für ein Artikel-7-Verfahren.

Nun gut, es kann ja nicht schaden. Jetzt muss sich Ungarn eben vor dem Rat rechtfertigen. Aber wieder stellt sich die Frage, ob mit gleichem Maß gemessen wird. Warum hat die EU zum Beispiel nie ein Artikel-7-Verfahren gegen Italien eingeleitet?

Folgt man erneut dem Korruptionswahrnehmungsindex von Transparency International liegen Italien und Rumänien bezüglich der Korruption etwa gleichauf. Zudem ist Italien ein Land, in dem der Rechtsstaat traditionell durch das Wirken des organisierten Verbrechens (Mafia, Camorra, 'Ndrangheta) beeinträchtigt ist: Die Effektivität der Justiz leidet unter Bestechungen, Zeugeneinschüchterungen und manchmal auch gezielten Morden.

Nun hat jeder Rechtsstaat mit Verbrechen zu kämpfen. Die bloße Tatsache, dass es Korruption und Kriminalität gibt, ist kein Grund, die Rechtsstaatlichkeit infrage zu stellen. Es gibt aber massive Gründe dafür, wenn Korruption und Kriminalität den gesamten Regierungsapparat durchziehen und bis hoch zum Ministerpräsidenten persönlich reichen.

Und hier hat Bella Italia leider ein gravierendes Problem: Mindestens drei langjährige Ministerpräsidenten waren Kriminelle, und allein die Tatsache, dass keiner von ihnen trotz schwerster Vorwürfe auch nur einen Tag im Gefängnis verbringen musste, sollte erhebliche Zweifel an der Rechtsstaatlichkeit Italiens schüren.

Die Kleinen hängt man, die Großen lässt man laufen. Zu den Großen zählte zum Beispiel der langjährige Ministerpräsident Giulio Andreotti. Er war an 33 italienischen Regierungen beteiligt und siebenmal Ministerpräsident. Er soll gute Beziehungen zur Mafia gehabt haben und wurde 2002 zusammen mit dem Mafia-Boss Gaetano Badalamenti wegen Mordes an einem Journalisten zu 24 Jahren Haft verurteilt. Das Berufungsgericht sprach ihn wegen Mangels an Beweisen allerdings frei. Andere Mafiavorwürfe konnten wegen Verjährung nicht verfolgt werden.

Der sozialistische Ministerpräsident Bettino Craxi hingegen wurde mehrfach rechtskräftig verurteilt. Insgesamt erhielt er für diverse Korruptionsvorwürfe Freiheitsstrafen von mehr als 28 Jahren. Er entzog sich der Strafe aber durch Flucht nach Tunesien.

Andreotti und Craxi amtierten, bevor Artikel 7 EUV geschaffen wurde. Aber schon sie sind klare Hinweise auf ein Rechtsstaatsproblem. Zehn Jahre von Silvio Berlusconis Amtszeit als Ministerpräsident liegen aber nach der Schaffung von Artikel 7. Berlusconi ist ebenfalls kriminell und wurde 2013 letztinstanzlich zu vier Jahren Haft wegen Steuerbetrugs verurteilt. Aus Altersgründen musste er die Strafe nicht antreten. Mafiavorwürfe umranken auch seine Vita. Korruption, Mafia, Steuerhinterziehung bis auf die höchste Ebene. Müsste sich die EU nicht um die Rechtsstaatlichkeit in Italien in demselben Maße sorgen wie in Ungarn oder Rumänien?

Bleiben wir noch einen Moment bei Berlusconi. Auch die Pressefreiheit ist ein absolut schützenswertes Gut. In Polen und Ungarn sah die EU-Kommission die Pressefreiheit bedroht und begründete die Artikel-7-Verfahren auch damit, dass eine unziemliche politische Einflussnahme auf staatliche Medien stattfinde. Aber in beiden Ländern gibt es neben den staatlichen auch zahlreiche private Medienunternehmen. Ihre Existenz gewährleistet die Meinungsfreiheit selbst dann, wenn der Staat sich die Staatsmedien gefügig macht.

Silvio Berlusconi kontrollierte als Ministerpräsident rund 90 Prozent des Fernsehmarktes. Denn einerseits unterstand ihm der staatliche Fernsehsender RAI, andererseits gehörte ihm dessen größter privater Konkurrent Mediaset. Und dann kontrollierte Berlusconis Familie auch noch mehr als 60 Prozent des Marktes für Fernsehwerbung. Im Jahre 2004 stufte Freedom House deshalb das Ausmaß der Pressefreiheit in Italien von »Frei« auf »Teilweise frei« herunter. Dennoch hielt es weder die EU-Kommission noch das Europaparlament oder ein anderer Mitgliedsstaat für nötig, ein Artikel-7-Verfahren gegen Italien einzuleiten. Wird hier das EU-Gründungsmitglied Italien mit anderem Maß gemessen als die Neumitglieder Polen und Ungarn?

Und wie verhält es sich mit dem EU-Land Malta? In dem »Panama Papers« getauften großen Datenleak der in Panama ansässigen Steuerberatungsgesellschaft Mossack Fonseca wurden im April 2016 auch enge Vertraute des maltesischen Premierministers Joseph Muscat in den Verdacht der gezielten Steuervermeidung und Steuerhinterziehung gebracht. Muscat wiederum hatte Aufsehen dadurch erregt, dass er ganz offiziell die Staatsbürgerschaft Maltas käuflich machte: Nicht-EU-Bürger, die sich in Malta niederlassen oder aus einem anderen Grunde in den Genuss der EU-Personenfreizügigkeit kommen wollten, können seither für 650.000 Euro die maltesische Staatsbürgerschaft erwerben – im wahrsten Sinne des Wortes.[14] Gerüchten zufolge machen unter anderem reiche Scheichs und in Geldwäsche verwickelte russische Oligarchen davon regen Gebrauch.

Nun kann ein Staat natürlich grundsätzlich selbst entscheiden, wem er seine Staatsbürgerschaft zuerkennen möchte. Aber in der EU ist die Sache komplizierter, denn mit der maltesischen Staatsbürgerschaft verbindet sich die Unionsbürgerschaft. Die Unionsbürgerschaft berechtigt zur Personenfreizügigkeit überall in der EU. Die Unionsbürgerschaft führt auch zu einem Diskriminierungsverbot. Dies bedeutet, dass der neue maltesische Staatsbürger überall in der EU dieselben Rechte genießt wie ein Inländer. Sprich: Wer die maltesische Staatsbürgerschaft kauft, dem steht die ganze EU offen. Und das ist wohl der Grund, weshalb eine unbekannte Anzahl zweifelhafter Personen dringend Staatsbürger von Malta werden wollen.

---

14   Da Malta ein Teil des britischen Commonwealth ist, erwirbt man mit der maltesischen Staatsbürgerschaft übrigens zugleich auch im gesamten Commonwealth bestimmte Rechte.

Malta verkauft die Unionsbürgerschaft, obwohl die Unionsbürgerschaft eigentlich allen EU-Staaten gemeinsam »gehört«. Die EU kennt kein Gesetz, das das verbietet. Das ist schlecht, denn dem Rechtsempfinden des Bürgers anderer Staaten widerstrebt ein solcher Handel natürlich. Und wenn es stimmt, dass Malta die Unionsbürgerschaft sogar vielfach an Kriminelle und zwielichtige Milliardäre verhökert, kann man dies nur als einen Angriff auf den Rechtsstaat werten.

Nachdem die maltesische Journalistin Daphne Caruana Galizia darüber berichtete, dass Malta auf höchster Ebene in Steuervermeidung, Steuerhinterziehung und Geldwäsche verwickelt sei, wurde sie im März 2017 durch eine Autobombe getötet. Ein Zusammenhang liegt mehr als nahe. Die Mörder konnten bis heute nicht ermittelt werden. Das Europaparlament und alle EU-Länder verurteilten den feigen Mord mit scharfen Worten. Weiter geschah nichts. Warum leitet die Kommission nicht ein Artikel-7-Verfahren gegen Malta ein? Es gibt ja zumindest massive Indizien dafür, dass der Rechtsstaat in Malta durch ein undurchsichtiges Geflecht zwischen staatlichen Stellen, Korruption, Steuervergehen, Geldwäsche, Finanzindustrie und Gewaltverbrechen beeinträchtigt ist.

Die Glaubwürdigkeit der EU ist beeinträchtigt, weil sie offenbar manchmal ein Auge zudrückt – und manchmal nicht. Sie ist aber auch beeinträchtigt, weil sie stets nur mit dem Finger auf andere zeigt – wenn überhaupt.

3.8 Der Balken im Auge

»Warum siehst Du den Splitter im Auge Deines Bruders, aber den Balken in Deinem Auge bemerkst Du nicht?«, fragte Jesus die EU schon in der Bergpredigt. Warum sieht die EU eine Gefährdung des Rechtsstaats in Polen und Ungarn, nicht aber bei dem, was ihre eigenen Organe so beschließen?

Es würde der EU durchaus gut tun, wenn sie sich auch einmal an die eigene Nase packen würde. Und dabei kommt es gar nicht unbedingt darauf an, ob der EuGH letztlich dann doch durchwinkt, was die die EU in kreativer Rechtsauslegung vor dem Gerichtshof rechtfertigen möchte. Viel wichtiger ist es, ob die Öffentlichkeit den Eindruck hat, dass der, der die Gesetze gemacht hat, seine eigenen Gesetze auch befolgt.

Gerade der Gesetzgeber muss Gesetzestreue besonders vorbildlich vorleben. Gerade er darf nicht nach Lücken und Deutungsmöglichkeiten suchen, um etwas tun zu können, was das Gesetz gerade verhindern wollte. Wer das tut, untergräbt die Rechtsstaatlichkeit. Und leider kann man der EU diesen Vorwurf nicht ersparen.[15]

3.9 Vertragsverletzungen der EU

Ein prominentes Beispiel ist mal wieder die Eurokrise. Artikel 125 des AEU-Vertrages, die sogenannte Nichtbeistandsklausel, sieht vor, dass kein Staat für die Schulden eines anderen Staates eintritt. Die EU-Staaten tun aber seit 2010 genau das. Sie bürgen für die Schulden anderer EU-Staaten, namentlich für Griechenland, Irland, Portugal, Spanien und Zypern. Sie schufen neue Institutionen, die Europäische Finanzstabilisierungsfazilität (EFSF) und den Europäischen Stabilitätsmechanismus (ESM), die diesen Ländern Kredite gewährten, die wiederum von den Ländern der Eurozone garantiert werden. Die damalige französische Finanzministerin und heutige Generaldirektorin des IWF, Christine Lagarde, gab den Vertragsbruch ganz offen zu: »Wir mussten die Verträge brechen, um den Euro zu retten.«

Ähnlich verhält es sich mit der unkonventionellen Geldpolitik der Europäischen Zentralbank. Auch hier wird der AEU-Vertrag gebro-

---

15 Aber nicht nur der EU. Auch in Deutschland tat sich gelegentlich sehr Eigentümliches. Als Deutschland noch geteilt war, wurde stets die Auffassung vertreten, die Berliner Mauer sei eine flagrante Verletzung des Vier-Mächte-Status Berlins. Posthum wurde die ehemalige »Schandmauer« dann jedoch als legitime Grenzsicherungsanlage der DDR anerkannt, damit die Bundesrepublik Deutschland die enteigneten Grundstücksbesitzer nicht entschädigen musste.

chen. Es geht insbesondere um den milliardenschweren Ankauf von Staatsanleihen fast aller Länder der Eurozone. Man muss dazu wissen, dass die Europäische Zentralbank anders kauft als der Privatmann. Sie hat nämlich kein Portemonnaie, aus dem sie nur so viel Geld entnehmen kann, wie sie eben aus anderen Quellen Einkünfte bezogen hat. Vielmehr besitzt die EZB überhaupt kein Geld, sondern »druckt« es einfach dann, wenn sie es braucht.

»Drucken« ist dabei heutzutage meist eine elektronische Buchung, aber das läuft auf dasselbe hinaus. Jedenfalls kann die EZB stets alles kaufen und sie kann es in beliebiger Menge kaufen, weil sie das dafür benötigte Geld selbst erzeugen darf. Wenn die EZB also von einer Bank Staatsanleihen kauft, dann schreibt sie der Bank auf dem Zentralbankkonto, das die Bank bei der EZB führt, einfach den entsprechenden Geldbetrag gut. Dieses Geld kann die Bank dann verwenden und so kommt »frisch gedrucktes« Geld in Umlauf.

Die Europäische Zentralbank hat seit 2015 in einem ungeheuren Umfang von 2 Billionen Euro (2000 Milliarden Euro) Staatsanleihen mit neu erzeugtem Geld gekauft.[16] Die europäischen Verträge verbieten der EZB, diese Staatsanleihen unmittelbar von dem ausgebenden Staat zu erwerben. Denn eine Staatsanleihe ist letztlich nichts anderes ist als ein bedrucktes Stück Papier, auf dem eine Rückzahlung und Zinszahlungen versprochen werden. Geld ist ebenfalls ein bedrucktes Stück Papier. Ein unmittelbarer Erwerb von Staatsanleihen durch die EZB würde nichts anderes bedeuten, als dass Papier gegen Papier getauscht wird, und der Staat dadurch frisch gedrucktes Geld erhält.

Das wäre eine Finanzierung des Staates aus der Notenpresse, bei der der Staat für seine Staatsschulden de facto keine Zinsen mehr zahlen müsste. Denn die Zinsen fließen an die EZB und werden als Gewinn der EZB umgehend wieder an den Staat zurückgezahlt. Wenn

---

16   Der fachkundige Leser sehe es mir nach, dass ich die Darstellung etwas vereinfache. Tatsächlich kauft das gesamte EZB-System auf und der größere Teil der Ankäufe erfolgt durch die nationalen Notenbanken. Das ist für mein Argument allerdings völlig unerheblich.

Verschuldung aber nichts kostet, wird Verschuldung verlockend. Der Staat verliert jeden Anreiz, eine solide Haushaltspolitik zu verfolgen, und finanziert sich zunehmend aus frisch gedrucktem Geld.

Das Problem dabei ist: Über kurz oder lang führt das zur Inflation, also zu einem Kaufkraftverlust der Bürger, die mit steigenden Preisen und steigenden Mieten konfrontiert sein werden. Inflation ist insofern eine versteckte Besteuerung der Bürger. Sie kann im Extremfall zur Entwertung seines gesamten Geldvermögens führen. Weil man dem Staat diese einfache Möglichkeit zur Plünderung seiner Bürger nicht erlauben wollte, ist es der EZB verboten, Staatsanleihen direkt vom Staat zu erwerben.

Beim Ankauf von Staatsanleihen bedient sich die EZB nun eines simplen Kniffs. Sie umgeht das Verbot des unmittelbaren Erwerbs beim Staat, indem sie die Staatsanleihen von Banken kauft, die die Anleihen ihrerseits dem Staat abkaufen. Natürlich ist es nicht so, dass die Banken sowieso gerade Staatsanleihen im Wert von 2 Billionen Euro in ihren Depots liegen hatten, die sie irgendwie versehentlich gekauft hatten, ohne eine Verwendung für sie zu haben. Das ist bei dieser Größenordnung völlig ausgeschlossen. Banken kaufen Staatsanleihen nur dann, wenn sie sie für bestimmte Zwecke brauchen.

Wenn also die EZB den Geschäftsbanken für 2000 Milliarden Euro Staatsanleihen abkaufen will, müssen die Geschäftsbanken ungefähr 2000 Milliarden Euro zusätzlicher Staatsanleihen bei den Staaten der Eurozone kaufen. Diese ungeheure Menge an Staatsanleihen hätten sie natürlich nicht gekauft, wenn sie nicht gewusst hätten, dass die EZB ihnen die Staatsanleihen wieder abkauft. Die ökonomische Wirkung ist dieselbe. Genauer: fast dieselbe. Der kleine Unterschied besteht darin, dass die Geschäftsbanken für ihre Dienste als Gesetzesumgeher natürlich einen Gewinnaufschlag erheben.

Die Staatsanleihen-Käufe der EZB sind damit nicht nur eine (verbotene) monetäre Staatsfinanzierung, sondern zugleich auch eine (verbotene) Subvention des Bankensektors. Allerdings ist diese Subvention lange nicht so groß wie die Finanzierung der Staaten aus der Notenpresse.

Und ein weiterer Rechtsbruch der EU steht derzeit an. Nach heftigem Drängen des französischen Präsidenten Macron hat Deutschland gemeinsam mit Frankreich einen Vorschlag für einen sogenannten Eurozonenhaushalt vorgelegt. Aus diesem Haushalt sollen Programme finanziert werden, die wirtschaftlich kränkelnden Staaten der Eurozone zugutekommen. Man sagt: Diese Staaten erhalten Transferleistungen. Die große Frage aber ist, wer diese Transferleistung finanziert – und ob die Finanzierung mit den europäischen Verträgen vereinbar ist.

Der deutsch-französische Vorschlag sieht vor, dass der Eurozonenhaushalt ein Teil des EU-Haushalts ist. Das klingt harmlos, aber das Gegenteil ist der Fall. Denn in den EU-Haushalt zahlen alle EU-Mitgliedsstaaten ein. Die Ausgaben des Eurozonenhaushalts würden aber nur Eurostaaten zugutekommen. Das ist offenbar ein Problem. Es ist auch der nächste drohende Konflikt in der EU.

Deutschland und Frankreich brauchen für ihren Vorschlag zunächst eine Rechtsgrundlage. Also eine Bestimmung in den Verträgen, die es ihnen erlaubt, Gelder in wirtschaftlich kränkelnde Staaten zu lenken. Als Rechtsgrundlage soll die Ermächtigung der EU dienen, Kohäsionspolitik zu betreiben. Diese Kohäsionspolitik ist in den EU-Verträgen verankert. Sie dient dem wirtschaftlichen, sozialen und territorialen Zusammenhalt der EU als Ganzes.

Und dies ist der springende Punkt: Ein Eurozonenhaushalt dient offensichtlich nicht dem Zusammenhalt der EU als Ganzes, sondern er dient nur dem Zusammenhalt der Eurozone. Die Staaten außerhalb der Eurozone profitieren nicht vom Eurozonenhaushalt.

Da einige der ärmsten EU-Staaten nicht Mitglied der Eurozone sind (insbesondere osteuropäische Staaten), kann es sogar sein, dass der Eurozonenhaushalt Länder wie Griechenland und Italien fördert, die reicher sind als zum Beispiel die Nicht-Eurostaaten Rumänien und Bulgarien. Falls die Förderung durch den Eurozonenhaushalt die gewünschte Wirkung hat – was man aus guten Gründen sehr bezweifeln kann –, würden sich die Einkommensunterschiede in der EU also vergrößern, weil der Eurozonenhaushalt dafür Sorge tragen würde, dass

Griechenland und Italien sich besser entwickeln als die ärmeren Staaten Rumänien und Bulgarien.

Der Zusammenhalt in der EU würde also geschwächt statt gestärkt werden. Folglich wäre im Erfolgsfall der Eurozonenhaushalt dem Ziel der Kohäsionspolitik genau entgegengesetzt. Zumindest würde der Kohäsionsbegriff bis zur Bedeutungslosigkeit ausgehöhlt werden. Sollte der Eurozonenhaushalt auf dieser Rechtsgrundlage etabliert werden (und eine andere scheint es nicht zu geben), so wäre dies ein klarer Missbrauch des Unionsrechts. Die EU sollte in einem solchen Fall am besten ein Artikel-7-Verfahren gegen sich selbst einleiten.

3.10 Unzureichende Rechtsstaatskontrolle

Die EU ist ein Staatenverbund. Mehr als ein bloßer Staatenbund, zugleich aber – noch – kein Bundesstaat. Sie ist ein Staatenverbund von 28 Staaten, die sich alle als Rechtsstaaten verstehen. Es ist offensichtlich, dass ein solcher Staatenverbund nur funktionieren kann, wenn er selbst rechtsstaatlich organisiert ist und wenn jeder einzelne Staat sich auf die Rechtsstaatlichkeit der anderen Staaten verlassen kann.

Deshalb ist eine Rechtsstaatskontrolle für die EU geradezu systemisch wichtig. Ohne eine solche Kontrolle könnte die EU nicht dauerhaft zusammenhalten. Die Rechtsstaatskontrolle ist der EU offenbar so wichtig, dass sie sie nicht dem Europäischen Gerichtshof überlassen wollte. Während der EuGH das höchste Gericht der EU ist und über die Anwendung und Auslegung ihres Rechts wacht, ist die brisante Frage, ob die Staaten des Staatenverbundes Rechtsstaaten sind, der Beurteilung des EuGH entzogen worden und über Artikel 7 des EU-Vertrages in die Hand des Rates gelegt worden.

Ja, und das funktioniert nicht. Wir haben erneut einen Systemausfall. Zumindest einen partiellen Systemausfall. Wie schon die früher behandelten Systemausfälle, geht auch der Ausfall bei der Rechtsstaatskontrolle teilweise auf schlechte Gesetzgebung zurück und teilweise auf eine mangelhafte Anwendung der gesetzlichen Möglichkeiten. Wobei mit der Gesetzgebung in diesem Fall die vertragliche Bestimmung von Artikel 7 des EU-Vertrages gemeint ist – sozusagen das Grundgesetz der EU. Wie schon hervorgehoben, ist Artikel 7 schon im Ansatz schlecht konzipiert: Erstens ist das Prinzip der Gewaltenteilung verletzt, weil der Rat als Gesetzgeber zugleich die rechtsprechende Gewalt ist. Zweitens ist die Unabhängigkeit der Richter gleich in doppelter Weise verletzt: Zum einen weil es statthaft ist, dass die Mitgliedsstaaten gleichzeitig Kläger und Richter sind. Zum anderen weil jeder Richter weiß, dass der Beklagte in anderen Fällen selbst Richter sein wird und der jetzige Richter möglicherweise als Beklagter vor dem stehen wird, über den man gerade zu richten hat.

Drittens ist das Mehrheitserfordernis in der zweiten Stufe die Einstimmigkeit: Das bedeutet, dass der Beklagte nur einen Verbündeten unter den Richtern braucht, um das Verfahren scheitern zu lassen. Im Beispiel: Derzeit gibt es zwei Artikel-7-Verfahren, beide noch auf der ersten Stufe. Eines richtet sich gegen Polen, das andere gegen Ungarn. Ungarn hat bereits öffentlich gesagt, dass es Polen in seinem Verfahren unterstützen wird. Polen wird das Gleiche im Verfahren gegen Ungarn tun. Eine Hand wäscht die andere. Damit werden beide Verfahren spätestens auf der zweiten Stufe scheitern.

Schon das gesetzliche Design von Artikel 7 ist also schlecht und völlig ineffizient. Der einzige potentielle Wert besteht in der öffentlichen Demütigung, die einem Land widerfährt, wenn ein Artikel-7-Verfahren eingeleitet wird. Das werden die meisten Staaten verhindern wollen. Und das scheint den meisten von ihnen bislang ja auch gelungen zu sein. Nur Polen und Ungarn haben offenbar nicht genügend antichambriert.

Die Anwendung – bzw. die weitgehende Nichtanwendung – von Artikel 7 ist also die zweite Komponente des Systemausfalls. Polen und Ungarn wurden öffentlich an den Pranger gestellt. Warum aber blieb Griechenland, Spanien, Italien und Malta dieses Schicksal erspart? Es hätte doch gute Gründe gegeben, auch hier tätig zu werden.

Die dritte und letzte Komponente des Systemausfalls ist die faktisch fehlende Kontrollinstanz für die Rechtsstaatlichkeit der EU selbst. Artikel 7 kann natürlich nicht auf die EU angewendet werden, denn der Rat als richtendes Gremium ist zugleich ein gesetzgebendes Organ der EU. Da wäre ja der Beklagte sein eigener Richter. Es bleibt hier also nur der Europäische Gerichtshof.

In der Tat ist der EuGH für die Rechtsstaatskontrolle der EU zuständig. Auf dem Papier gibt es die Kontrollinstanz also. Aber faktisch gibt es sie nicht. Denn der EuGH ist ein Gremium, das es als seine Aufgabe ansieht, die Vertiefung der EU zu ermöglichen. Seine gesamte Rechtsprechung zeigt, dass er sich als Motor der Europäischen Integration versteht. Daher fällt er der EU nie in den Arm. Seine Auslegung des Rechts ist stets eine Rechtfertigung der Kommission. So kann Rechtsstaatskontrolle natürlich nicht funktionieren.

Bei der Rechtsstaatskontrolle haben wir also erneut einen Systemausfall. Seine zahlreichen Facetten habe ich ausführlich geschildert. Aber gibt es auch zu diesem Systemausfall einen zugehörigen Kontrollverlust? Worin würde er bestehen?

Natürlich, den Kontrollverlust gibt es. Der Systemausfall bei der Rechtsstaatskontrolle – in der Anwendung auf Mitgliedsstaaten genauso wie in der Anwendung auf die Rechtsstaatlichkeit der EU – führt zu einem Verfall der politischen Glaubwürdigkeit und zum Verlust an Vertrauen. Er führt zum Aufkommen von politischen Protestbewegungen, die sich gezielt gegen die EU positionieren. Und damit sind wir wieder am Ausgangspunkt dieses Kapitels. In Deutschland ist der Kontrollverlust die AfD.

3.11 Die Neue Rechte

Die AfD begann als eine wirtschaftsliberale, eurokritische Partei. Sie wurde dominiert von den »Verbesserern«. Die Gründung der AfD war ein Protest gegen die Politik der EU und der Bundesregierung aufgrund eines massiven Vertrauensverlusts. Dieser speiste sich aus der Missachtung der Vertragsbestimmung zum Nichtbeistandsprinzip verbunden mit der Tatsache, dass es keine korrigierende Rechtsprechung gab.

Anfangs war die AfD ein hoffnungsvolles Projekt. Als ihr maßgeblicher Gründer und ihr lange Zeit bekanntestes Gesicht sah ich in der AfD die Chance für eine politische Erneuerung, denn die etablierten Parteien wirkten profillos und inhaltlich erstarrt. Wenn ich heute auf die AfD schaue, fühle ich mich wie ein Vater, dem das Kind genommen wurde, um es unter Räubern großzuziehen.

Denn die heutige AfD hat mit den Grundsätzen und Werten der damaligen nichts mehr gemein. Sie ist jetzt eine deutschnationale, migrations- und islamfeindliche Partei. Nichts davon fand sich 2013 im Gründungsprogramm der Partei. Dennoch wurde sie von den Medien von Anfang an unter den Verdacht des Rechtsradikalismus gestellt. Über die Zeit hinweg zeigte das Trommelfeuer dieser Angriffe Wirkungen. Die moderaten »Verbesserer« zogen sich zunehmend zurück, die Zahl der Verbitterten wuchs. Im Juli 2015 hatte der radikale Flügel der Partei die Mehrheit errungen und die gemäßigten AfD-Mitglieder traten nach meiner Abwahl als Parteichef zu Tausenden aus der AfD aus.

Erst jetzt war die Partei das, was viele Journalisten so lange fälschlich behauptet hatten. Die Berichterstattung war zur selbsterfüllenden Prophezeiung geworden, weil die moderaten Mitglieder die permanente Rufschädigung nicht ertragen wollten – und weil der schlechte Ruf die falschen Mitglieder anzog. Heute geht dies so weit, dass ein beträchtlicher Teil der Partei unter dem Einfluss rechtsextremen Gedankenguts steht.

Die meisten Verbesserer haben die Partei verlassen, und damit haben sich die Gewichte entscheidend zugunsten der Verbitterten verschoben. Ebenfalls verschoben haben sich die äußeren Umstände: In der öffentlichen Wahrnehmung hat die Bedeutung der Eurokrise abgenommen, während die Flüchtlingskrise seit 2015 lange Zeit das mit Abstand wichtigste Thema war. Die inhaltliche Entwicklung der AfD vollzieht dies präzise nach.

Auch die heutige AfD ist nur erklärbar als ein Protest gegen die Politik von Bundesregierung und EU aufgrund eines massiven Vertrauensverlusts. Dieser speist sich jetzt aus der Nichtanwendung der Dublin-III-Gesetze und dem damit einhergehenden Zustand der Gesetzlosigkeit bei der Einreise nach Deutschland. Auch hier wurde der Vertrauensverlust dadurch verstärkt, dass es keine korrigierende Rechtsprechung gab. Aber die Kritik an diesen Zuständen wird in der heutigen AfD missbraucht, um völkisches und rechtsextremes Gedankengut voranzutreiben.

Als eine heute überwiegend deutschnational ausgerichtete Partei nimmt die AfD einen Platz im Parteienspektrum ein, der lange Zeit verwaist war. Vor 1933 war dieser Platz von der Deutsch-Nationalen Volkspartei (DNVP) eingenommen worden, aber die DNVP hatte in einer tragischen Fehleinschätzung Hitlers NSDAP an die Macht geholfen. Damit hatte sie sich in doppeltem Sinne ihr eigenes Grab geschaufelt, denn erstens wurde sie schon 1933 von den Nationalsozialisten zur Selbstauflösung gezwungen, zweitens aber war an ein Wiederaufleben nach 1945 nicht ernsthaft zu denken, weil sich die Partei völlig diskreditiert hatte.

Nun ist die AfD nicht die DNVP, auch wenn sie in vieler Hinsicht ihren Platz einnimmt. Ein wesentlicher Unterschied ist der, dass die DNVP monarchistisch war. Sie lehnte die Republik und die parlamentarische Demokratie ab. Das tut die AfD nicht. Auch ist die AfD nicht antisemitisch. Stattdessen ist sie antiislamisch. Aber was die AfD mit der DNVP gemein hat, ist die Tatsache, dass das Deutsch-Sein als ein Wert an sich angesehen wird und fremde Einflüsse dementsprechend als dem Deutschen unterlegen und minderwertig klassifiziert werden.

Diese Auffassung muss man nicht teilen, aber man darf sie vertreten. Wir sind ein Staat mit Meinungsfreiheit. In gewisser Hinsicht ist es sogar natürlich, dass die zunehmende Öffnung Deutschlands gegenüber anderen EU-Staaten und die zunehmende Verflechtung Deutschlands mit der EU dazu führen, dass eine Partei Erfolg hat, die einen Kontrapunkt setzt. Die das Nationale und das Deutsche als Abgrenzungsmerkmal betont, gerade weil die Gesellschaft internationaler wird.

Die AfD betont die deutsche Identität umso mehr, je mehr die anderen Parteien eine europäische Identität betonen. Da die DNVP nach dem Zweiten Weltkrieg nicht wiederbelebt werden konnte, hatten deutschnational denkende Bürger zunächst in den Unionsparteien und in der FDP eine neue Heimat gesucht. Eine Zeitlang, vor allem in den Sechziger- und Siebzigerjahren, haben diese Parteien es auch verstanden, in das deutschnationale Wählerspektrum hinein integrierend zu wirken.

Aber diese Wählergruppe schien immer kleiner zu werden und je kleiner sie wurde, desto weniger bemühten sich Union und FDP um sie. Gleichzeitig nahm die europäische Integration ab den Achtzigerjahren spürbar Fahrt auf, in Deutschland maßgeblich getrieben von Politikern dieser Parteien. Union und FDP gefielen sich darin, sich als proeuropäische Parteien zu gerieren. Da passte es nicht, nationale Akzente zu setzen. So entfremdeten sie sich die verbliebenen deutschnationalen Wähler.

Teilweise zu Unrecht. Manche Kollegen der CDU zum Beispiel vertreten in der Europapolitik durchaus deutsche Interessen nicht weniger nachdrücklich als britische Kollegen britische Interessen vertreten. Aber sie tun es leise, in der Sacharbeit nach innen hin. Nach außen wird alles von der proeuropäischen Rhetorik der offiziellen Parteilinie überlagert. Die CDU-Politiker trauen sich nicht, nach außen zu kommunizieren, dass in für Deutschland wichtigen Fragen nationale Anliegen Vorrang vor europäischen Wünschen haben sollen.

Damit überlassen sie das Feld kampflos der AfD. Die AfD profitiert gleichzeitig davon, dass das Wählerpotential deutschnationaler Wähler unerwartet wieder größer geworden ist. Zwei Entwicklungen trugen dazu bei: Einerseits nahm die europäische Integration immer stärkere Ausmaße an, andererseits schränkte die Globalisierung seit den Neunzigerjahren spezifisch deutsche Handlungsspielräume immer mehr ein und internationalisierte unser Denken und unsere Gesellschaft.

Beide Entwicklungen schufen bei einem Teil der Wähler Angst vor einem Identitätsverlust. Die gewohnte – deutsche – Welt scheint ihnen zunehmend zu verschwimmen. Also klammern sie sich an das Deutsche und wählen eine Partei, die offen das Nationale als einen Wert an sich betrachtet.

Diese Entwicklung ist eine sehr natürliche. Wenn es damit sein Bewenden hätte, wäre die AfD ein legitimer, fast zwangsläufiger und unter dem Aspekt der Meinungsvielfalt durchaus erforderlicher Ausgleichsmechanismus in der Parteienlandschaft. Sie macht einem Teil der Wählerschaft ein Angebot, das dieser bei anderen Parteien vermisst. Das muss man als Demokrat akzeptieren, auch wenn es nicht der eigenen Auffassung entspricht.

Aber es hat nicht sein Bewenden damit, dass die AfD national denkt. Denn leider sind Teile der AfD in unguter DNVP-Tradition nicht nur deutschnational, sondern auch völkisch.

Dabei ist es kein Trost, dass es viele AfD-Mitglieder gibt, die weder völkisch noch rechtsextrem denken. Denn das Problem ist das Mitläufertum. Auch in DNVP und NSDAP gab es viele Mitglieder, die sich zwar von dem brünstig-Nationalen dieser Parteien angezogen fühlten, persönlich aber nie einem Juden etwas zuleide getan hätten. Sie mögen nette Nachbarn, gute Familienväter und angenehme Kollegen gewesen sein, aber sie schwammen mit im braunen Strom. Sie begehrten nicht auf gegen die extremistischen Kräfte, sondern bejubelten die Partei und warben für ihren Erfolg. Sie applaudierten gedankenlos bei Reden und Forderungen, die das Unmenschliche ungesagt ließen oder hinter nationalem Pathos verbargen.

Die Mitläufer begehren nicht auf, wenn es nötig ist. Um nur ein Beispiel zu geben: In der AfD werden offen Sondergesetze für Muslime gefordert, die ihnen Kleidungsvorschriften machen, die Sprache ihres Gottesdienstes vorschreiben oder sich gegen Minarette und Moscheen richten sollen. Vergleichbare Maßnahmen gegen eine religiöse Minderheit hatten wir in Deutschland zuletzt in den Jahren nach 1933. Den Mitläufern in der AfD müsste klar sein, dass sie jetzt nicht mehr mitlaufen dürfen. Wehret den Anfängen!

Aber die Mitläufer wehren sich nicht. Weder verlassen sie die Partei, noch begehren sie auf. Im Gegenteil: Sie ducken sich weg, sie zollen Beifall oder sie passen sich an. Damit ebnen sie den Völkischen die Bahn.

In den letzten Monaten meiner Zeit als AfD-Chef habe ich oft an Eugène Ionescos Erzählung »Die Nashörner« denken müssen. Sie beginnt damit, dass eines Tages ein Nashorn durch die Stadt rannte. Was erst ein rätselhafter Einzelfall war, wiederholte sich. Immer mehr Nashörner tauchten auf und rannten schnaubend durch die Stadt. Und langsam wurde klar, dass es die Menschen der Stadt waren, die sich zunehmend in Nashörner verwandelten. Bis kaum noch ein Mensch übrig blieb.

Die Völkischen in der AfD waren zunächst ähnlich exotisch wie ein einzelnes Nashorn in der Stadt. Aber im Laufe der Zeit wurden es mehr. Und irgendwann liefen die ersten Mitläufer mit. Sie sind nicht die Leittiere, aber sie passen sich an und folgen dem Strom. Dann dominiert das Völkische und das Menschliche bleibt auf der Strecke.

Nach völkischer Auffassung zeichnen sich Deutsche durch Abstammung und Kultur vor anderen Menschen aus. Menschen fremder Herkunft werden nicht als grundsätzlich gleichrangig angesehen. Sie haben durch ihre Familie und ihr soziales Umfeld eine andere kulturelle Prägung erhalten, die sie von Deutschen unterscheidet. Eine Vermischung ist nicht erwünscht, denn das führt zu »Multikulti«. Multikulti ist der Gottseibeiuns der Völkischen.

Dass Fremde nicht als gleichrangig angesehen werden, unterscheidet die Völkischen auf einer fundamentalen Ebene vom Rest der Gesellschaft: Sie haben ein anderes Menschenbild. Ihr Verständnis vom Wesen der Menschen ist nicht von Gleichrangigkeit geprägt, sondern von Andersartigkeit. Dies ist unvereinbar zum Beispiel mit dem christlichen Menschenbild, dem sich weite Kreise der Gesellschaft (und auch ich persönlich) verpflichtet fühlen. Die Unterschiede im Menschenbild führen dazu, dass bestimmte politische Meinungsverschiedenheiten nicht überbrückbar sind.

Vor 1945 war das völkische Denken meist auch ein antisemitisches. Das ist heute nicht mehr so. Stattdessen ist es meist auch ein antiislamisches. Obwohl die Völkischen in der Regel keineswegs religiös sind, wird das Deutsch-Sein auch durch religiöse Kriterien definiert. Dass ein Muslim ein Deutscher sein kann, ist für einen Völkischen kaum vorstellbar. Denn in seinen Augen ist der Islam eine dem Deutschtum fremde Kultur.

Das Völkische ist eine Spielart des Rechtsextremismus. Es erhebt das Deutsch-Sein zu einem Wert an sich, und zwar nicht nur für Dinge und Sachverhalte, sondern auch für Personen. Für den Völkischen zeichnen sich Menschen schon dadurch aus, dass sie deutsch sind. Dadurch sind sie in ihren Augen etwas Besonderes gegenüber Nicht-Deutschen. Dieses Besondere muss bewahrt werden und das erfordert die Trennung unterschiedlicher Völker. Zugleich bevorrechtigt seine Besonderheit den Deutschen gegenüber dem Nicht-Deutschen. Trennung der Völker und Bevorrechtigung der Deutschen kann man in einem Wort zusammenfassen: Apartheid.

3.12 Der Führer der Völkischen

Dass solche Vorstellungen wieder Anhänger finden, ist erschreckend. Dass sie in großem Umfang Anhänger in der AfD finden, hängt mit den Verbitterten zusammen. Denn vor allem die Verbitterten, die Menschen, die dem Staat zutiefst misstrauen, sind für völkische Ideen empfänglich. Jedenfalls in Zeiten von Migrationskrisen.

Im Jahre 1979 besuchte ich den Evangelischen Kirchentag in Hamburg. Es war ein sehr politischer Kirchentag, denn in Deutschland tobte eine heftige Auseinandersetzung um die sogenannte Nachrüstung der NATO. Es ging um die Stationierung von Mittelstreckenraketen mit Atomsprengköpfen in Europa als Antwort auf entsprechende Waffen der Sowjetunion. Es gab eine große Friedensbewegung, die diese Nachrüstung verhindern sollte.

Auf dem Kirchentag fanden unzählige Veranstaltungen statt, die sich diesem Thema widmeten. In einer der größten trat Ernst Albrecht auf, der damalige CDU-Ministerpräsident von Niedersachsen, der für die Nachrüstung warb. Fast die ganze Halle war anderer Auffassung. Eine junge Frau wandte sich an Albrecht mit einer sehr emotionalen Rede. »Ich fürchte mich vor dem Atomtod!«, rief sie unter großem Beifall.

Die Antwort von Albrecht überraschte wohl alle Besucher. »Sie fürchten sich nicht vor dem Atomtod«, sagte er ruhig. »Ihre Furcht sitzt viel tiefer!«

Es war eine sehr provokative, aber auch sehr kluge Antwort von Albrecht, der mit diesen zwei Sätzen einen völlig politisierten Kirchentag wieder auf sein zentrales Thema zurückführte. Es gibt eine existentielle Angst des Menschen, für die der Glaube eine Antwort anbietet. Aber manche Menschen projizieren ihre Angst auf weltliche Dinge, auf Atomraketen zum Beispiel. Diese Projektion hat eine gewisse Beliebigkeit. Sie nutzt das, was sich als Projektionspunkt gerade anbietet. Damals waren es die Atomraketen, heute könnte es wahlweise der Terrorismus, Trump, der Klimawandel oder ein Chlorhühnchen sein. Die wirkliche Furcht aber sitzt tiefer.

Mit den Verbitterten verhält es sich sehr ähnlich. Sie haben ein tief sitzendes Misstrauen gegen den Staat. Dieses Grund-Misstrauen wird auf das Thema projiziert, das sich gerade besonders dafür anbietet. 2013, bei der Gründung der AfD, war das die Eurokrise. Seit 2015 ist es der große Komplex Flüchtlinge, Islam und Migration.

Um die Verbitterten jetzt einmal ähnlich zu provozieren, wie Ernst Albrecht es mit den Kirchentagsbesuchern tat: Die Verbitterten haben gar kein authentisches Interesse an der Eurokrise oder an der Flüchtlingskrise oder am Islam. Das ist alles aufgesetzt. Sie haben nur ein Interesse an dem besten Projektionspunkt für ihr Misstrauen.

Dass dem so ist, merkt man an der Art der Sachdiskussion. Von den Verbitterten wird begierig jede Information aufgesogen und zum Beleg der eigenen Meinung angeführt, die die gegnerische Seite in einem möglichst schlechten Licht erscheinen lässt. Jede wirtschaftliche Verwerfung, jede Verfehlung von Ausländern, jeder vormoderne Brauch von Muslimen ist willkommen, wenn darin nur genug Empörungspotential enthalten ist. Alle entlastenden, relativierenden oder differenzierenden Einwände aber werden beiseite gewischt und oft völlig ignoriert. Dies zeigt, dass es kein authentisches Interesse an der Sache gibt. Das Interesse der Verbitterten gilt nur dem, was zum Projektionspunkt für das Misstrauen taugt.

Der beste Projektionspunkt ist immer eine drohende Katastrophe. Eine Fehlentwicklung, die korrigiert werden kann, taugt nicht als Symbolbild für fundamentalen Vertrauensverlust. Gebraucht wird ein möglicher GAU. Nun droht im Zeitablauf immer mal wieder ein anderer GAU. Der Projektionspunkt verschiebt sich deshalb in dem Maße, in dem sich politische Themen verschieben.

Anfangs suchten die Verbitterten den schlimmsten Ausdruck für ihr Misstrauen in der Europroblematik. Da stand der Euro für die Fragilität des gesamten Finanzsystems. Nicht wenige präsentierten mir mit großer Ernsthaftigkeit mathematische Rechnungen, mit denen sie beweisen zu können glaubten, dass der Zusammenbruch des internationalen Finanzsystems ganz unvermeidlich aus den Schuldenbergen der Eurostaaten und der Natur des Zinseszinses folge. Die maximale Katastrophe war der beste Projektionspunkt für ihr Misstrauen.

In der Flüchtlingskrise verschob sich der Projektionspunkt. Der beste ergab sich erneut aus der maximalen Katastrophe: Deutschland solle abgeschafft werden, EU-Kommission und Bundesregierung planten heimlich eine großangelegte Umvolkung, deutsche Kultur und Tradition solle vernichtet werden.

Wer solche Horrorszenarien braucht, ist natürlich empfänglich für völkische Ideen. Die Vorstellung einer »Umvolkung« ist ja eine originär völkische. Die Verbitterten in der AfD waren ein idealer Nährboden für die, die das Saatgut völkischer Ideen ausstreuen wollten. Es brauchte nur wenige Leute in der Partei, die überzeugt von ihren völkischen Ideen waren. Die Partei bot ihnen eine große Zuhörerschaft von Verbitterten als dankbaren Resonanzboden.

Diese wenigen waren Leute wie Björn Höcke. Höcke erscheint mir als ein besonders eigentümlicher Mensch, denn er, der so oft die deutsche Identität bemüht, hat selbst zwei Identitäten. Im normalen Umgang ist er durchaus angenehm: zurückhaltend, freundlich, zuvorkommend. Wenn er aber ein Rednerpult erklimmt, ist es, als schlüpfe er in eine andere Haut. Dann geht Höcke durch eine Metamorphose und spricht teilweise scharf und polemisch, teilweise aber auch gönnerhaft und in maßloser Selbstüberschätzung.

Als ich noch AfD-Chef war, kannte ich ihn zunächst nur aus Telefonaten. Eines Tages aber war ich in Erfurt und hörte ihn auf einer Veranstaltung sprechen. Inhaltlich sagte er nichts Anstößiges, aber sein Tonfall war unangemessen scharf und aggressiv. Ich empfand seine Rede als nicht authentisch und als aufgesetztes, ein wenig verkrampftes Gehabe. Ich sprach ihn nachher darauf an und riet ihm, in Reden mehr er selbst zu sein. Mein Eindruck war, dass er wie jemand sprach, der einer fremden Erwartungshaltung gerecht werden möchte.

Erst sehr viel später wurde mir der Grund dafür klar. Da verstand ich, dass nicht Höcke oder seinesgleichen die Fäden der Völkischen in der AfD ziehen. Der eigentliche Strippenzieher sitzt im Hintergrund. Er ist meines Wissens auch heute noch kein Mitglied der AfD, betrachtet die AfD aber augenscheinlich als eines seiner zahlreichen Projekte, mit denen er völkisches Gedankengut verbreiten und salonfähig machen kann. Sein Name ist Götz Kubitschek.

Kubitschek wäre fast Mitglied der AfD geworden. Er wurde im Januar 2015 von einem Kreisverband der AfD in Sachsen-Anhalt aufgenommen. Ich war seinerzeit Bundessprecher der AfD und wurde etwa zwei Wochen später auf diese Aufnahme aufmerksam gemacht. Mir sagte damals der Name Götz Kubitschek nichts, aber nachdem ich über ihn recherchiert hatte, strengte ich umgehend einen Beschluss des Bundesvorstands an, der seine Aufnahme in die Partei widerrief.[17]

---

17   Juristisch war es eine wacklige Sache, ob dieser Widerruf zulässig war. Aber glücklicherweise wurde die Entscheidung des Bundesvorstands nicht vor den Schiedsgerichten der Partei angefochten.

Auch den anderen Bundesvorstandsmitgliedern war Götz Kubitschek offenbar kein Begriff. Nur Alexander Gauland, so schien es mir, wusste, um wen es sich handelte. In der Partei aber tauchte plötzlich eine größere Anzahl von Anhängern Kubitscheks auf, die zum Teil vehement gegen die Entscheidung des Bundesvorstands protestierten. Dazu gehörten auch die Landesvorsitzenden von Sachsen-Anhalt und Thüringen, André Poggenburg und Björn Höcke.[18]

Aus längeren Gesprächen, die ich deshalb mit Höcke und Poggenburg führte, erschloss sich mir erstmals die Bedeutung, die Kubitschek für die völkische Szene hat. Es gibt ein umfangreiches Netzwerk völkisch-rechtsextremer Organisationen und Initiativen, die von Kubitschek geführt oder maßgeblich beeinflusst werden.[19] Er selbst sitzt wie die Spinne im Netz auf einem ehemaligen Rittergut in Schnellroda in Sachsen-Anhalt und empfängt dort seine Jünger. Zu ihnen zählen auch Höcke und Poggenburg.[20]

Ich erinnere mich noch lebhaft, wie beide mir geradezu mit leuchtenden Augen von Begegnungen und Gesprächen mit Kubitschek erzählten. Meinem Eindruck nach bewundern sie in ihm den Vordenker und Intellektuellen, der die theoretischen Grundlagen eines neuartigen nationalen Konservatismus entwickle. Das bezieht sich sicherlich auch auf Kubitscheks Schriften, in denen man Ausführungen über die »Schwäche der weißen Völker und Nationen«, über die »Verrottungsszenarien der modernen, liberalen Massengesellschaft« und die »Front-

---

18 Vgl. Alexander Hensel, Lars Geiges, Robert Pausch, Julika Förster: Die AfD vor den Landtagswahlen 2016. Programme, Profile und Potenziale (= OBS-Arbeitspapier. 20). Ein Projekt der Otto Brenner Stiftung, Frankfurt am Main 2016, S. 35.

19 Kubitschek zuzurechnen oder von ihm beeinflusst sind zum Beispiel das sogenannte »Institut für Staatspolitik«, die Zeitschrift »Sezession«, der Antaios-Verlag, die »Konservativ-Subversive Aktion«, die Identitäre Bewegung, Pegida und Legida, die Initiative »Ein Prozent für unser Land« und der »Flügel«, ein mehrere Tausend AfD-Mitglieder umfassendes Netzwerk innerhalb der Partei. Zudem tritt Kubitschek als Vortragsredner national und international bei zahlreichen dem völkisch-rechtsextremen Milieu zuzuordnenden Organisationen auf.

20 https://www.deutschlandfunkkultur.de/schnellroda-in-sachsen-anhalt-zu-besuch-im-schulungshaus.976.de.html?dram:article_id=352331

verläufe ethnischer Bürgerkriegsszenarien«»zwischen Deutschen und Nichtdeutschen« findet.[21]

Wie mir ein anderes Parteimitglied berichtete, finden in Schnellroda regelmäßig seminarartige Treffen statt, auf denen Kubitschek seinen treuesten Gefolgsleuten nicht nur seine jüngsten Ideen und Vorstellungen referiert, sondern auch praktische Instruktionen erteilt, wie diese taktisch und strategisch in den seinem Netzwerk zuzurechnenden Organisationen verbreitet werden sollen.

Damals wurde mir klar, weshalb Höcke als Redner nicht authentisch wirkt. Denn er spricht nicht über Eigenes, sondern über Angelerntes. Wie ein Schwamm scheint er Kubitscheks Ideologie in sich aufgesogen zu haben, und es ist, als dürste er danach, sie zu verbreiten. In meinen Augen ist er nicht mehr als Kubitscheks Lakai, der strikte Maßgaben hat, bei welcher Gelegenheit er wie viel von dem erkennen lassen darf, was Kubitschek ihn gelehrt hat. Als ich Höcke erstmals in Erfurt öffentlich reden hörte, war die Anweisung offenbar: Sprich scharf im Ton, aber sag nichts in der Sache, was dich vor Lucke belasten könnte.

Das war keine einfache Aufgabe für den armen Höcke und deshalb war seine Verkrampfung so deutlich zu spüren. Inzwischen hat er mehr Freiräume in der AfD, denn er kann darauf vertrauen, dass Gauland seine Hand schützend über ihn hält. Doch immer noch erfolgen seine Grenzüberschreitungen gezielt außerhalb der Öffentlichkeit und nur vor ausgewähltem Publikum. Dass dabei jedoch das eine oder andere nach außen dringt, ist unvermeidlich. Viel von dem, was er in diesen Kreisen fanatisierter Anhänger verbreitet, wird aber wohl nie an unsere Ohren gelangen. Das Gift, das in die AfD gestreut wird, soll schleichend wirken.

Kubitscheks großes Thema ist das »Eigene« – eine Chiffre, die auch in Höckes Reden erscheint und sich unaufhaltsam in der Programma-

---

21 Götz Kubitschek (2009): Wir und die Anderen. http://www.sezession.de/7781/wir-und-die-anderen.html

tik der AfD ausbreitet.[22] Das »Eigene« ist bei Kubitschek der Gegenbegriff zum »Fremden«. Daraus ergibt sich unmittelbar, dass das Fremde eine Bedrohung des Eigenen ist. Und folglich sind »Fremde« in der Bevölkerung eine Bedrohung des Volkes.[23] Das ist der Kern des völkischen Gedankenguts.

3.13 Der Voldemort der AfD

»Ich kann gar nicht so viel fressen, wie ich kotzen möchte«, sagte der Maler Max Liebermann, als er von seinem Haus am Pariser Platz am 30. Januar 1933 den Fackelzug der Nazis durch das Brandenburger Tor marschieren sah. Wer viel fressen kann, möge sich das im Januar 2019 durchgesickerte Gutachten des Verfassungsschutzes vornehmen und dort nachlesen, welche mannigfachen Verflechtungen zwischen der völkisch-rechtsextremen Szene und Teilen der AfD bestehen. Ihm wird der Appetit vergehen, die AfD zu wählen.

Was der Verfassungsschutz dort aufgelistet hat, ist eine gründliche und akribische Auswertung all dessen, was irgendwo öffentlich geworden ist. Aber der größte Teil des Giftes sickert im Verborgenen und er erfasst vor allem die Kreise der AfD, in denen die Verbitterten unterwegs sind. Mit seiner Betonung des »Eigenen« trifft Kubitschek den Nerv der Leute, die die EU bereitwillig als das aufgezwungene Fremde sehen. Es ist der Projektionspunkt, den sie für ihr Misstrauen brauchen.

Höcke selbst ist eher nebensächlich. Es gibt viele AfD-Funktionäre, die schlicht nur ein Werkzeug Kubitscheks sind. Wenn Höcke eines Tages fallen sollte, wie Poggenburg jüngst gefallen ist, dann wird soldatisch ein anderer an seine Stelle treten. An Adepten besteht kein Man-

---

22 Vgl. Gutachten zu tatsächlichen Anhaltspunkten für Bestrebungen gegen die freiheitliche demokratische Grundordnung in der »Alternative für Deutschland« (AfD) und ihren Teilorganisationen, Bundesamt für Verfassungsschutz, 2019.

23 Götz Kubitschek (2009): Wir und die Anderen. http://www.sezession.de/7781/wir-und-die-anderen.html

gel. Deshalb geht die Fokussierung der Medien auf Höcke als Unperson der AfD am eigentlichen Punkt vorbei. Das Problem der AfD ist das Milieu der Verbitterten, die für Kubitscheks pseudo-intellektuelle Theorie völkischer Politik empfänglich sind. Diesem Milieu tritt niemand in der AfD entgegen. Deshalb kann es wie ein Krebsgeschwür wuchern. Die Parteiführung der AfD führt nicht. Sie lässt die Partei treiben und sie lässt die Völkischen gewähren.[24] Dabei sind gerade die Völkischen für einen Führer sehr empfänglich. So nehmen sie denn einen von außen: Kubitschek. Wäre ich Harry Potter, würde ich sagen: der Voldemort der AfD.

Kubitschek hat – intellektuell oder intuitiv – erkannt, dass die Verbitterten der Nährboden sind, den er infizieren kann. Weil die Verbitterten nicht originär an bestimmten Themen interessiert sind, sondern nur einen Projektionspunkt für ihr tief verwurzeltes Misstrauen suchen, können sie gerade für eine maßlose Ideologie vergleichsweise einfach gewonnen werden.

Kubitscheks Ideologie behauptet im Kern, »die Herrschenden« wollten ihr Volk durch »Multikulturalismus« vernichten. Alles Fremde sei Teil dieses Vernichtungswerks und deshalb Gegner des Deutschen. Die Verantwortung für das Fremde in unserer Gesellschaft tragen nach Kubitschek natürlich die Herrschenden. Damit gehört auch die EU – als multikultureller Staatenverbund ohnehin jeder Freveltat verdächtig – zu denen, denen Kubitschek das Vernichtungswerk anlastet. Das ist völlig maßlos und genau deshalb ist es bei den Verbitterten erfolgreich.

Trotz dieser Maßlosigkeit haben die völkischen Verschwörungsphantasien einen realen Ansatzpunkt. Denn der Staat, der vertraute Nationalstaat, überträgt zunehmend Zuständigkeiten an die EU. Schon das ist für einen völkisch denkenden Menschen Verrat, weil das Volk

---

24 Eine Ausnahme stellt eine Rede des AfD-Vorsitzenden Jörg Meuthen auf einem Landesparteitag der AfD in Baden-Württemberg im Februar 2019 dar, wo er nur schwach verklausuliert die Rechtsextremen zum Austritt aus der Partei aufforderte. Er erntete für diese mutige Passage seiner Rede massive Buh-Rufe aus dem Parteivolk und dürfte wenig Neigung verspüren, dieses Erlebnis zu wiederholen.

seine Angelegenheiten nicht mehr vollständig unter Kontrolle hat. Ein Völkischer ist mit der EU nicht zu versöhnen. Der Gegensatz ist unüberbrückbar.

Erschwerend kommt hinzu, dass die Kompetenzübertragung an die EU, wie anhand zahlreicher Beispiele schon dargelegt, gelegentlich desaströse Folgen hat. Das liegt daran, dass eine erprobte und bewährte Regierungsarchitektur auf nationaler Ebene aufgegeben wird, ohne dass gleichwertiger Ersatz auf der Ebene der EU geschaffen wird. So kommt es zu Systemausfällen und anschließend zu Kontrollverlusten. Die negativen Folgen der Kontrollverluste bestärken und erweitern das Milieu der Verbitterten, die für die völkische Ideologie Kubitscheks empfänglich sind. Diese Menschen werden zynischer und radikalisieren sich. Die in diesem Kapitel herausgearbeiteten Glaubwürdigkeitsverluste der EU tun ein Übriges. So ist auch das partielle Systemversagen der EU bei der Rechtsstaatsaufsicht Wasser auf die Mühlen der Staatsverdrossenen und Verbitterten.

Politisch führt dies zu Gegenreaktionen, von denen die heutige AfD nur ein einzelnes Beispiel ist. In anderen Ländern gibt es ähnliche Phänomene. Sie müssen als Warnzeichen für einen Ansehens- und Autoritätsverfall der liberalen parlamentarischen Demokratie, mithin für einen anstehenden Kontrollverlust, gelesen werden. Die einzig fruchtbare Gegenwehr der EU (und auch der Bundesregierung) besteht darin, offen über das zu sprechen, was in der EU nicht gut funktioniert. Auch darf künftig kein Zweifel daran gelassen werden, dass alle Staaten gleichermaßen an Recht und Gesetz gemessen werden. Und schließlich sollte die EU selbst Vorbild und Vorreiter in Sachen Rechtstreue sein. »Gegen Demokraten helfen nur Soldaten«, sagte der preußische König Friedrich Wilhelm IV. Gegen Rechtsextreme helfen nur Rechtschaffenheit und Rechtsstaatlichkeit.

Von Friedrich Wilhelm IV können wir nicht viel über den angemessenen Umgang mit Problemen lernen. Wir wenden uns jetzt einem Herrscher zu, der in dieser Hinsicht das genaue Gegenteil war. Er nahm eine schwerwiegende Änderung seiner prestigegeladenen Pläne und viel öffentliches Gespött in Kauf, um entstandene Probleme sachgerecht lösen zu können. Dadurch hat sein Werk bis in unsere Tage überdauert.

4. KAPITEL

SYSTEMAUSFÄLLE HEUTE UND MORGEN

Snofru war der erste Pharao der 4. Dynastie. Er war König von Ober- und Unterägypten und regierte ungewöhnlich lange, möglicherweise fast 50 Jahre. Er starb vor mehr als 4600 Jahren.

Wie es sich für einen archaischen Gottkönig gehört, wollte Snofru sich mit bedeutenden Bauprojekten einen Namen machen. Das ist ihm auch gelungen! Das ehrgeizigste dieser Projekte war die Errichtung der ersten ägyptischen Pyramide. Zum Andenken und zur Anbetung des Königs sollte sie in perfekter geometrischer Form die stolze Höhe von 125 Metern erreichen.

Daraus wurde leider nichts. Denn es erwies sich im Laufe des Bauvorhabens, dass der geplante Neigungswinkel der Pyramide von rund 60 Grad zu steil war. Bei diesem Winkel war die Schichtung des Baumaterials statisch nicht ausgereift, sodass der nach innen wirkende Druck die Stabilität von Gängen und Grabkammern beeinträchtigte. Es war ja auch die erste Pyramide, die je gebaut wurde. Nach einigen Experimenten senkten die Baumeister auf einer Höhe von 47 Metern den Neigungswinkel auf nur noch 43 Grad, sodass die vollendete Pyramide sich mit einer Gesamthöhe von 105 Metern bescheiden musste.

Ästhetisch ist die sogenannte Knickpyramide des Snofru eher missraten. Dafür aber ist sie der wahrscheinlich erste Beleg für einen Herrscher, der im Verlauf eines mehrjährigen Projekts die jeweils neuesten wissenschaftlichen und technischen Erkenntnisse berücksichtigte und sein Vorhaben dem neuen Erkenntnisstand anpasste. Das zeugt von einem aufgeklärten Herrscher, der bereit ist, die eigenen Ambitionen zurückzustellen, wenn dies wissenschaftlich angezeigt ist.

Ohne altägyptische Wissenschaftler unterschätzen zu wollen, spricht manches dafür, dass Snofru noch nicht wusste, was ein Dieselmotor ist. Noch dass er je von Stickstoffdioxid (NO_2) gehört hatte. Dennoch sind wir mit Snofru genau bei diesem Thema. Denn es wäre nicht unangemessen, wenn die EU-Kommission ihre Maßnahmen im Rahmen des mehrjährigen Projekts »Saubere Luft« ebenfalls ab und zu dem jeweiligen wissenschaftlichen Erkenntnisstand anpassen würde.

Stickstoffdioxid ist ein rotbraunes, in hohen Konzentrationen giftiges Gas, das von Dieselmotoren erzeugt wird. Es entsteht auch in anderen Zusammenhängen. In Wohnungen geht es auf Gasherde, Kerzen oder das Rauchen von Zigaretten zurück. Ab welcher Konzentration dieses Gas für den Menschen gesundheitsgefährdend ist, ist eine Frage, die modernen Wissenschaftlern zur Beantwortung vorgelegt werden muss.

Genau das war auch die Absicht der Europäischen Union. Im Jahre 1985 befasste sich die damalige EWG erstmals mit NO_2. In einer Richtlinie wurde geregelt, dass zum Schutz der menschlichen Gesundheit und der Umwelt ein Grenzwert für Stickstoffdioxid von 200 µg/m³ (pro Jahr) festzulegen sei.[1] Dabei hielt der Gesetzgeber ausdrücklich fest:

»Dieser Wert muss auf den Ergebnissen der im Rahmen der Weltgesundheitsorganisation durchgeführten Arbeiten beruhen, und zwar vor allem auf den für diesen Schadstoff ermittelten Relationen zwischen Dosis und Wirkungen.«

Woher der 1985 festgesetzte Grenzwert von 200 µg/m³ kam, geht aus der Richtlinie nicht hervor. Das macht nichts, denn 200 µg/m³ ist kein Grenzwert, der uns heute Kopfzerbrechen machen würde. Heute gilt ein Grenzwert von 40 µg/m³ und dieser sehr viel niedrigere Wert führt

---

1 Richtlinie des Rates vom 7. März 1985 über Luftqualitätsnormen für Stickstoffdioxid (85/203/EWG).

zu den Diesel-Fahrverboten in Innenstädten, zu einem erheblichen Vermögensverlust für Eigentümer von Fahrzeugen mit Dieselmotor und zu einer schwerwiegenden Rufschädigung eines leistungsfähigen, erfolgreichen und klimafreundlichen Antriebsaggregats.

4.1 Die bizarre Ermittlung eines Grenzwerts für Stickstoffdioxid

Deshalb ist es interessant, nachzuvollziehen, wie der niedrigere Grenzwert zustande kam. Er findet sich erstmals 1999 in einer neuen Richtlinie des Rates,[2] die verschiedenen Schadstoffen in der Luft gewidmet ist (Schwefeldioxid, Stickstoffdioxid und Stickstoffoxide, Partikel und Blei). In dieser Richtlinie wird eine sofortige Senkung des bisher gültigen Grenzwertes auf 60 µg/m³ und anschließend eine weitere lineare Reduktion vorgeschrieben, sodass nach zehn Jahren, ab 1. Januar 2010, der neue Grenzwert von 40 µg/m³ verbindlich ist.

Das wirft zwei Fragen auf. Erstens: Aufgrund welcher wissenschaftlichen Erkenntnisse erschien eine Senkung des Grenzwertes von 200 µg/m³ auf 40 µg/m³ geboten? Zweitens: Hat man bedacht, welche wirtschaftlichen Auswirkungen ein sehr viel niedrigerer Grenzwert auf die Fahrer von Dieselfahrzeugen und auf die Autoindustrie haben würde?

Die erste Frage betrifft den Schutz der menschlichen Gesundheit. Dies ist eindeutig das übergeordnete Ziel: Wenn Stickstoffdioxid Gesundheitsschädigungen hervorruft, dann muss der Grenzwert so niedrig angesetzt werden, dass dies nicht mehr vorkommen kann. Egal, welche wirtschaftlichen Auswirkungen dies hat: Es ist eine Selbstverständlichkeit, dass die menschliche Gesundheit vorgeht. Das gilt selbstverständlich auch für andere Verschmutzungen der Atemluft, wie sie zum Beispiel durch Feinstaub, Kohlenstoffmonoxid oder Schwefeldioxid ver-

---

2   Richtlinie 1999/30/EG des Rates vom 22. April 1999 über Grenzwerte für Schwefeldioxid, Stickstoffdioxid und Stickstoffoxide, Partikel und Blei in der Luft.

ursacht werden können. Klar ist, dass auch – und gerade – die Gesundheit von besonders verletzlichen Personen geschützt werden muss: von kleinen Kindern zum Beispiel, Lungenkranken oder alten Menschen. Erst bei Grenzwerten, die so niedrig sind, dass es wissenschaftlich umstritten ist, ob überhaupt irgendjemand gesundheitliche Beeinträchtigungen hinnehmen muss, fängt eine gewisse Grauzone an: Es gibt dort keine scharfe Abgrenzung zwischen schädlich und unschädlich.

In dieser Grauzone ist politisch zu entscheiden, inwieweit man wirtschaftliche Interessen gegen zusätzliche Sicherheit abwägen möchte. Man könnte sich dafür entscheiden, den Grenzwert noch niedriger anzusetzen, um das Restrisiko zu minimieren, oder man könnte eventuelle Restrisiken als vertretbar ansehen, wenn es andererseits gelingt, durch einen nicht allzu strikten Grenzwert Arbeitsplätze und Einkommen zu erhalten. Aber diese Frage wird erst relevant, wenn der unabdingbare Schutz der Gesundheit gewährleistet ist.

Deshalb beginnen wir mit der ersten Frage: Welche wissenschaftlichen Erkenntnisse bewogen die EU, eine Senkung des Grenzwerts von 200 µg/m³ auf 40 µg/m³ anzustreben? Ganz dringlich scheint dies nicht gewesen zu sein, denn sonst hätte die Richtlinie von 1999 dafür nicht einen Zeitraum von zehn Jahren eingeräumt.

Netterweise hat die Richtlinie von 1985 bereits abgesteckt, woran man sich zu orientieren hat: an den Ergebnissen der Weltgesundheitsorganisation. Man darf also vermuten, dass zwischen 1985 und 1999 neue wissenschaftliche Erkenntnisse über das Schädigungspotential von Stickstoffdioxid erarbeitet wurden, die es für die EU erforderlich machten, wie Pharao Snofru auf die Fachleute zu hören und den Grenzwert von 200 µg/m³ zu knicken.

Erstaunlicherweise aber gab es keine neuen Erkenntnisse der Weltgesundheitsorganisation. Alexander Kekulé, der Direktor des Instituts für Biologische Sicherheitsforschung in Halle, schreibt dazu:[3]

---

3   Vgl. Die Zeit, 2018/46. Die Darstellung in diesem Teil des Kapitels stützt sich mehrfach auf Kekulés Aufsatz.

»Bei Asthmatikern lassen sich mit modernen Messgeräten ab etwa 180 µg/m3 biochemische Effekte auf der Schleimhaut und eine leichte Anspannung der Bronchialmuskulatur nachweisen; gesunde Menschen reagieren erst auf sechsmal höhere Konzentrationen. Diese Abwehrreaktionen, die auch durch Kälte und andere natürliche Reize provoziert werden, sind nur vorübergehend und hinterlassen keinen bleibenden Schaden.«

Dies scheint auch in den Neunzigerjahren der Erkenntnisstand gewesen zu sein. Im Oktober 1995 hatte eine Expertengruppe der Weltgesundheitsorganisation (WHO) das Thema beraten. Mangels ausreichender wissenschaftlicher Evidenz lehnte sie es ab, irgendwelche Empfehlungen über kritische Niveaus von NO_2 abzugeben.

Das war mehr als ärgerlich für diejenigen in Europa, die niedrigere Schwellenwerte wollten. Denn die Richtlinie von 1985 hatte eindeutig die Arbeitsergebnisse der WHO als maßgeblich für die Bestimmung des zulässigen Grenzwerts festgelegt. Man konnte also nicht einfach jemand anderen beauftragen.

Es gab nämlich einige Studien, die zu dem Ergebnis gekommen waren, dass Menschen, die höheren NO_2-Konzentrationen ausgesetzt waren, häufiger an Lungenleiden erkrankten. Allerdings gab es auch Studien mit gegenteiligem Ergebnis. Und die Studien, die eine Wirkung von NO_2 auf die Häufigkeit von Lungenerkrankungen behaupteten, litten darunter, dass sie keine Daten nutzten, die einen Dosis-Wirkungs-Zusammenhang dokumentierten. Vielmehr waren die Menschen, die an Lungenkrankheiten erkrankten, auch anderen gesundheitsschädigenden Einflüssen ausgesetzt, die in den Datensammlungen nicht befriedigend erfasst waren. Dazu gehörten zum Beispiel das Rauchen, der Zustand der Wohnung, erlittene Virusinfektionen, soziale Umstände und Arbeitsplatzbedingungen.

Die Sachlage war also höchst unklar, während die gesetzliche Lage klar war: Der bestehende Grenzwert sollte aufgrund von Arbeitsergebnissen der WHO angepasst werden (die es nicht gab), und zwar insbesondere auf der Basis von klaren Dosis-Wirkungs-Relationen (die es auch nicht gab).

Dennoch gab es in der Kommission offenbar ein starkes Bedürfnis, den Grenzwert deutlich zu senken. Anders als Pharao Snofru ließ man sich bei dem großen Projekt vom wissenschaftlichen Erkenntnisstand nicht im Mindesten beirren. Stattdessen sprach man mit der WHO und erreichte es, dass diese 1997 eine Arbeitsgruppe einsetzte, um doch zu einem Grenzwert zu gelangen. Diesmal ging man so vor, dass man Daten aus neun älteren Studien kombinierte. Alle befassten sich mit den Auswirkungen von Gasherden auf die Lungenerkrankungen von Kindern, denn Gasherde sondern NO_2 ab.

Problematisch war allerdings, dass Daten der neun Studien nicht nach denselben Maßstäben erhoben worden waren. Zum Beispiel wurden in manchen Studien auch einfacher Husten oder Erkältungen zu den Lungenkrankheiten gerechnet, während andere nur Asthma zählten. Auch alternative Erklärungsfaktoren wie die Anzahl der rauchenden Mitbewohner, das Geschlecht und der soziale Status waren in den Studien in ganz unterschiedlich starkem Umfang berücksichtigt worden. Dasselbe galt für die Art der Wohnung, die auf keinen Fall vernachlässigt werden darf, denn Gasherde gibt es sehr viel häufiger in eher minderwertigen Wohnungen.

Der schlimmste Datenmangel war aber, dass man gar nicht wusste, wie viel NO_2 in den einzelnen Wohnungen existierte. Das war auch für die Ausgangsstudien nicht erfasst worden. Deshalb schätzte die Arbeitsgruppe einfach, dass ein Gasherd die NO_2-Konzentration gegenüber einer gleichwertigen Wohnung mit Elektroherd um 40 µg/m^3 ansteigen lässt. Da kommt er her, der ominöse Grenzwert, der heute so viele Kontroversen verursacht.

Man hat aber beim besten Willen keine Dosis-Wirkungs-Analyse, wenn man die Dosis nur angenommen hat. Doch immerhin konnte die tapfere Arbeitsgruppe jetzt feststellen, dass der Effekt annahmegemäß höherer NO_2-Konzentration auf kleine Kinder, nun ja – uneindeutig war. Die Arbeitsgruppe ermittelte, dass Kinder zwischen fünf und zwölf Jahren um 20 Prozent häufiger an Lungenkrankheiten erkrankten, während kleinere Kinder keine signifikant höheren Erkrankungen zeigten.

Herr im Himmel! Man hat es als Wissenschaftler wirklich nicht leicht, wenn man Politikern einen Gefallen tun möchte. Eigentlich hätte man annehmen sollen, dass kleinere Kinder empfindlicher reagieren als größere. Hier war aber das Gegenteil der Fall. Hatte man Krankheiten der ganz Kleinen untererfasst, oder waren die älteren Kinder aus ganz anderen Gründen etwas öfter leidend?

Wie es auch immer gewesen sein mag, die Arbeitsgruppe hatte nun einmal gearbeitet und da wollte sie auch ein Ergebnis haben. Kinder einer bestimmten Altersgruppe waren in Wohnungen mit Gasherden ein bisschen öfter erkrankt, also schloss man, dass 40 μg/m³ eine irgendwie kritische Belastung sei.

Das war allerdings der Wert, den man angenommen hatte. Da lohnt ein Blick darauf, wie diese Annahme zustande kam. Es gab andere Untersuchungen, in denen gemessen worden war, um wie viele Mikrogramm pro Kubikmeter Luft ein Gasherd die Konzentration von NO_2 in der Wohnung erhöht. Diese Untersuchungen schwankten zwischen 8 μg/m³ und 2500 μg/m³! Mit dem Mut der Verzweiflung hatte die Arbeitsgruppe dann offenbar geschlossen, dass es im Durchschnitt 40 μg/m³ sind.

Wie man bei einer Spanne zwischen 8 μg/m³ und 2500 μg/m³ auf einen Durchschnittswert von 40 μg/m³ kommt, will ich hier lieber nicht hinterfragen. Aber es sei doch darauf hingewiesen, dass man auch 400 μg/m³ hätte annehmen können. Dann hätte die Arbeitsgruppe festgestellt, dass 400 μg/m³ der möglicherweise kritische Wert für die Fünf- bis Zwölfjährigen ist, während die Kleinkinder diese Konzentration gut vertragen. Solch ein Ergebnis wäre in der Kommission vielleicht mit Missvergnügen aufgenommen worden.

4.2 Wahn und Wissenschaft

Die Posse hat noch weitere Akte:

Die WHO-Arbeitsgruppe hatte den Wert von 40 μg/m³ als Durchschnittswert geliefert. Das soll heißen: Im Jahresdurchschnitt sollte der

Mensch keiner höheren Konzentration als 40 µg/m³ ausgesetzt sein. Kein Problem also, wenn NO2 im Verlauf des Jahres manchmal höher und manchmal niedriger ausfällt, Hauptsache, der Durchschnitt liegt bei 40 µg/m³. Die Kommission widmete den Durchschnittswert dann aber in einen Höchstwert um: Nie solle ein Mensch innerhalb eines Jahres einer höheren Konzentration ausgesetzt sein. Offensichtlich liegt der Durchschnittswert dann deutlich niedriger als 40 µg/m³, denn in der freien Natur zum Beispiel liegen die NO2-Konzentrationen nur zwischen null und 9 µg/m³.

Solange man also nicht unbedingt dauerhaft neben einem Hotspot steht, ist auch eine temporär merklich höhere Konzentration nicht von Schaden. Zum Beispiel hat man über den Zeitraum von einer Stunde Belastungen von bis zu 2000 µg/m³ gemessen, ohne körperliche Schäden festgestellt zu haben.

Die Kommission aber hatte ein Ergebnis, informierte den Rat, und der Rat beschloss die Richtlinie von 1999. (Damals war das Europäische Parlament noch nicht Gesetzgeber). Peinlich war nur, dass ein Jahr später die WHO einen Ratgeber herausgab, in dem sich zum Thema NO2 folgende Angaben fanden:[4]

Erstens: Es gibt keine Dosis-Wirkungs-Daten für Menschen. Lediglich einige wenige Studien mit Auswirkungen auf Tiere sind verfügbar. Zweitens: An gesunden Menschen lässt sich keinerlei negativer Effekt zeigen, wenn sie bis zu zwei Stunden lang einer Konzentration von 1880 µg/m³ ausgesetzt sind. Drittens: Die niedrigste Konzentration, die bei Asthmatikern erste leichte Reaktionen hervorruft, lag bei 560 µg/m³. Die Labore, die dies festgestellt hatten, konnten ihr Resultat in größeren Gruppen von Versuchspersonen aber nicht reproduzieren. Viertens: Wenn Tiere über Monate Konzentrationen bis zu 1880 µg/m³ ausgesetzt werden, entwickeln sie Lungenkrankheiten.

---

4   WHO Air Quality Guidelines for Europe, 2nd edition, WHO Regional Publications, European Series, No. 91, 2000.

Die WHO hatte für ihren Ratgeber alle einschlägigen Studien ausgewertet. In Bezug auf einen Grenzwert für die zulässige Jahresbelastung schrieb sie:

»Auf der Basis der ausgewerteten Studien ist es nicht möglich, einen gut unterstützten Grenzwert zu benennen.«

Um dann dienstbeflissen hinzuzufügen, man solle zur Kenntnis nehmen, dass eine frühere Arbeitsgruppe zu einer Empfehlung von 40 µg/m³ gekommen sei. Deshalb wolle man ebenfalls diesen Wert empfehlen.

Man fasst sich an den Kopf. Was die WHO schreibt, entbehrt jeder Logik. Es gab zwei Teams, die Studien ausgewertet hatten: Die famose Arbeitsgruppe von 1997 und eine zweite im Jahr 2000. Natürlich hat die zweite Arbeitsgruppe alle Studien zur Verfügung gehabt, die die erste Arbeitsgruppe benutzt hat, also alle Studien, die bis 1997 erschienen waren. Darüber hinaus hatte die zweite Arbeitsgruppe auch Kenntnis einiger neuerer Studien, die erst nach 1997 erschienen waren. Die zweite Arbeitsgruppe hatte also mehr Informationen zur Verfügung als die erste und war zu dem Ergebnis gekommen, dass man keinen belastbaren Grenzwert empfehlen könne. Wie kann sie dann einen Grenzwert empfehlen, der von der ersten Arbeitsgruppe mit *weniger* Informationen ermittelt worden war? Und dazu noch mit überaus zweifelhaften Methoden?

An der wissenschaftlichen Erkenntnis hat sich bis heute nichts geändert. Ein von der amerikanischen Umweltbehörde im April 2018 erstellter Überblick über wissenschaftliche Studien zum Thema NO2 kam zu dem Ergebnis, dass es keinerlei neue Erkenntnisse gäbe, die es erforderten, dass der seit 1971 gültige amerikanische Grenzwert von 100 µg/m³ geändert werden müsse.[5] Dessen ungeachtet verharrte die EU bei ihrem Grenzwert von 40 µg/m³. Eine neue Richtlinie von 2008

---

5   United States Environmental Protection Agency (2018): »Primary National Ambient Air Quality Standards for Nitrogen Dioxide«.

schrieb ihn unverändert fort.[6] Es ist ja wirklich nicht einzusehen, weshalb man einen Fehler korrigieren soll, nur weil die Wissenschaft nicht imstande ist, den Nachweis für die Richtigkeit des Wertes zu erbringen!

4.3 Kontrollverlust: Großer wirtschaftlicher Schaden für Dieselfahrer

Wenden wir uns der zweiten Frage zu. Mit dem Grenzwert von 40 µg/m³ scheint man deutlich unterhalb des Graubereichs zu sein, in dem es zumindest völlig unklar ist, ob überhaupt leichte Schädigungen der menschlichen Gesundheit zu befürchten sind. Hat man bedacht, welche wirtschaftlichen Auswirkungen ein Grenzwert von 40 µg/m³ auf die Fahrer von Dieselfahrzeugen und auf die Autoindustrie haben würde?

Ich will die wirtschaftlichen Auswirkungen hier gleich eingrenzen auf die Frage nach innerstädtischen Fahrverboten. Das ist der mit Abstand gravierendste wirtschaftliche Schaden und er betrifft vor allem die Nutzer. Die Hersteller sind weniger betroffen, denn sie verkaufen Neuwagen und haben mit der Schadstoffklasse Euro 6 kein größeres Problem. Aber die Käufer, die Euro 5 oder darunter gekauft hatten, haben den Schaden. Ein Auto, das nicht überall fahren kann, ist nicht sonderlich viel wert. Hat man bedacht, dass ein Grenzwert von 40 µg/m³ zu Fahrverboten in Innenstädten führen könnte?

Augenscheinlich nicht. Es ist unvorstellbar, dass der Rat, als er 1999 den Grenzwert von 40 µg/m³ erstmals beschloss, gewollt hat oder auch nur billigend in Kauf genommen hat, dass Autobesitzer ihr Auto nicht mehr uneingeschränkt nutzen können. Vielmehr hat der Rat einfach ein Gesetz gemacht, ohne seine Folgen zu bedenken. Es klang gut, dass man sich für saubere Luft einsetzt. Offenbar hatte niemand eine Vor-

---

6   Richtlinie 2008/50/EG des Europäischen Parlaments und des Rates vom 21. Mai 2008 über Luftqualität und saubere Luft für Europa.

stellung davon, was erforderlich sein würde, um das gesetzlich fixierte Ziel auch zu erreichen.

Die deutschen Verwaltungsgerichte sind nun der Auffassung, dass es nur eine Möglichkeit gibt, um sich gesetzestreu zu verhalten: Bei Überschreitungen des Grenzwertes müssen innerstädtische Fahrverbote für alle Dieselfahrzeuge der Schadstoffklassen Euro 5 und darunter verhängt werden.

Der Schaden ist also da. Er ist gewaltig und er liegt im Wesentlichen bei denen, die keinerlei Schuld an dem Schlamassel haben: den Autofahrern. Den Autofahrern, die ihren Diesel möglicherweise gekauft haben, weil sie klimafreundlich fahren und wenig CO_2-Emissionen verursachen wollten.

Wir haben einen Kontrollverlust. Diesmal nicht auf der Ebene der EU, sondern eindeutig auf der nationalen Ebene. Die Situation ist außer Kontrolle geraten: Man hat eine Gesetzeslage, man hat technische Gegebenheiten für Emissionen von Dieselmotoren, man hat ein bestimmtes Verkehrsaufkommen in Großstädten und man hat detaillierte Vorschriften der EU, wann und wie Emissionen zu messen sind. Aber es passt nicht zusammen. Nicht so, dass die Autos einfach fahren dürfen.

Was können die Dieselfahrer machen? Entweder sie finden sich mit dem Fahrverbot ab, oder sie finanzieren die Nachrüstung ihres Wagens. Beides belastet sie finanziell, obwohl sie völlig unschuldig sind. Eine solche Situation darf die Politik nicht herbeiführen und deshalb bezeichne ich sie als Kontrollverlust.

Es gäbe natürlich auch die Möglichkeit, dass der Staat die Nachrüstung finanziert. Das klingt schon besser für den Dieselfahrer, aber es bleibt dieselbe Misere. Denn es ist ja nicht der Staat, der die Nachrüstung finanziert, es ist der Steuerzahler. Den Schaden, der aus dem Versagen der Politik entsteht, tragen in jedem Fall die Bürger. Entweder alle Autofahrer oder nur die mit einem Diesel. In jedem Fall trifft es die Unschuldigen.

Von allen schlechten Lösungen ist die steuerfinanzierte Nachrüstung noch die beste. Das Wort Solidarität wird oft überstrapaziert und missbraucht, aber hier ist es angebracht, Solidarität zu üben. Die Dieselfahrer sind unschuldig das Opfer eines Politikversagens geworden. Wenn man es anders nicht heilen kann, dann sollten alle Bürger die Last gemeinsam schultern.

Wenn man es anders nicht lösen kann! Grundsätzlich gibt es neben drei schlechten Lösungen auch eine gute. Theoretisch jedenfalls. Die gute Lösung ist sehr einfach: Man hebt den wissenschaftlich nicht fundierten Grenzwert an. Wenn man von 40 µg/m³ auf die amerikanischen 100 µg/m³ ginge, wäre schon viel gewonnen. Wenn man zumindest vorübergehend 200 µg/m³ erlauben würde, würden die deutschen Lungenärzte auch nicht von Patienten überrannt werden. Erinnern Sie sich: 200 µg/m³ ist der Wert, der 1985 noch goldrichtig war.

Das Problem mit der guten Lösung ist aber wieder ein EU-Problem: Deutschland hat gar keine Möglichkeit, den Grenzwert hochzusetzen. Deutschland hat im Rat kein Recht zu einer Gesetzesinitiative und die deutschen Europaabgeordneten haben das auch nicht. Die Gesetzesinitiative liegt allein bei der Kommission. Das ist eine der Kompetenzübertragungen, die wir der EU bewilligt haben: Das Recht zur Gesetzgebung im Bereich der Luftreinhaltung haben wir der EU übertragen.

Man muss allerdings feststellen, dass die Bundesregierung geschlafen hat. Tief und fest. Seit 1999 war bekannt, dass ab Januar 2010 der Grenzwert von 40 µg/m³ einzuhalten ist. Seit 1999 war die Bundesregierung verpflichtet, dafür zu sorgen, dass dieser Grenzwert eingehalten werden kann. Irgendwann hätte bei der Bundesregierung der Groschen fallen können, dass das wohl nicht klappen wird. Dass Fahrverbote drohen. Oder Nachrüstungen erforderlich werden. Wenn man nicht den Grenzwert hochsetzt.

Und dazu hätte die Bundesregierung die Gelegenheit gehabt. Die Richtlinie von 1999 ist 2008 durch eine neue Richtlinie ersetzt worden. Die Kommission hatte die Initiative ergriffen und die Neufassung vorgeschlagen. Nur zwei Jahre bevor der zu tief angesetzte Grenzwert von 40 µg/m³ verbindlich werden sollte, bekam die Bundesrepublik diesen Elfmeter geschenkt. Sie hätte ihn nur verwandeln müssen. Sie hätte nur etwas Vorausschau und Durchsetzungswillen haben müssen. Dann hätte sie sicherstellen können, dass in der neuen Richtlinie kein Grenzwert mehr auftaucht, der die deutschen Dieselfahrer massiv schädigt.

Die Fahrverbote sind der Kontrollverlust. Wo kam er her? Gab es auch hier einen Systemausfall?

Natürlich gab es ihn, auch wenn er nicht so leicht zu erkennen ist. In einfachen Worten: Der Systemausfall besteht darin, dass die Kommission nicht kontrolliert wurde. Der Wissenschaft zum Trotz erlag die Kommission dem Wahn, dass der Grenzwert gesenkt werden musste. Sie setzte alle Hebel in Bewegung, um das zu erreichen. Niemand hinderte sie. Die Kommission war eine Exekutive, die nicht kontrolliert wurde. Ein Grundgebot der parlamentarischen Demokratie war verletzt: Die Regierung muss von einem Parlament kontrolliert werden.

Natürlich gab es auch 1999 schon das Europaparlament. Aber es hatte nicht viel zu sagen. Bei der Gesetzgebung hatte es nur beratende Stimme und eine Kontrolle der Kommission konnte es erst recht nicht ausüben.

Der eigentliche Gesetzgeber war damals der Rat. Er hatte die Macht. Er hätte die Kommission kontrollieren müssen. Aber dabei hat er versagt. Warum?

Denken Sie an den Hauptmann von Köpenick. Der vermeintliche Hauptmann war kein Hauptmann, sondern ein entlassener Zuchthäusler. Er hatte sich in einem Second-Hand-Laden eine alte Hauptmannsuniform gekauft und übernahm dann kraft der Befehlsgewalt seiner Uniform einen Zug zufällig vorbeimarschierender Soldaten. Deren Kommandanten schickte er wie einen unartigen Schulbuben zurück in die Kaserne und dann besetzte er das Köpenicker Rathaus, um sich mit der Stadtkasse aus dem Staub zu machen.

Das alles klappte nur wegen der blinden Autoritätshörigkeit seiner Umwelt. Seine Soldaten, deren Befehlshaber, der Bürgermeister von Köpenick, niemand hinterfragte die Autorität des verkleideten Schusters Wilhelm Voigt.

So wie niemand die Autorität der WHO hinterfragt hat. Der System-ausfall war ein Totalausfall des kritischen Denkens. Wenn der Rat sich die Mühe gemacht hätte, ein paar unabhängige Experten heranzuzie-hen, hätte alles ganz anders ausgehen können. Die Experten hätten sich die Methodik der Arbeitsgruppe angeschaut und sie für hanebü-chen erklärt. Sie hätten den Rat darauf hingewiesen, dass die Kommis-sion einen Durchschnittswert unzulässig als Maximalwert verkauft. Sie hätten ihre eigene Auswertung des Forschungsstandes vorgelegt und mehr Gelassenheit empfohlen.

Aber so war es nicht. Die Kommission kam zum Rat mit der An-gabe, dass die Weltgesundheitsorganisation 40 µg/m^3 als Grenzwert empfehle. Da klappte der Rat die Hacken zusammen und salutierte.

Wo wir schon beim Militär sind, setzen wir auch mit dem Militär fort.

4.4 Im Kriegseinsatz gefallen

Der Hauptfeldwebel Georg Missulia (30), der Stabsgefreite Konstantin Menz (22) und der Hauptgefreite Georg Kurat (21) warten am 18. Feb-ruar 2011 in einem Außenposten in Nordafghanistan, etwa eine Stunde südlich von Kundus, auf ihr Fahrzeug. Sie sind die Besatzung eines Marder-Panzers des Panzergrenadier-Bataillons 112 der Bundeswehr. Seit mehr als vier Monaten sind sie in Afghanistan gemeinsam mit af-ghanischen Soldaten im Einsatz. In wenigen Tagen sollen sie abgelöst werden und nach Deutschland zurückkehren. Doch daraus wird nichts. Während die Soldaten sich arglos die Zeit vertreiben, entsichert plötz-lich ein afghanischer Soldat seine Waffe und feuert aus nächster Nähe los. Missulia, Menz und Kurat sterben, sechs weitere Soldaten werden zum Teil schwer verletzt.[7]

---

7   Über diesen und andere tödliche Vorfälle in Afghanistan berichtete die Frankfurter Rundschau am 15.6.2011.

Insgesamt sind bislang bei dem Afghanistan-Einsatz der Bundeswehr 58 Soldaten ums Leben gekommen, darunter auch eine Frau. Meistens junge Leute, viele davon zwischen 18 und 29 Jahren alt. Beim Bundeswehreinsatz im Kosovo starben 27 Soldaten, beim Einsatz in Bosnien-Herzegowina fanden 19 junge Männer den Tod. In der früheren französische Kolonie Mali ließen bislang zwei deutsche Soldaten das Leben.

Zu den Toten kommen die Verwundeten. Manche sind für den Rest ihres Lebens verstümmelt. Manchen wurde eine Hand abgerissen oder der Arm oder beide Beine. Besonders tückisch sind improvisierte Granaten, sogenannte IEDs (improvised explosive devices), die am Straßenrand versteckt werden. Bei ihrer Zündung werden den Soldaten explosionsartig Splitter und Dreck von unten ins Gesicht getrieben. Bei den überlebenden Soldaten führt das zu schweren Kopfverletzungen, die sie entstellen, ihnen ihr Augenlicht nehmen oder Teile des Gehirns schädigen.

Bis 1990 gab es keine Einsätze der Deutschen Bundeswehr außerhalb des NATO-Vertragsgebietes. Dies lag nicht nur daran, dass Deutschland als der eindeutige Aggressor des Zweiten Weltkrieges sich militärische Zurückhaltung auferlegt hatte. Es wurde auch gestützt durch den Wortlaut des Grundgesetzes, das die Bundeswehr klar auf ihren Verteidigungsauftrag ausrichtet: »Der Bund stellt Streitkräfte zur Verteidigung auf«, heißt es im ersten Satz von Artikel 87.

Dem Beitritt der Bundesrepublik zur NATO 1955 stand dies nicht im Wege, weil das Grundgesetz es in Artikel 24 außerdem zulässt, dass die Bundesrepublik Deutschland sich in ein System der »gegenseitigen kollektiven Sicherheit« einordnet. Als ein solches gelten nach Rechtsprechung des Bundesverfassungsgerichts sowohl die NATO als auch die Vereinten Nationen (UN). Allerdings verlangt das Bundesverfassungsgericht einen sogenannten Parlamentsvorbehalt: Der Deutsche Bundestag muss jedem Einsatz außerhalb des NATO-Vertragsgebietes ausdrücklich zustimmen.

Seit 1990 hat die Bundeswehr in diesem Rahmen zunehmend Einsätze auch außerhalb des NATO-Vertragsgebietes bestritten. Derzeit zum Beispiel sind Bundeswehrsoldaten im Kosovo, in Syrien, Afghanistan, im Irak, im Sudan, im Südsudan, in Somalia, in der Westsahara, in Mali und im Senegal im Einsatz. Diese Auslandseinsätze finden in Konfliktregionen statt und sind daher ungleich gefährlicher als Aktivitäten der Bundeswehr in dem durchweg friedlichen Vertragsgebiet der NATO. Es ist angesichts der Toten und Verwundeten aus solchen Einsätzen nicht nur juristisch, sondern auch inhaltlich geboten, dass der Bundestag die Entscheidung über jeden einzelnen Einsatz trifft. In diesen Einsätzen wird deutschen Bürgern abverlangt, ihr Leben und ihre Gesundheit aufs Spiel zu setzen. Das darf nicht leichtfertig geschehen. Es ist ethisch nur zu rechtfertigen, wenn es eindeutig dem Allgemeinwohl dient, solche Gefahren auf sich zu nehmen. Niemand anders als der Bundestag ist befugt, dies zu entscheiden.

4.5 Die Europaarmee

Das ist der Status quo. In der Zukunft könnte er sich ändern. Denn die EU strebt nach einer eigenen Armee.

Wieder würde damit eine Aufgabe, die bislang national wahrgenommen wird, auf die EU-Ebene verlagert werden. Und die Entscheidung über die Frage, ob deutsche Soldaten ihr Leben in einem Kampfeinsatz wagen müssen, würde dann nicht mehr vom Bundestag getroffen werden. Zuständig wäre vielmehr das Europaparlament, in dem Deutschland nur rund 13 Prozent der Abgeordneten stellt.

Man kann natürlich angesichts der regelmäßigen Meldungen über desaströse Ausrüstungsmängel und fehlende Einsatzfähigkeit der Bundeswehr mit Fug und Recht daran zweifeln, dass die Aufgabe der Landesverteidigung von der Bundesregierung optimal wahrgenommen wird. Aber immerhin haben wir innerhalb des NATO-Gebietes seit 70 Jahren Frieden. Und ob die Europäische Union ihre Armee besser ausrüsten, besser organisieren und besser finanzieren würde als Deutschland die Bundeswehr, ist a priori nicht klar. Wenn die Bundeswehr der Maßstab ist, muss man sagen: Es gibt viel Luft nach oben. Aber auch viel Luft nach unten.

Was hat die Bundeskanzlerin dazu zu sagen? Im November 2018 hielt sie im Europaparlament eine Rede zur Zukunft Europas. Dabei forderte sie:»Wir sollten an der Vision arbeiten, eine echte europäische Armee zu schaffen!«

Das ist eine eigenartige Rhetorik. Normalerweise *arbeitet* man nicht an Visionen. Man hat Visionen oder man hat keine Visionen. Wenn Frau Merkel eine Vision hat, dann hat sie offenbar die Vision einer europäischen Armee. Wenn Frau Merkel keine Vision hat, dann streichen wir das»Arbeiten an der Vision« aus der Rhetorik und sehen, dass Frau Merkel eine europäische Armee schaffen will.

Letztlich läuft es wohl auf dasselbe hinaus. Sie wollte es nur so verpacken, dass man denkt, es läge ja noch in weiter Ferne: Wir arbeiten noch an der Vision. Aber die Realität ist: Erste europäische Kampfeinheiten (die sogenannten EU-Battlegroups) gibt es schon. Am 11. Dezember 2017 wurde von 25 EU-Staaten PESCO[8] gegründet, eine ständige strukturierte Zusammenarbeit in militärischen Angelegenheiten. Diese stützt sich auf die Rechtsgrundlage für eine EU-Armee, die im Lissabon-Vertrag geschaffen wurde (Artikel 42 EU-Vertrag). Dort heißt es:

»Die gemeinsame Sicherheits- und Verteidigungspolitik umfasst die schrittweise Festlegung einer gemeinsamen Verteidigungspolitik der Union. Diese führt zu einer gemeinsamen Verteidigung, sobald der Europäische Rat dies einstimmig beschlossen hat.«

Ferner wird ein Mandat für friedenssichernde Einsätze jenseits des bloßen Verteidigungsauftrags gewährt. Angestrebt wird eine auf »zivile und militärische Mittel gestützte Operationsfähigkeit. Auf diese kann die Union bei Missionen außerhalb der Union zur Friedenssicherung, Konfliktverhütung und Stärkung der internationalen Sicherheit in Übereinstimmung mit den Grundsätzen der Charta der Vereinten Nationen zurückgreifen.«

---

8   Permanent Structured Cooperation.

Alles das ist noch lange keine europäische Armee. Aber es soll eine europäische Armee geben. »Eine gemeinsame Armee würde der Welt zeigen, dass es in Europa nie wieder Krieg gibt«, sagte die Kanzlerin. Wenn sie da mal recht hat. Eine gemeinsame jugoslawische Armee hat jedenfalls nicht verhindert, dass es in Jugoslawien in den Neunzigerjahren einen ganz schrecklichen Krieg gab. Zur Friedenssicherung braucht man wohl mehr als eine gemeinsame Armee. Den Frieden zwischen den Nachfolgestaaten Jugoslawiens hat übrigens nicht die EU herbeigeführt, sondern die NATO.

Insofern überrascht die Forderung nach einer EU-Armee. Die EU hat sich ja schon immer – ganz ohne Armee – als großes Friedensprojekt gebrüstet. Ein bisschen schmückt sie sich dabei wohl mit fremden Federn, denn die NATO hat nicht nur auf dem Westbalkan, sondern in ganz Europa sehr wesentlich zum Frieden beigetragen.

Dennoch soll die friedensstiftende Wirkung der EU nicht kleingeredet werden. Die Versöhnung zwischen Deutschland und Frankreich (oder allgemeiner: zwischen Deutschland und seinen früheren Kriegsgegnern) fand eindeutig im Rahmen der europäischen Einigung statt. Und durch die Aufnahme der osteuropäischen Staaten hat die EU in einer sicherheitspolitisch schwierigen Zeit maßgeblich die Stabilität in Osteuropa befördert. Der wirtschaftliche Aufschwung, der damit einherging, hat die jungen Demokratien stabilisiert. Kränkelnde oder gescheiterte Staaten an unserer Ostgrenze wurden so verhindert. Das ist eine bedeutende Leistung.

Andererseits kann man auch ohne EU in Frieden leben. Denken wir an Zeiten, als es noch keine EU gab, sondern nur ihre kleineren Vorläufer EWG und EG. Die Staaten, die damals noch nicht dabei waren, beispielsweise Großbritannien, Irland, Dänemark, Portugal, Spanien, ganz Skandinavien und natürlich die Schweiz, haben sich auch nicht bekriegt. Es gab auch keine militärischen Auseinandersetzungen mit der EU. Alle diese Staaten hatten entspannte und nahezu konfliktfreie Beziehungen zueinander. Entscheidend für den Frieden ist vermutlich weniger die institutionelle Gestalt der EU. Viel wichtiger ist zunächst einmal, dass der Bevölkerung die Kriegsbegeisterung abhandengekommen ist. Gott sei Dank! Wichtig ist auch die Tatsache, dass moderne Staaten sich demokratisch und rechtsstaatlich organisieren. Militärische Konflikte zwischen Demokratien sind selten. Denn Krieg, früher als letztes Mittel der Politik angesehen, kann zwischen Demokratien kaum ausbrechen, wenn die Menschen gar keine Lust auf Krieg haben. Dennoch ist der Frieden in Europa keine Selbstverständlichkeit. Der jugoslawische Bürgerkrieg und der Krieg in der Ukraine erinnern uns daran, dass auch auf europäischem Boden Krieg, Tod und Leid wieder möglich geworden sind. Insofern ist die Frage nach der angemessenen Sicherheitsstruktur brandaktuell und von großer Bedeutung.

Derzeit wird diese Sicherheitsstruktur militärisch durch die NATO gewährleistet. Die Verteidigungsfähigkeit der NATO wiederum fußt auf dem wirtschaftlichen Erfolg und der politischen Stabilität ihrer Mitglieder. Zu dieser Stabilität hat die Europäische Union entscheidend beigetragen. Insofern ruht unsere Sicherheitsarchitektur auf zwei Säulen. Da sie sich bewährt hat, muss man sehr gründlich darüber nachdenken, ob eine europäische Armee sie vorteilhaft verändern würde.

Denn wir haben uns mit den Kompetenzübertragungen an die EU ja so manche blutige Nase geholt – zum Beispiel in der Währungspolitik und in der Asylpolitik. Einen Systemausfall im Bereich der militärischen Sicherheitsarchitektur können wir uns ganz gewiss nicht leisten. Da würde es nicht bei einer blutigen Nase bleiben.

4.6 Gemeinsame Armee oder Pooling und Sharing?

Ehe wir die Vor- und Nachteile einer europäischen Armee erörtern, sollten wir den Begriff klären. In der verteidigungspolitischen Debatte gibt es Konzepte der Zusammenarbeit, die als »Pooling« und »Sharing« bezeichnet werden. »Sharing« (Teilen) bedeutet, dass ein Land seine militärischen Fähigkeiten den Partnerländern zur Verfügung stellt. Zum

Beispiel könnte die Armee eines Landes eine Luftbrücke zu einem Einsatzort betreiben und diese Transportmöglichkeit auch seinen Verbündeten nutzbar machen. Oder ein Land könnte mit seiner U-Boot-Flotte nicht nur die eigenen Gewässer, sondern auch die Küsten von benachbarten Partnerstaaten sichern. Daraus können sich deutliche Kostenvorteile ergeben.

»Pooling« (Zusammenlegen) bedeutet, dass mehrere Länder ein militärisches Projekt gemeinsam betreiben. Zum Beispiel könnten Staaten über unterschiedliche Technologien zur Aufklärung verfügen und diese zusammenlegen, um möglichst umfangreiche, gute und verlässliche Informationen zu gewinnen. Oder es kann ein Flottenverband zusammengestellt werden, bei dem ein Land die Zerstörer, ein anderes die U-Boote und ein drittes hoffentlich genug Rettungsboote zur Verfügung stellt.

Pooling und Sharing wird oft als Vorzug gepriesen, wenn über eine EU-Armee gesprochen wird. Aber es gibt keinerlei logische Notwendigkeit, diesen Zusammenhang herzustellen. Im Gegenteil: Wenn wir eine EU-Armee hätten, dann würde weder Pooling noch Sharing betrieben werden, denn dann gehören ja alle Truppen, alle Waffen und alle Technologien ohnehin zur selben Armee. Beim Pooling und Sharing bleiben die kooperierenden Armeen aber gerade jeweils in nationaler Verantwortung. Es ist das, was man machen kann, wenn man keine einheitliche europäische Armee haben möchte: die Alternative zu einer einheitlichen Armee. Deshalb haben wir ein Verteidigungsbündnis wie die NATO: Dort behält jeder Staat seine militärische Souveränität und die Verteidigungsfähigkeit wird durch Pooling und Sharing aktiv vorangetrieben.

Eine europäische Armee würde einen deutlichen Schritt weiter gehen, denn die Armeen würden aus der nationalen Verantwortung der Mitgliedsstaaten herausgelöst werden und unter die Hoheit eines europäischen Verteidigungsministeriums gestellt. Dies wäre ein erheblicher Souveränitätsverlust für die Mitgliedsstaaten. Sie verlören die Befehlsgewalt über ihre Truppen, sie verlören die Letztkontrolle über den Einsatz ihrer Soldaten, sie verlören die Planungshoheit über militärische und strategische Entscheidungen und sie müssten die finanziellen Mittel, die bislang ihre Verteidigungshaushalte speisten, an das europäische Verteidigungsministerium überantworten. Zudem hätte das nationale Parlament, also zum Beispiel der Deutsche Bundestag, keinerlei Kontrolle mehr darüber, wofür diese aus Steuermitteln stammenden Gelder verwendet werden würden. Die Kontrolle läge beim Europaparlament. Das Budgetrecht des Deutschen Bundestages, oft als Königsrecht des Parlaments bezeichnet, würde erheblich ausgehöhlt werden.

Wo lägen nun die Vorteile einer europäischen Armee? Ein oft vorgetragenes Argument behauptet, dass die Beschaffung von militärischen Ausrüstungen und die Finanzierung großer Rüstungsprojekte im Rahmen einer großen gemeinsamen Armee günstiger sei. Je höher die produzierten Stückzahlen seien, desto geringer wirkten sich die Kosten von Forschung und Entwicklung auf das einzelne Rüstungsgut aus. Zugleich gäbe es sogenannte Skaleneffekte, das heißt, die durchschnittlichen Produktionskosten würden aufgrund der großen produzierten Mengen sinken.

Das ist in der Theorie zunächst alles richtig, aber es hat nichts mit einer europäischen Armee zu tun. Eine gemeinsame Entwicklung oder Beschaffung von Ausrüstungen und Waffensystemen können wir auch im Rahmen der NATO durchführen. Dies ist vor allem bei kostspieligen Rüstungsprojekten schon lange gängige Praxis. So wurde der Kampfjet »Eurofighter« von Großbritannien, Deutschland, Spanien und Italien gemeinsam entwickelt, sein Vorgänger »Tornado« von Großbritannien, Deutschland und Italien. Es spricht auch nicht das Mindeste dagegen, dass NATO-Mitglieder sich zusammentun und zum Beispiel gemeinsam ein neues Gewehr oder eine neue Haubitze beschaffen.

Wenn es also lediglich das Ziel ist, Rüstungsgüter günstiger zu beschaffen, können wir dies jederzeit im Rahmen der NATO machen. Dies wäre für alle Partner günstig und eine solche Effizienzsteigerung entspräche genau dem Ziel eines Verteidigungsbündnisses. Falls man bisher die kostensparenden Potentiale noch nicht ausgeschöpft hat, spricht nichts dagegen, dies in Zukunft besser zu tun. Man muss nicht Armeen miteinander verschmelzen, um gemeinsame Anschaffungen vornehmen zu können. Genauso wenig wie man bei einer gemeinsamen Unternehmensgründung mit dem Geschäftspartner auch gleich das Ehebett teilen muss.

Zudem ist das, was in der Theorie richtig ist, in der Praxis möglicherweise falsch. Es ist angesichts mancher Erfahrungen, die wir in der EU gemacht haben, eine völlig unbewiesene Behauptung, dass Beschaffungsprojekte Kosten sparen würden, wenn sie durch die EU als Ganzes durchgeführt werden. Es kann sehr gut das Gegenteil eintreten. Denn in der EU wird tatsächlich oft keineswegs europäisch gedacht, sondern eifersüchtig national. Es gibt ein ausgeprägtes Quotendenken: Bei großen Aufträgen will jeder Staat sein Quäntchen abkriegen. Es geht dann gar nicht primär darum, wo das beste Material für den günstigsten Preis zu bekommen ist, sondern es geht darum, dass jeder Staat ein möglichst großes Stück des Kuchens für sich und seine Industrie sichern möchte.

So kann es leicht sein, dass ein Beschaffungsprojekt am Ende in 28 Teilprojekte zerlegt wird. Jeder Mitgliedsstaat erhält Aufträge für irgendwelche Komponenten. Ein neuer Kampfjet zum Beispiel wird nach langem Feilschen dann möglicherweise so produziert, dass Staat A das Cockpit herstellen darf, Staat B die Triebwerke, Staat C die Tragflächen, Staat D den Rumpf und Staat E den Schleudersitz. Sie glauben es nicht? Bei Airbus haben wir dies in ähnlicher Form schon erlebt.

Für gemeinsame Beschaffung in einer EU-Armee zahlen wir möglicherweise den Preis komplizierter Logistik und komplexer Abstimmungserfordernisse. Weil es eben die EU ist. Zudem gibt es erhebliche Sicherheitsrisiken, denn eine Kette ist immer nur so stark wie das schwächste ihrer Glieder. Wenn nur einer der eifersüchtig verteidigten nationalen Produzenten mit Qualitäts- oder Sicherheitsmängeln zu kämpfen hat, wirkt sich das eventuell auf den ganzen Fighter aus.

Leider ist zu befürchten, dass ein europäisches Verteidigungsministerium nicht da kaufen würde, wo die Rüstungsgüter besonders gut sind, sondern da, wo sich nationales Prestigedenken hat durchsetzen können. Das kann dazu führen, dass mittelmäßige Ausrüstung erstanden wird – und dies zu einem hohen Preis. Ein schlank produzierender amerikanischer Anbieter wäre da möglicherweise vorzuziehen. Insofern spricht die Kenntnis der Abstimmungs- und Entscheidungsprozesse in der EU eher gegen eine zentralisierte Beschaffung von militärischem Material. Und schon gar nicht ist diese Beschaffung ein Grund, eine europäische Armee einzuführen.

Vielleicht aber hat das Streben nach einer europäischen Armee für manchen Politiker den verdeckten Sinn, Interessen der heimischen Rüstungsindustrie nachzukommen. Eine europäische Armee wird möglicherweise stolz ihre Waffen und Geräte in Europa kaufen wollen. Möglicherweise verspricht man sich daher bei den waffenproduzierenden Unternehmen, dass weniger Ausrüstung und Material in den USA gekauft wird, weil der Graben zwischen den USA und Europa durch mehr militärisches Selbstbewusstsein und höhere Ambitionen der EU tiefer wird. Das mag sein. Aber Spezialinteressen von Unternehmen sind kein taugliches Argument für eine europäische Armee. Für die politische Entscheidung sollte ausschließlich das Interesse der Allgemeinheit relevant sein.

Und im Interesse der Allgemeinheit ist es gerade nicht, dass der Markt, auf dem die EU ihre Rüstungsgüter kauft, de facto verkleinert wird. Je kleiner der Markt ist, umso größer ist die Marktmacht der Unternehmen, die auf diesem Markt Rüstungsgüter anbieten. Wenn europäische Unternehmen weniger lästige amerikanische Konkurrenz haben, werden sie das zu Preissteigerungen ausnutzen. Diese Preissteigerungen trägt der Steuerzahler, und das ist eindeutig nicht im Interesse der Allgemeinheit.

4.7 Die EU und die USA

In dem Maße, in dem EU-Staaten Rüstungsgüter in den USA kaufen, tun sie dies, weil die US-Produkte entweder technisch und qualitativ besser oder weil sie günstiger sind. Oder weil das Preis-Leistungs-Verhältnis besser ist. Die USA geben mit 610 Milliarden Dollar fast doppelt so viel für Rüstung aus wie die EU-Staaten mit 342 Milliarden Dollar. Sie erzielen daraus aber angeblich das Vierfache an Leistung. Wenn dem so ist, dann deutet dies darauf hin, dass die US-Rüstungsindustrie ein sehr viel besseres Preis-Leistungs-Verhältnis bietet als die europäische. Grundsätzlich wäre es also sinnvoll, dass die EU-Staaten viele Rüstungsgüter in den USA erwerben. Da eine europäische Armee aber unter starkem Druck stünde, ihre Beschaffungen in Europa vorzunehmen, würde mutmaßlich das Gegenteil erreicht werden. Technologisch sind die USA im Rüstungsbereich in den meisten Sparten führend. Auch deshalb profitieren wir im Rüstungsbereich erheblich von der militärischen Kooperation mit den USA. Wenn politisch eine größere militärische Unabhängigkeit von den Amerikanern gefordert wird, dann bedeutet dies de facto, dass wir uns stärker vom Technologieführer abkoppeln. Sollte in der langen Frist eine europäische Armee unabhängig von den Amerikanern operieren, dann wird dadurch auch unser Zugriff auf amerikanische Rüstungstechnologie nur noch sehr eingeschränkt möglich sein. Das könnte die Auswirkung haben, dass unsere eigene Rüstungsindustrie technologisch von den Amerikanern abgehängt wird, weil sie weniger produktiv und innovativ ist. Dies wäre ein erheblicher technologischer, militärischer und wirtschaftlicher Schaden. Zweifellos für die Allgemeinheit, aber daneben auch für die Spezialinteressen unserer eigenen Rüstungsindustrie.

Ein anderes Argument, das die Befürworter einer europäischen Armee anführen, ist politisch. Es zielt auf Donald Trump. Der schillernde US-Präsident zeige, dass es an der Zeit sei, sich unabhängiger von den USA zu machen. Denn auf den Schutz der Amerikaner könne man sich nicht mehr verlassen.

Das Argument ist allerdings schon im Ansatz schwierig. Wenn es stimmt, dass man sich auf Amerikas Schutz nicht mehr verlassen kann, wenn es stimmt, dass es in den USA Politiker gibt, die die amerikanische Truppenstärke in Europa gerne kräftig reduzieren würden, dann liefert ihnen eine europäische Armee ja gerade den besten Vorwand dazu. Mit einer europäischen Armee und demonstrativem militärischem Selbstbewusstsein laden wir die Amerikaner geradezu ein, ihr militärisches Engagement zurückzufahren. Dann würden wir das, was wir als Bedrohung wahrnehmen, paradoxerweise noch verstärken. Und wir müssten viel mehr für Verteidigung aufwenden als wir tatsächlich willens sind. Denn zurzeit sind wir ja nur deshalb verteidigungsfähig, weil wir Amerika haben.

Die Befürchtung, dass die USA künftig ihre Hand weniger schützend über Europa halten könnten, ist leider nicht völlig grundlos. Präsident Trump wurde mehrfach so vernommen, dass die Amerikaner militärisch zu viel für Europa täten und ihre militärische Präsenz vielleicht reduzieren würden. Allerdings hat der US-Präsident auch schon das Gegenteil gesagt. Es scheint überhaupt eine seiner Eigenschaften zu sein, sich oft widersprüchlich zu äußern und – vielleicht bewusst – Freund und Feind im Unklaren darüber zu lassen, was er wirklich beabsichtigt.

So unsicher man über Donald Trumps Absichten ist, eins ist sicher: Er ist ein vorübergehendes Phänomen. Er wird maximal noch sechs Jahre amerikanischer Präsident sein. Die NATO hingegen haben wir seit 1949. Seit Donalds drittem Geburtstag. Sie ist ein Bündnis, das seit vielen Jahrzehnten besteht und auf viele weitere Jahrzehnte, vielleicht sogar auf Jahrhunderte ausgelegt ist. Da sollte man sich von einem erratischen Präsidenten nicht ins Bockshorn jagen lassen.

In wichtigen Angelegenheiten handelt Trump übrigens oft weniger erratisch, als er spricht. Was er twittert, wenn er Fox News sieht, ist nicht unbedingt dasselbe wie das, was er tatsächlich im Oval Office verfügt. Es ist durchaus wahrscheinlich, dass seine Berater ihn davon überzeugen können, was im strategischen Interesse der USA ist: eine starke militärische Präsenz in Europa vorzuhalten. Denn dass eine europäische Armee Russland im Ernstfall die Stirn bieten könnte, glaubt Trump nun ganz gewiss nicht.

Die Politik Russlands unter Wladimir Putin hat immer darauf abgezielt, den russischen Einfluss in benachbarten Staaten zu erhöhen. Wenn die USA ihre militärische Stärke in Europa reduzieren würden, könnte Putin dies als willkommene Gelegenheit auffassen, sich die osteuropäischen Staaten gefügig zu machen und über diese Druck auf die EU und die westeuropäischen Länder auszuüben. Kein US-Präsident, auch nicht Donald Trump, kann eine solche Entwicklung gutheißen. Europa ist eine der leistungsfähigsten Wirtschaftsregionen der Welt. Diese der russischen Einflusssphäre zu überantworten wäre das Dümmste, was ein amerikanischer Präsident tun könnte. Das könnte glatt in einem von Trumps Tweets stehen.

Ich bin als Vierzehnjähriger erstmals politisch aktiv geworden, damals in der Jungen Union. Bei einer Diskussionsveranstaltung zur israelischen Siedlungspolitik in den besetzten Gebieten lernte ich eine erste politische Lektion, die sich mir tief eingeprägt hat. Bei dieser Veranstaltung rügte ein Redner nach dem anderen den damaligen israelischen Ministerpräsidenten Menachem Begin als dumm und kurzsichtig, weil dieser die Siedlungspolitik forcierte und die Friedensaussichten im Nahen Osten ruinierte. Bis ein älterer CDU-Ratsherr das Wort ergriff und sagte, dass man in der Politik nie davon ausgehen sollte, dass jemand anders dümmer sei als man selbst. Man komme viel weiter und verstehe das politische Geschehen besser, wenn man es umgekehrt angehe: Vielleicht ist der andere klüger.

Ich gebe zu, bei Donald Trump fällt das schwer. Es ist auf Anhieb eine ziemliche Zumutung. Aber ganz unfruchtbar ist der Ansatz nicht.

Gleich nach seiner Wahl zum US-Präsidenten stellte Donald Trump die nicht ganz unberechtigte Frage, wieso sein Land Militärausgaben von 3,4 Prozent des Bruttoinlandsproduktes aufbringe, während ein ebenfalls wirtschaftsstarkes Land wie Deutschland nur 1,2 Prozent des BIPs für seine Sicherheit aufwendet. Und wenig später bezeichnete der mächtigste Mann auf dem Planeten die NATO in einem Interview als »obsolet«. Als Trump zum ersten NATO-Gipfeltreffen nach Brüssel kam, war die Stimmung entsprechend frostig.

War diese Interviewäußerung wirklich ein außenpolitisches Irrlichtern? Handelt es sich hier tatsächlich um einen US-Präsidenten, der auf Crashkurs mit seinen Verbündeten gehen will und bewährte Allianzen handstreichartig für verzichtbar hält?

Wenn Trump erreichen wollte, dass die europäischen Verbündeten über höhere eigene Verteidigungsanstrengungen nachdenken, dann hat er sein Ziel erreicht. Gerade weil er das Image des unberechenbaren Präsidenten kultiviert, mussten die Europäer mit der Möglichkeit rechnen, dass er es entgegen aller politischen Vernunft ernst meinen könnte. Auf dem alten Kontinent begann man sich ernsthaft damit zu beschäftigen, ob man die eigenen Verteidigungsaufwendungen erhöhen müsse, weil die USA nicht mehr verlässlich sind.

Nun, wenn dies das strategische Ziel von Trump war, dann kann er sich über einen Erfolg freuen. Wirklich überzeugend ist seine Strategie gleichwohl nicht, denn sie hat ihre Kollateralschäden. Erstens sind die Verbündeten verärgert, zweitens treiben sie gerade wegen der entstandenen Irritationen das Projekt einer europäischen Armee voran. Das aber ist wiederum nicht im amerikanischen Interesse, wie Donald Trump schnell auch öffentlich wissen ließ.

4.8 Spaltpilz der NATO

Denn einerseits ist es fragwürdig, ob eine europäische Armee schlagkräftiger wäre als die jetzigen Armeen in nationaler Verantwortung. Andererseits aber kann eine europäische Armee zum Spaltpilz der NATO werden.

Der Grund ist folgender: Die EU besteht zum Teil aus Staaten, die der NATO angehören, und zum Teil aus Staaten, die militärisch neutral sind. Wie darf man sich denn, wenn die Armeen dieser Staaten in einer EU-Armee zusammengeführt werden, die Bündnisverpflichtungen einer EU-Armee vorstellen? Wäre die EU-Armee Teil der NATO? Das würde den Staaten, die bislang auf Neutralität Wert legen (zum Beispiel Finnland, Irland, Zypern, Schweden und Österreich), kaum passen. Sie würden ja zumindest de facto Teil der NATO.

Dies liegt aber nicht im Interesse dieser Staaten. Für einzelne Staaten wie zum Beispiel Finnland würde sicherlich das Verhältnis zu Russland belastet werden. Allgemein würde die europäische Armee in europäischen Ländern, die zurzeit noch formal neutral sind, Truppenteile stationieren, die der NATO angehören. Zwar gibt es auch jetzt schon

Formen der militärischen Kooperation zwischen der NATO und diesen neutralen Staaten, aber eine europäische Armee, die der NATO angehört, wäre für die derzeit neutralen Staaten ein Quantensprung: Raus aus der formalen Neutralität und rein in die NATO.

Wäre es denkbar, dass eine EU-Armee nur teilweise der NATO untersteht? Das ist kaum vorstellbar. Dann müssten alle Truppenteile, in denen Soldaten neutraler Länder dienen, anders behandelt werden als die Truppenteile, die nur aus NATO-Soldaten bestehen. Die Truppen dieser EU-Armee wären im Ernstfall nur bedingt einsatzfähig. Das ist kaum vorstellbar. Außerdem wäre eine EU-Armee, die nur teilweise der NATO untersteht, im Grunde nichts anderes als das, was wir heute schon haben: Die meisten EU-Staaten gehören zur NATO, andere nicht. Wo ist dann der Vorteil einer EU-Armee?

Eine EU-Armee würde eindeutig eine Schwächung der NATO bedeuten. Nehmen wir folgendes Szenario an: Russland greift Finnland und Norwegen an. Finnland gehört nicht zur NATO, würde aber von der europäischen Armee verteidigt werden müssen, weil Finnland teil der EU-Armee ist. Viele Truppen, die Finnland verteidigen würden, kämen aber aus NATO-Ländern. Sie könnten ihrer gleichzeitigen Verpflichtung nicht nachkommen, das NATO-Land Norwegen gegen den Angriff zu verteidigen. Also wird die NATO durch die EU-Armee geschwächt: Truppen, die eigentlich eine Beistandspflicht nach dem NATO-Vertrag haben, hätten sich ohne Billigung der NATO-Partner eine zweite Beistandspflicht aufgeladen, obwohl sie nur eine Pflicht erfüllen können. Man kann aber nicht Diener zweier Herren sein.[9]

---

9 Man könnte an dieser Stelle einwenden, dass die Schwächung der NATO sogar schon eingetreten ist, weil in Artikel 42 Absatz 7 des EU-Vertrages bereits eine Beistandsverpflichtung der EU-Staaten vereinbart wurde: »Im Falle eines bewaffneten Angriffs auf das Hoheitsgebiet eines Mitgliedstaats schulden die anderen Mitgliedstaaten ihm alle in ihrer Macht stehende Hilfe und Unterstützung.« Allerdings wird diese Beistandsklausel insoweit eingeschränkt, als ausdrücklich darauf verwiesen wird, dass sie nur im Einklang mit den Verpflichtungen aus dem NATO-Vertrag besteht: »Die Verpflichtungen und die Zusammenarbeit in diesem Bereich bleiben im Einklang mit den im Rahmen der Nordatlantikvertrags-Organisation eingegangenen Verpflichtungen.«

Dass dies zu Konflikten in der NATO führen wird, ist klar. Die NATO-Partner, die nicht zur EU zählen, Norwegen zum Beispiel oder die Türkei, aber vielleicht auch die USA, werden Fragen stellen: Erhalten sie jetzt nicht weniger Beistandsleistung von den Verbündeten, weil diese auch andere Verpflichtungen eingegangen sind? Ist es dann nicht angemessen, dass die NATO-Partner, die keine EU-Mitglieder sind, auch ihre Beistandspflichten gegenüber den EU-Staaten einschränken? Hier entsteht eine Spaltung, die den Fortbestand der NATO bedrohen kann.

Und wenn die EU-Armee gar nicht mehr zur NATO gehört? Das wäre der Bruch mit den Amerikanern (und Kanadiern) und ein tiefer Graben im Atlantik. Eine fatale Entwicklung, aber leider nicht auszuschließen. Die NATO ist ein sehr erfolgreiches Verteidigungsbündnis, das mächtigste auf der Welt. Trotz mancher kritikwürdiger Entscheidungen hat sie es geschafft, ihren Mitgliedsländern über 70 Jahre den Frieden zu bewahren und den Kalten Krieg friedlich und ohne Blessuren für die westlichen Demokratien zu überwinden. Never change a winning team! Wir wären grob fahrlässig, wenn wir dieses erfolgreiche Bündnis aufs Spiel setzen würden.

Übrigens fehlt es nicht an kritischen Stimmen. NATO-Generalsekretär Jens Stoltenberg riet im November 2018 im deutschen Fernsehen öffentlich von einer europäischen Armee ab. Höhere Verteidigungsanstrengungen sollten im Rahmen der NATO erfolgen. Geboten sei transatlantische Einigkeit. Die NATO sieht dieses Vorhaben also ebenfalls als eine Bedrohung ihrer Integrität. Auch die Regierungschefs einzelner EU-Länder, zum Beispiel aus Spanien, Großbritannien und dem Baltikum, haben sich öffentlich gegen eine EU-Armee positioniert.

Dadurch aber kann es auch zu einer neuen Spaltung in der EU kommen. Derzeit schon werden Vorläufer der europäischen Armee wie zum Beispiel PESCO nicht von allen EU-Staaten mitgetragen. Deutschland, Frankreich und die Kommission treiben das Projekt aber dennoch voran. Wenn daraus Beistandsverpflichtungen für die teilnehmenden EU-Staaten entstehen, werden die nichtteilnehmenden Staaten andere verteidigungspolitische Interessen haben als die teilnehmenden. Die nichtteilnehmenden Staaten werden sich auf die NATO stützen wollen, aber die NATO ist geschwächt, weil ein Teil ihrer Mitgliedsstaaten neue Beistandsverpflichtungen innerhalb der EU übernommen hat. Die nichtteilnehmenden EU-Staaten werden den teilnehmenden Staaten vorwerfen, dass sie ihren NATO-Verpflichtungen nicht mehr uneingeschränkt nachkommen können.

Konkret und in Zahlen: Die NATO verlangt von ihren Mitgliedern, 2 Prozent des BIPs für Verteidigungsaufgaben auszugeben. Schon dieses Ziel erreichen viele NATO-Mitglieder, darunter Deutschland, nicht. Aber nehmen wir einmal an, sie täten es. Wenn dann einige Staaten weitere Verpflichtungen im Rahmen der EU-Armee auf sich nehmen, zum Beispiel Beistandspflichten für Nicht-NATO-Mitglieder der EU, dann müssten diese Staaten entsprechend mehr als 2 Prozent des BIPs für Verteidigung ausgeben. Es ist völlig unrealistisch, dass das geschieht. Tatsächlich werden der NATO dann geringere Mittel zugerechnet werden müssen.

Die einzige Lösung für dieses bündnispolitische Dilemma wäre, dass alle EU-Staaten sowohl der NATO als auch der europäischen Armee beitreten. Dann gäbe es im Ernstfall keine Loyalitätskonflikte. Aber wenn alle EU-Staaten in der NATO und damit mit den USA und allen anderen NATO-Staaten verbündet sind, stellt sich natürlich die Frage, wozu man die EU-Armee überhaupt braucht.

Zu erwähnen ist noch das Problem der nuklearen Rüstung. Die Nuklearmacht Frankreich wäre sicherlich nicht bereit, ihre nuklearen Waffen und die Verfügungsgewalt über diese nuklearen Waffen auf eine EU-Armee zu übertragen. Wie aber soll das dann funktionieren? Dann wäre die EU-Armee eine nichtnukleare Streitmacht, aber gleichzeitig gäbe es spezielle Nuklearstreitkräfte Frankreichs unter französischem Kommando? Würde der Einsatz dieser schrecklichen Waffen dann mit der EU-Armee abgestimmt werden, zu der die konventionellen Truppen dieses Landes gehören, oder mit der NATO, zu der die anderen westlichen Atommächte USA und Großbritannien gehören?

Falls aber wider Erwarten die nuklearen Kapazitäten Frankreichs doch auf die EU-Armee übergehen sollten, stellt sich die Frage: Wollen die anderen EU-Staaten, die derzeit nicht nuklear bewaffnet sind, dies überhaupt? Haben sie nicht den Atomwaffensperrvertrag unterschrieben und auf nukleare Bewaffnung verzichtet? Welche Wirkung auf das globale militärische Gleichgewicht und auf die Kontrolle von Nuklearwaffen hätte es, wenn viele europäische Staaten mit einer EU-Armee de facto zu Nuklearmächten werden und den Atomwaffensperrvertrag kündigen oder Änderungen verlangen, die ihnen Ausnahmen gewähren?

Sicherheits- und Verteidigungspolitik ist ein kompliziertes Terrain. Derzeit haben wir ein funktionierendes geostrategisches Gleichgewicht. Es ist keine Bedrohung dieses Gleichgewichts erkennbar, die es erfordern würde, dass die EU eine Militärmacht wird. Und wenn sie es würde, wissen wir nicht, was dies für Auswirkungen auf das Gleichgewicht hätte. Wir wissen auch nicht, ob die EU, die sich seit ihrer Gründung klugerweise aus militärischen Angelegenheiten immer herausgehalten hat, ihre neue Aufgabe überhaupt mindestens genauso gut wahrnehmen könnte, wie dies zurzeit durch die Armeen der Mitgliedsstaaten geschieht.

Schuster, bleib bei Deinen Leisten. Gerade weil die Welt in den letzten Jahren komplizierter und instabiler geworden ist, sollte die EU auf den Aufbau militärischer Kapazitäten verzichten. Wir haben doch eine bewährte Arbeitsteilung: Die EU ist zuständig für die politische und wirtschaftliche Zusammenarbeit in Europa, also insbesondere für das Funktionieren und die Verbesserung des europäischen Binnenmarktes. Die NATO ist zuständig für die militärische Zusammenarbeit. Keineswegs nur in Europa, sondern in einem sehr viel größeren geographischen Raum, der irgendwo auf Hawaii beginnt und über Neufundland bis in die Türkei und an die syrische Grenze reicht.

Das sollten wir so lassen. Das militärische Sicherungssystem, das wir haben, funktioniert gut. Wie schon in anderen Fällen ist die Kompetenzübertragung von der nationalen auf die europäische Ebene keine

Trivialität. Es kann zu Systemausfällen kommen und zu Kontrollverlusten. Wir dürfen nicht gefährden, was wir aufgebaut haben, weil wir die fromme Hoffnung haben, dass eine europäische Lösung – ja, was? Uns den Frieden sichern kann? Wir leben im Frieden. Besser als Frieden geht nicht.

Und ein Kontrollverlust würde mit Sicherheit eintreten: Mit einer europäischen Armee würden wir die Kontrolle darüber verlieren, wann deutsche Soldaten ihre Gesundheit und ihr Leben riskieren müssen. Der vom Bundesverfassungsgericht ausdrücklich geforderte Parlamentsvorbehalt für den Einsatz deutscher Soldaten außerhalb des NATO-Einsatzgebietes müsste aufgegeben werden, wenn die Bundeswehr in eine EU-Armee integriert werden würde. Insofern kann man die Debatte eigentlich abkürzen: Eine EU-Armee ist verfassungswidrig.

Jedenfalls nach jetzigem Stand. Natürlich kann man das Grundgesetz ändern. Aber was man nicht ändern kann, ist die ethische Dimension des Problems: Wer fällt die letzte Entscheidung über das Leben und den möglichen Tod junger deutscher Soldaten? Solange der Deutsche Bundestag die Verantwortung für Deutschland und seine Bürger beansprucht, kann und darf er diese Entscheidung nicht aus der Hand geben.

Dass andere Kompetenzübertragungen von den Mitgliedsstaaten auf die Europäische Union ebenfalls Auswirkungen auf Leben und Tod ihrer Bürger hatten, sehen wir im nächsten Kapitel.

5. KAPITEL

DER EURO SPALTET EUROPA

Der 77-jährige Dimitris Christoulas, ein pensionierter Apotheker, machte sich am Morgen des 4. April 2012 in Athen auf den Weg zum griechischen Parlament. Dort angekommen, kaum 100 Meter vor dem Eingang zum Parlament, zückte er eine Pistole, setzte sie an seine Stirn und drückte ab. Jede medizinische Hilfe kam zu spät.

Bei dem Verstorbenen fand man eine Notiz, in der Christoulas die Verschlechterung seiner wirtschaftlichen Lage als Motiv für den öffentlichen Selbstmord benannte. Er wolle lieber einen »würdigen Tod« sterben, als in Mülltonnen nach Essen suchen zu müssen. Er habe 35 Jahre lang seine Pension ohne jede Hilfe des Staates angespart, aber die griechische Regierung habe alles vernichtet. Ganz offensichtlich bezog sich Christoulas damit auf Maßnahmen, die Griechenland im Zuge der sogenannten Eurorettungspolitik vollziehen musste.

In der damaligen Zeit gab es mehrfach Berichte über Selbstmorde aus wirtschaftlichen Gründen. In Thessaloniki übergoss sich ein Mann mit Benzin und verbrannte sich, als eine Bank sein Haus versteigern lassen wollte. In Athen versuchte sich eine junge Beamtin aus dem Fenster zu stürzen, weil sie entlassen werden sollte. Die deutsche Illustrierte »Der Stern« berichtete im Jahr 2012, dass die Selbstmordrate in Griechenland um 40 Prozent gestiegen sei. Mehr als 1800 Menschen hätten sich seit Ausbruch der Krise das Leben genommen.

Nun gehört der »Stern« sicherlich zu den deutschen Zeitschriften, die einem gewissen Sensationsjournalismus nicht abgeneigt sind. Auch ähnliche Berichte, die in anderen Medien erschienen, sollte man nicht unkritisch für bare Münze nehmen. Wir wissen nicht, aus welchen Gründen sich mehr als 1800 Personen in Griechenland das Leben nahmen. Das wahre Motiv kennen wir nur in wenigen Einzelfällen wie dem von Dimitris Christoulas. Aus den wenigen Einzelfällen kann man aber nicht automatisch schließen, dass der Anstieg der Selbstmorde oder gar die große Mehrheit der Selbstmorde auf den schweren wirtschaftlichen Einbruch im Gefolge der Eurokrise zurückzuführen ist.

Aber der Verdacht liegt nahe und deshalb wurde dieses Phänomen auch wissenschaftlich untersucht. Der Verdacht liegt nahe, weil griechische Bürger innerhalb von nur vier Jahren im Durchschnitt 25 Prozent ihres Gehalts oder ihres Lohns einbüßten! Ein Grieche, der 1000 Euro netto verdiente, sank also im Durchschnitt auf 750 Euro netto ab. Im Durchschnitt bedeutet: Bei manchen war der Verlust noch deutlich größer.

Ein international besetztes Forscherteam veröffentlichte deshalb im Februar 2015 eine wissenschaftliche Studie,[1] die mit anspruchsvollen statistischen Verfahren Selbstmorde in Griechenland über einen Zeitraum von 30 Jahren hinweg untersuchte. Zunächst wurde für jeden Monat ermittelt, was die normalerweise zu erwartende Zahl von Selbstmorden gewesen wäre. Dann wurde getestet, ob höhere Selbstmordziffern durch außerordentliche Ereignisse erklärbar sind, die sich in dem betreffenden Monat abspielten. Ergebnis: Mit einer Irrtumswahrscheinlichkeit von weniger als einem Promille (!) konnte festgestellt werden, dass die Eurorettungspolitik zu einem signifikanten Anstieg der Selbstmorde in Griechenland geführt hatte. Im Juni 2011 zum Beispiel, als die griechische Regierung ihr zweites Maßnahmenpaket beschloss, stiegen die Selbstmorde um 35 Prozent an, und kein anderes Ereignis kann diesen Anstieg erklären.

Die Studie ist eine der wenigen ihrer Art, die einen klaren Zusammenhang zwischen wirtschaftspolitischen Maßnahmen und dem Freitod von Betroffenen nachweisen kann. Dass dieser Nachweis über-

---

1   Branas C.C., Kastanaki A.E., Michalodimitrakis M., et al.: The impact of economic austerity and prosperity events on suicide in Greece: A 30-year interrupted time series analysis. BMJ Open 2015;5:e005619.doi:10.1136/bmjopen-2014-005619.

haupt möglich war, liegt vor allem daran, dass der Einbruch der griechischen Wirtschaft mit 25 Prozent ungewöhnlich stark und der Anstieg der Selbstmorde so hoch war.

Selbstmorde sind nur die kleinste, tragischste Spitze eines Berges von Menschen, die durch die wirtschaftlichen Folgen der Eurorettungspolitik ins Unglück gestoßen wurden: Die ihr Haus verloren, die arbeitslos wurden, deren Rente dahinschmolz wie Eis an der griechischen Sonne. Das wahre Ausmaß der vielen individuellen Tragödien wird sich nie beziffern lassen. Aber klar ist, dass hier ein ganzes Volk in einen Niedergang gerissen wurde.

In Artikel 3 des EU-Vertrages (EUV) wird als Ziel der EU festgelegt, »das Wohlergehen ihrer Völker zu fördern«. Dieses Ziel wurde in Bezug auf Griechenland so meilenweit verfehlt, dass man schon von einem Systemausfall sprechen muss. Die gesamte politische Führung der EU, im Verein mit der geballten fachlichen Kompetenz der Europäischen Zentralbank (EZB) und des Internationalen Währungsfonds (IWF) hatte Griechenland wirtschaftspolitische Maßnahmen aufgezwungen, die in einem Desaster endeten. Der durchschnittliche Einkommensverlust eines Griechen war erheblich größer als der eines Deutschen während der Weltwirtschaftskrise von 1929 bis 1932.[2] Vom Verlust an Menschenleben gar nicht zu reden.

Man mag einwenden, Griechenland sei ein tragischer Einzelfall in der EU. So wie man hätte einwenden können, dass Herrn Christoulas Selbsttötung vielleicht nur ein tragischer Einzelfall gewesen sein mag. Griechenland, so hört man es oft, ist ein Spezialfall, ein Land, das sich mit gefälschten Daten in den Euro geschummelt hat, das sich unverantwortlich bis über beide Ohren verschuldet hat, das von einer korrupten Elite regiert wird und schon seit der Antike einen schlechten Leumund hat, wenn es um das Bezahlen von Schulden geht. Ad kalendas graecas, sagten die Römer, wenn ein Schuldner seine Schulden nicht beglich.

---

2   Maddison Project Database, version 2018. Bolt, Jutta, Inklaar, Robert, de Jong, Herman and van Zanden, Jan Luiten (2018): Rebasing 'Maddison': new income comparisons and the shape of long-run economic development.

Denn die Kalenden, den traditionellen Tag der Schuldentilgung, gab es im griechischen Kalender nicht.

Aber Griechenland ist genauso wenig ein Sonderfall, wie Herr Christoulas dies war. Griechenland ist nur der drastischste Fall eines Systemausfalls, den man auch in anderen Staaten der EU, genauer: der Eurozone beobachten kann. Um dies besonders eindrücklich zu sehen, müssen wir uns erst mit den eindrucksvollen Erfolgen befassen, die die Europäische Union (und ihre Vorgängerorganisationen) in der zweiten Hälfte des 20. Jahrhunderts haben erzielen können.

5.1 Wachstum und wirtschaftliche Konvergenz

Der große französische Gelehrte René Descartes spottete einst: »Nichts auf der Welt ist so gerecht verteilt wie der Verstand. Denn jedermann ist überzeugt, dass er genug davon habe.«

Niemand ist berufener als Descartes, die Verteilung des Verstandes zu beurteilen. Da mische ich mich nicht ein. Als Wirtschaftswissenschaftler hätte mich nur interessiert, ob Descartes mit einem analogen Argument bewiesen hätte, dass nichts auf der Welt so ungerecht verteilt ist wie das Geld. Fast alle Menschen sind ja überzeugt, dass sie nicht genug davon haben.

Denn das ist der Fall. Kaum etwas ist in der Welt so ungerecht verteilt wie das Geld. Oder besser: Einkommen. Es gibt sehr reiche Länder und es gibt sehr arme Länder und es gibt jede Menge Länder irgendwo zwischen ganz arm und ganz reich. Die große, himmelschreiende Ungerechtigkeit besteht darin, dass manche Menschen völlig unverdient in reichen Ländern geboren werden und fast alle Chancen der Welt ihnen offenstehen, während andere Menschen ohne jedes Verschulden in einem armen Land und in persönlicher Armut aufwachsen und nur geringe Möglichkeiten haben, sich daraus zu befreien.

Wenn jetzt ein Leser denkt: »Da sagt uns der Lucke aber nichts Neues«, hat er recht. Wer Augen hat, zu sehen, der sieht die Ungerechtigkeit der internationalen Einkommensverteilung. Der Sachverhalt ist unbestreitbar, und die zentrale Frage ist, wie man diese Ungerechtigkeit zumindest reduzieren kann.

In der volkswirtschaftlichen Forschung habe ich mich viel mit wirtschaftlichem Wachstum befasst. Das war eines meiner Spezialgebiete an der Universität, und das Interesse an wirtschaftlichem Wachstum habe ich auch als Politiker nie verloren. Ich habe viele Länder sehr unterschiedlichen Entwicklungsstandes in Asien und in Afrika bereist, darunter auch sehr arme Länder wie Nepal, Kambodscha oder Tansania. Die Menschen in diesen Ländern sind – insofern hat Descartes recht – mit Verstand genauso gut ausgestattet wie die Menschen in Deutschland, aber das Einkommen, das sie erwirtschaften, ist um ein Vielfaches geringer als das unsere.

Ein Weg aus dieser Ungerechtigkeit ist wirtschaftliches Wachstum. Alle Entwicklungshilfeanstrengungen, die wir und andere Staaten leisten, zielen letztlich darauf ab, in den Entwicklungsländern Wachstum zu ermöglichen. Wachstum der Einkommen, gemessen am Bruttoinlandsprodukt (BIP) des Landes. Das BIP ist nichts anderes als die Gesamtheit aller Einkommen, die in einem Land verdient werden. Wenn das BIP steigt, sagt man, dass eine Volkswirtschaft wächst.

Aber Wachstum alleine reicht nicht, um die Ungerechtigkeit der internationalen Einkommensverteilung zu vermindern.[3] Denn die reichen Staaten der Welt wachsen ja ebenfalls. Wenn alle Staaten der Welt gleich schnell wachsen, ändert sich an der Ungerechtigkeit der internationalen Einkommensverteilung überhaupt nichts. Anders wäre es nur, wenn das Wachstum so beschaffen wäre, dass arme Staaten systematisch schneller wüchsen als reiche Staaten. Denn dann schließt sich die Einkommenskluft im Laufe der Zeit.

Interessanterweise ist genau dies ein zentrales Resultat der volkswirtschaftlichen Forschung: Arme Staaten wachsen schneller als reiche

---

3   Auch dann nicht, wenn wir von möglichen negativen Begleiterscheinungen absehen: Landflucht, die Zerstörung sozialer Strukturen, das Entstehen von Slums und Umweltschäden zum Beispiel.

Staaten. Jedenfalls dann, wenn sich die armen Staaten von den reichen Staaten nur dadurch unterscheiden, dass sie eben arm und die anderen reich sind. Unter dieser Einschränkung gibt es unzählige volkswirtschaftliche Forschungsarbeiten, die sowohl theoretisch als auch empirisch ganz überwiegend immer wieder zum selben Ergebnis kommen: Arme Staaten wachsen schneller als reiche Staaten und deshalb könnten langfristig (sehr langfristig!) eines Tages alle Staaten ungefähr gleich reich sein.

Das werden wir alle nicht erleben. Schon deshalb nicht, weil arme Staaten sich eben nicht nur durch ihre Armut von den reichen Staaten dieser Welt unterscheiden. Weitere Wachstumshemmnisse sind beispielsweise fehlende Infrastruktur, mangelhafte Bildung und Berufsausbildung der Bevölkerung, schlechte Regierungsführung, Korruption, politische Instabilität, Terrorismus, Bürgerkriege oder ungünstige klimatische Verhältnisse.

Aber diese Unterschiede sind vor allem Unterschiede zwischen klassischen Entwicklungsländern und entwickelten Staaten. Die Staaten Europas sind ausnahmslos seit langer Zeit keine Entwicklungsländer mehr. Alle haben Straßen, Wasserwege, Flughäfen, Schienenverbindungen, Telekommunikationseinrichtungen, alle haben ein ordentliches Bildungs- und Ausbildungssystem, einigermaßen funktionsfähige Regierungen und eine stabile Rechtsordnung. Aber es gibt erhebliche Einkommensunterschiede zwischen den europäischen Staaten. Unter normalen, marktwirtschaftlichen Bedingungen sollte es daher so sein, dass die armen Staaten Europas schneller wachsen als die reichen und die verbleibenden Entwicklungsunterschiede aufholen.

Das wäre ein echtes Friedensprojekt: Die armen Staaten Europas wachsen schneller als die reichen. Sie schütteln Armut und Rückständigkeit ab und schließen zu den reicheren Staaten auf. Die Ungerechtigkeit starker Einkommensunterschiede zwischen den Ländern nimmt im Zeitablauf ab. Die ärmeren Staaten holen auf und sie tun dies, ohne dass die reicheren Staaten einen Grund zur Klage hätten. Denn die wohlhabenden Staaten wachsen ja ebenfalls. Niemand nimmt ihnen etwas weg und niemand behindert ihr Wachstum, es gibt keinen Grund zum Streit. Sie können sich über ihren eigenen Erfolg freuen und sie können sich über den noch größeren Erfolg ihrer ärmeren Nachbarn freuen. Man muss auch gönnen können.

Die Einigung Europas ist immer und ganz maßgeblich über wirtschaftliche Integration erfolgt: Über das europäische Freihandelsabkommen EFTA, über die Europäische Wirtschaftsgemeinschaft (EWG) und über den Europäischen Binnenmarkt bzw. den Europäischen Wirtschaftsraum (EWR).[4] Heute, fast genau 60 Jahre nach den Römischen Verträgen, können wir zurückblicken und fragen, ob die Ungleichheiten in Europa abgebaut werden konnten. Haben die ärmeren Staaten Europas aufholen können? Sind sie schneller gewachsen als die fortgeschrittenen und wohlhabenderen Staaten?

Die Antwort lautet, kurz gefasst: früher ja. Es war ein großer Erfolg. Aber jetzt nicht mehr. Jedenfalls nicht in der Eurozone.

Wer Fremdwörter mag, kann es auch so sagen: Früher ist Europa wirtschaftlich *konvergiert*. Heute gilt das nur noch für Staaten außerhalb der Eurozone. In der Eurozone aber hat *Divergenz* stattgefunden: Die reichen Staaten wurden reicher, die armen Staaten wurden ärmer.

Divergenz besagt, dass sich Europa wirtschaftlich auseinanderentwickelt. Die Einkommensunterschiede zwischen den Staaten werden größer. Das ist bereits dann der Fall, wenn die reichen Staaten schneller wachsen als die armen Staaten. Aber in den letzten Jahren war es in der Eurozone sogar noch schlimmer: Die reichen Staaten wuchsen, die armen Staaten schrumpften. Die reichen Staaten wurden also reicher, die armen Staaten wurden ärmer.

---

4   Der 1992 gegründete Europäische Wirtschaftsraum (EWR) ist eine vertiefte Freihandelszone, die aus den EU-Staaten und allen EFTA-Staaten mit Ausnahme der Schweiz besteht. Die meisten Bestimmungen des EU-Binnenmarktes gelten auch im EWR. Zudem sind die EWR-Staaten verpflichtet, ihre Gesetzgebung regelmäßig an die Binnenmarktgesetzgebung der EU anzupassen. Die geringfügigen Unterschiede zwischen Binnenmarkt und EWR sind für die Betrachtungen in diesem Buch unerheblich, sodass ich vereinfachend Binnenmarkt und EWR oft gleichsetzen werde.

In einer solchen Situation wird der Ruf nach einem Robin Hood laut. Jemandem, der die Reichen beraubt und den Armen gibt. Das ist ganz natürlich. Man muss sich also nicht wundern, wenn in den am schlimmsten getroffenen Staaten Griechenland und Italien sogenannte »Populisten« in die Regierung gewählt werden, die sich als Robin Hood gebärden. Ministerpräsident Tsipras in Griechenland machte mit dem Ruf nach Wiedergutmachungsleistungen Deutschlands für die Verbrechen des Dritten Reiches Stimmung bei der Bevölkerung, der italienische Finanzminister Tria forderte, dass Länder mit hohem Leistungsbilanzüberschuss (gemeint war Deutschland) herangezogen werden sollten, um makroökonomische Ungleichgewichte auszugleichen (gemeint war: Italien zu subventionieren).

Es ist deshalb unredlich und heuchlerisch, wenn die politische Führung der EU die zunehmenden Wahlerfolge der »Populisten« beklagt. Die »Populisten« sind die Reaktion auf die Fehlentwicklungen der EU. Das gilt auch für Deutschland: Die Fehler der EU haben die AfD erst möglich gemacht.[5]

Dabei könnte die EU stolz sein auf das, was sie erreicht hat – bevor die großen Fehler gemacht wurden. Denn von den Römischen Verträgen bis zur Jahrtausendwende gab es Wachstum und wirtschaftliche Konvergenz in Europa. Trotz mancher äußerer Schocks, wie zum Beispiel den beiden Ölpreiskrisen in den frühen Siebziger- und Achtzigerjahren und der südostasiatischen Finanzkrise Ende der Neunzigerjahre, haben insbesondere die zurückgebliebenen Randgebiete Europas in beeindruckendem Maße aufschließen können. 1960 waren die fünf ärmsten Staaten (West-)Europas alles Staaten in Randlage: Portugal, Spanien, Griechenland, Irland und Finnland. 40 Jahre später, bei Einführung des Euro, hatten Irland und Finnland die Unterschiede gegenüber Mitteleuropa vollständig aufgeholt. Für die südeuropäischen Staaten galt das zwar noch nicht, aber Portugal, Griechenland und Spanien hatten – wenn man von Irland absieht – über den gesamten 40-Jahres-Zeitraum

---

5   Dies ist Gegenstand von Kapitel 3.

die höchsten jährlichen Wachstumsraten aller westeuropäischen Länder. Viel mehr kann man sich realistischerweise kaum wünschen.

5.2 Europas Einigung: Die großen wirtschaftlichen Erfolge der ersten Jahrzehnte

Es ist erstaunlich, dass die politische Führung der EU diese großen Erfolge so wenig hervorhebt – jetzt, wo die EU von einer Krise zur nächsten taumelt. Oder vielleicht ist es auch nicht so erstaunlich, denn wenn man auf die Erfolge der ersten 40 Jahre hinweisen würde, dann träte auch die mit der Einführung des Euro verbundene Fehlentscheidung klar in den Fokus – und das soll ja gerade vermieden werden. Aber der EU ist nicht damit gedient, wenn ihre Stärken verschwiegen und ihre Fehler verdeckt werden. Und die Stärken der EU sind so wichtig und bedeutend, dass ich sie hier systematisch herausarbeiten möchte.

Werfen wir einen Blick zurück auf die Ausgangslage der westeuropäischen Staaten etwa im Jahr 1960, also kurz nach Unterzeichnung der Römischen Verträge.[6] Damals gab es noch keine EU, sondern nur eine Gruppe von sechs Gründungsstaaten, die sich zur Europäischen Wirtschaftsgemeinschaft (EWG) zusammengeschlossen hatten. Andere Staaten Europas hatten die Europäische Freihandelszone EFTA gegründet und wieder andere versuchten, mit bilateralen Freihandelsverträgen wirtschaftliche Erfolge zu erzielen. Die Idee war – völlig im Einklang mit einer nahezu unumstrittenen Grunderkenntnis der Wirtschaftswissenschaft – in allen Fällen dieselbe: Der Abbau von Handelshemmnissen befördert das Wirtschaftswachstum.

Die genaue Entwicklung der wirtschaftlichen Integration in Europa spielt hier keine Rolle. Letztlich setzte sich das Konzept der aus der

---

6   Die Römischen Verträge wurden 1957 unterzeichnet. Mit ihnen wurde die Europäische Wirtschaftsgemeinschaft (EWG) begründet. Aber international vergleichbare Daten zur Einkommensentwicklung der westeuropäischen Staaten gibt es erst seit 1960. Deshalb ist dies der frühestmögliche Startpunkt für unsere Untersuchung.

EWG hervorgegangenen EU durch: Es wurde der Europäische Wirtschaftsraum (EWR) geschaffen, ein großer Binnenmarkt, der die ganze heutige EU umfasst und darüber hinausragt: Denn auch Island, Liechtenstein[7] und Norwegen gehören dem EWR an, und die Schweiz hat sich durch eine Reihe von Abkommen fast denselben Status gesichert. Ein Binnenmarkt bedeutet, dass es keine Zollschranken zwischen den beteiligten Ländern gibt, dass es keine Wettbewerbsverzerrungen durch unterschiedliche Markt- und Produktregulierungen gibt und dass die sogenannten vier Freiheiten gelten: Waren und Dienstleistungen können überall ungehindert verkauft werden, Arbeitskräfte und Kapital[8] können sich frei über alle nationalen Grenzen hinweg bewegen und dürfen überall unbeschränkt verwendet werden.

Wie erfolgreich war (und ist) dieser Binnenmarkt? Ich betrachte im Folgenden zunächst die wirtschaftliche Entwicklung der *west*europäischen Staaten ab 1960, denn die damaligen Ostblockstaaten treten erst in den Neunzigerjahren hinzu: Vor Abschüttelung der kommunistischen Herrschaft nahmen diese Staaten natürlich nicht an der westeuropäischen Wirtschaftsintegration teil.

Den Wohlstand der betrachteten Staaten messe ich am erwirtschafteten Bruttoinlandsprodukt (BIP), genauer: am realen (inflationsbereinigten) BIP pro Einwohner. Das ist ein übliches Maß für das durchschnittliche Einkommen, das jeder Einwohner eines Landes erzielt. Darin enthalten sind alle Löhne, Gehälter, Zinsen und Dividenden, aber auch die Leistungen, die die Bürger vom Staat empfangen. Ich nenne dieses Maß im Folgenden kurz das »Einkommen« eines Landes.

Lassen Sie uns nun zwei Gruppen von Staaten bilden: Die Staaten, in denen man 1960 weniger verdiente als im Durchschnitt aller westeuropäischen Staaten, und die Staaten, in denen man höhere Einkommen

---

7 Das Fürstentum Liechtenstein, das ökonomisch sehr eng mit der Schweiz verbunden ist, kann in der folgenden Untersuchung mangels geeigneter Daten leider nicht berücksichtigt werden.

8 Unter »Kapital« versteht man Geld und alle Formen von Finanzanlagen, also auch das Eigentum an produktivem Vermögen wie zum Beispiel Maschinen, Patenten oder Fabriken, die zur Produktion von Waren und Dienstleistungen verwendet werden.

erzielte. Zur ersten Gruppe der »armen« Staaten gehörten damals Portugal, Griechenland, Spanien, Irland, Finnland, Italien, Frankreich und Norwegen. Die Gruppe der damals reichen Staaten bildeten Belgien, Österreich, Großbritannien, Island, Dänemark, die Niederlande, die Bundesrepublik Deutschland, Schweden, Luxemburg und die Schweiz.

Um ein Beispiel zu geben: Im ärmsten Staat, Portugal, lag das durchschnittliche Monatseinkommen damals bei etwa 300 Euro. In Deutschland lag das durchschnittliche Monatseinkommen bei rund 1000 Euro, also bei mehr als dem Dreifachen. Und Deutschland war 1960 keineswegs der reichste Staat Westeuropas – das war die Schweiz. Es gab also beträchtliche Einkommensunterschiede. Niemand wird es den Portugiesen verargen, wenn sie dies als ungerecht empfanden.

Wir müssen uns jetzt nicht im Klein-Klein verstricken. Lassen Sie uns einfach die Entwicklung dieser beiden Staatengruppen in Zehnjahresintervallen verfolgen, beginnend 1960. Dann sehen wir in den ersten zehn Jahren von 1960 bis 1969 in beiden Gruppen eine sehr dynamische Entwicklung: Denn alle Staaten wuchsen, was das Zeug hielt. Jeder kennt den Wachstumsschub, den die meisten Teenager durchlaufen: So ähnlich ging es in den Sechzigerjahren zu. In der Gruppe der ärmeren Staaten legten die Einkommen um fast 60 Prozent zu. Die reicheren Staaten wuchsen langsamer, aber auch dort waren es saftige 35 Prozent.

Die weitere Entwicklung sehen wir in Tabelle 2. In den Siebzigerjahren war der Teenager-Wachstumsschub zwar vorbei, aber die armen Staaten wuchsen immer noch um real 36 Prozent und damit deutlich stärker als die reichen Staaten, deren Einkommen um 27 Prozent anstieg. In den Achtzigerjahren lagen beide Staatengruppen bei rund 22 Prozent Wachstum, und in den Neunzigerjahren wuchsen die armen Staaten um 26 Prozent und die reichen Staaten um 17 Prozent.

Man kann sagen, was man will: Das waren große Erfolge der wirtschaftlichen Integration und des aus ihr hervorgegangenen Binnenmarkts! Alle Einkommen stiegen und die armen Staaten holten auf. Was will man als Politiker mehr? Der Erfolg war beeindruckend und immer mehr Staaten traten der EU bei.

Kehren wir zu dem Beispiel Deutschland und Portugal zurück: 1999 lag das portugiesische Monatseinkommen bei rund 1300 Euro, während es in Deutschland etwa 2300 Euro betrug.[9] In beiden Ländern waren die Einkommen seit 1960 erheblich gewachsen und die Einkommensunterschiede zwischen den Ländern hatten sich verringert: Früher war das deutsche Einkommen mehr als dreimal so hoch – 1999 lag es bei weniger als dem Doppelten des portugiesischen, obwohl Deutschlands Einkommen ebenfalls stattlich gewachsen war.

5.3 Aufstieg, bis der Euro kam

Aber nun kam 1999 der Euro. Seitdem ist von wirtschaftlicher Konvergenz nichts mehr zu sehen. Seitdem ist das Wachstum schwach und die ärmeren Staaten holen nicht mehr auf. Werfen wir einen Blick auf die nüchternen Zahlen: Zwischen 2000 und 2009 wuchsen die armen Staaten um schlappe 8 Prozent, die reichen Staaten um 9 Prozent. Dasselbe Bild von 2010 bis 2018: In beiden Staatengruppen betrug das Wachstum rund 9 Prozent. Die Einkommensunterschiede zum Beispiel zwischen Portugal und Deutschland haben sich in den letzten 20 Jahren praktisch nicht vermindert. Zudem ist in beiden Staatengruppen das Wachstum ziemlich mickrig.

Als der Euro am 1. Januar 2019 20 Jahre alt wurde, gab es in Brüssel, Straßburg und bei der EZB in Frankfurt pompöse Feierlichkeiten. Festreden wurden geschwungen, man klopfte sich auf die Schulter, man warf sich in die Brust und eine Gratulation jagte die andere. Aber was genau wurde eigentlich gefeiert?

Mein akademischer Kollege Martin Hellwig, einer der angesehensten deutschen Volkswirtschaftsprofessoren, schrieb 2014 zur Europäischen Bankenunion: »Ich bin sehr beeindruckt von der Fähigkeit von

---

9   Die hier angegebenen Steigerungen von 300 Euro auf 1300 Euro bzw. von 1000 Euro auf 2300 Euro sind inflationsbereinigt. Es handelt sich also um reale Einkommenszuwächse.

(gewählten) Amtsträgern, sich selbst zu gratulieren, weil sie eine Einigung erzielt oder ein Gesetz verabschiedet haben, ohne sich irgendwelche Gedanken darüber zu machen, ob die Einigung oder das Gesetz tatsächlich funktioniert und ob die neuen Einrichtungen eigentlich die Probleme lösen, die sie lösen sollen.«[10]

Tabelle 2: Durchschnittliche reale Wachstumsraten (Pro-Kopf-BIP) für die westeuropäischen Staaten

	arme Staaten	reiche Staaten
1960–1969	58%	35%
1970–1979	36%	27%
1980–1989	22%	22%
1990–1999	26%	17%
Einführung des Euro		
2000–2009	8%	9%
2010–2018	9%	9%

Datenquelle: Europäische Kommission, AMECO-Datenbank.

Doch wir wollen nicht vorschnell urteilen. Wissen wir wirklich, dass es am Euro liegt, wenn wir seit dem Jahr 2000 (die Euro-Einführung war 1999) keine Konvergenz mehr sehen? Liegt es wirklich am Euro, dass das Wachstum so viel schwächer ist? Wir sehen zwar, dass zum Beispiel Italien im Durchschnitt der letzten 15 Jahre nicht gewachsen ist, und wir wissen, dass Italien nie etwas Ähnliches passiert ist, solange es die Lira hatte. Aber beweist das, dass der Euro die Schuld trägt?

Könnte es sein, dass der Euro unschuldig verdächtigt wird? Könnte nicht irgendein anderes Ereignis die Ursache für das Abflauen des Wachstums und die ausgebliebene Konvergenz sein? Dies müsste ein

---

10 Hellwig, Martin F.: Yes Virginia, There is a European Banking Union! But it May Not Make Your Wishes Come True (August 2014). MPI Collective Goods Preprint, No. 2014/12.

Ereignis sein, das sich nach 1999 abspielte und in den letzten beiden Jahrzehnten nachhaltige Auswirkungen auf das Wachstum unserer beiden Staatengruppen gehabt hat. Gerhard Schröders Agenda 2010 kommt natürlich nicht infrage, weil dies ein spezifisch deutscher Umbruch war. Es muss schon ein international bedeutendes Ereignis gewesen sein. Vielleicht die weltweite Finanzkrise der Jahre 2007 bis 2009?

Um zu erkennen, ob wirklich der Euro die Schuld trägt, müssen wir innerhalb desselben Zeitraums zwischen Eurostaaten und Staaten mit eigener Währung unterscheiden. Für die bisher untersuchten Länder geht das nicht so gut, weil wir in der Gruppe der anfangs armen Länder nur einen einzigen Staat haben, der den Euro nicht eingeführt hat. Wir brauchen mehr Nicht-Eurostaaten.

5.4 Die Osterweiterung der EU

Deshalb dehnen wir die Untersuchung jetzt auch auf die EU-Staaten aus, die bis 1990 hinter dem Eisernen Vorhang lagen. Ebenso nehmen wir Malta und Zypern hinzu, die gemeinsam mit den ersten osteuropäischen Ländern der EU beitraten. Leider gibt es erst ab 1995 Daten für alle diese Staaten, weil einige von ihnen überhaupt erst im jugoslawischen Bürgerkrieg oder durch die Teilung der früheren Tschechoslowakei entstanden. Aber immerhin können wir erneut zwei volle Jahrzehnte untersuchen, 1995–2004 und 2005–2014. Das erste Jahrzehnt verlief weitgehend störungsfrei, im zweiten Jahrzehnt ereignete sich sowohl die Weltfinanzkrise als auch die nachfolgende Staatsschulden- bzw. Eurokrise.

Die neu hinzukommenden Staaten hatten 1995 alle ein niedrigeres Pro-Kopf-Einkommen als Italien, das ja zur Gruppe der ärmeren Staaten gehört. Deshalb bleibt die Gruppe der reicheren Staaten unverändert, und zu den ärmeren Staaten gesellen sich jetzt auch Estland, Lettland, Litauen, Polen, Tschechien, Ungarn, Rumänien, Bulgarien, Slowenien, die Slowakei, Malta, Zypern und Kroatien.

Im ersten Jahrzehnt (1995–2004) sieht alles noch normal aus: Die ärmere Staatengruppe hat mit 41 Prozent ein deutlich stärkeres Wachstum als die reichere Staatengruppe mit 23 Prozent. Im zweiten Jahrzehnt (2005–2014) ist das Wachstum dann deutlich schwächer: 12 Prozent bei den ärmeren Staaten und nur 6 Prozent bei den reicheren Staaten. Aber das ist nicht verwunderlich, denn in diese zehn Jahre fallen sowohl die Weltfinanzkrise als auch die Eurokrise. Und immerhin, es sieht so aus, als wüchsen die ärmeren Staaten immer noch ein wenig kräftiger als die reicheren Staaten. Die Einkommensunterschiede zwischen den europäischen Staaten scheinen sich nach wie vor zu vermindern. Wir brauchen keinen Robin Hood. Oder doch?

Man sieht das Problem erst auf den zweiten Blick: Es gibt einen fundamentalen Unterschied zwischen Eurostaaten und Nicht-Eurostaaten. Während für die Nicht-Eurostaaten nichts Auffälliges zu sehen ist, entgleisen die Eurostaaten. Denn im Krisenjahrzehnt 2005-2014 sind die reicheren Eurostaaten um 7 Prozent gewachsen und die ärmeren um 4 Prozent geschrumpft!

Für die Eurozone wurde also der bisher erreichte Erfolg der EU in sein Gegenteil verkehrt: Die Einkommensunterschiede zwischen Arm und Reich nahmen nicht mehr ab, sondern sie nahmen zu! Die reichen Eurostaaten wurden reicher, während die armen Eurostaaten ärmer wurden. Alle Politiker, die die Einkommensungleichheiten zwischen den Mitgliedsstaaten der EU vermindern wollen, müssten hier die Alarmglocken schrillen hören. Solch eine Entwicklung ist nicht nur ökonomisch misslich. Sie bedroht auch den politischen Zusammenhalt der EU.

Früher sprach man naserümpfend von »Kriegsgewinnlern« – Menschen wie dem unsympathischen Rhett Butler aus »Vom Winde verweht«, die aus der militärischen Niederlage und der Not ihrer Landsleute großen Profit saugten. Dass die reichen Eurostaaten im Krisenjahrzehnt gewachsen und die armen Eurostaaten geschrumpft sind, lässt Erstere wie »Krisengewinnler« erscheinen. Zweifellos sind es solche Wahrnehmungen, die dazu führen, dass manche »populistische« Regierung in Südeuropa jetzt Leistungen Deutschlands verlangt und sich dafür einsetzt, die Europäische Union in eine Transferunion umzugestalten, bei der Steuereinnahmen der reichen Länder über verschiedene Kanäle den ärmeren Staaten verfügbar gemacht werden.

Wir stellen fest: Die Eurostaaten haben auf die Schocks des Krisenjahrzehnts ganz anders reagiert als die Nicht-Eurostaaten. Es ist also nicht die Finanzkrise gewesen, die die gewohnten Wachstumsprozesse und die wirtschaftliche Konvergenz in der EU nachhaltig aus den Angeln gehoben hat. Es kann auch kein anderer internationaler Schock dafür verantwortlich sein. Denn die Nicht-Eurostaaten waren der Finanzkrise (und etwaigen anderen internationalen Schocks) ja ebenfalls ausgesetzt. Aber für denselben Krisenzeitraum 2005–2014 sehen wir bei diesen Staaten das gewohnte Bild (vgl. Tabelle 3): Das Einkommen der ärmeren Staaten wuchs mit 19 Prozent, während das Einkommen der reicheren Staaten nur um 5 Prozent zunahm. Die Konvergenz ist außerhalb der Eurozone also intakt: Arme Staaten wachsen auch in der Krise schneller als reiche.

Natürlich ist das Wachstum der Einkommen im Krisenjahrzehnt auch außerhalb der Eurozone geringer, als es sonst in Zehnjahreszeiträumen üblich war. Insofern hat die Finanzkrise durchaus auch dort Spuren hinterlassen. Aber die Finanzkrise hat für die Staaten mit eigener Währung nicht die politisch und ökonomisch wichtige Konvergenz in der EU aushebeln können. Das taten vielmehr ausschließlich der Euro und die sogenannte Eurorettungspolitik.

Tabelle 3: Durchschnittliche reale Wachstumsraten (Pro-Kopf-BIP) für europäische Staaten

	arme Staaten	reiche Staaten
1995–2004 Nicht-Eurostaaten	47%	24%
1995–2004 Eurostaaten	33%	22%
2005–2014 Nicht-Eurostaaten	19%	5%
2005–2014 Eurostaaten	-4%	7%

Datenquelle: Europäische Kommission, AMECO-Datenbank.

Dass eine ganze Staatengruppe über einen Zehnjahreszeitraum keinerlei Wachstum, ja sogar einen Rückgang des Einkommens zu verzeichnen hat, ist ein ausgesprochen seltenes Phänomen. Im normalen Konjunkturzyklus kommt so etwas nicht vor. Da sind Rückgänge im Einkommen, sogenannte Rezessionen, stets nur von relativ kurzer Dauer – kaum je länger als zwei Jahre. Dann folgt wieder eine Aufschwungphase und spätestens nach weiteren zwei bis drei Jahren ist die konjunkturelle Delle meist schon wieder mehr als nur ausgeglichen. Aber zehn Jahre kein Wachstum – das ist ein Systemausfall. Da hat etwas ganz Wesentliches nicht funktioniert.

Die Gruppe der ärmeren Eurostaaten hatte über ein volles Jahrzehnt hinweg sogar Rückschritt zu verzeichnen – ein verlorenes Jahrzehnt. Und es gibt einen einfachen Grund, weshalb die Krise diese Staaten so verheerend getroffen hat: Sie nutzten dieselbe Währung wie die reicheren Eurostaaten. Weil es dieselbe Währung war, war Kapitalflucht ein großes Problem für die Krisenstaaten der Eurozone. Denn Euro blieb Euro. Es war so leicht, ihn außer Landes und in Sicherheit zu bringen, dass große Mengen Kapitals abflossen und so die Krise verschärften und verlängerten. Die enormen Target2-Salden[11] im EZB-System sind ganz wesentlich durch solche Kapitalflucht entstanden. Das Eurosystem hat nicht stabilisiert, sondern es hat destabilisiert. Es war ein Systemausfall. Mindestens zehn Jahre lang.

5.5 Man muss den Euro auch verlassen dürfen

Dies aber darf nicht davon ablenken, dass die wirtschaftliche Integration in Europa über viele Jahrzehnte ein großer Erfolg war. Die EU

---

11   Target2 ist ein Verrechnungssystem im System der europäischen Zentralbanken, das spiegelbildlich auf Ungleichgewichte im grenzüberschreitenden Verkehr von Waren, Dienstleistungen und Vermögenswerten reagiert. Die Bedeutung der Target2-Salden ist wissenschaftlich heftig umstritten. Anders als herkömmliche Vermögenswerte sind Target2-Forderungen, die zum Teil hohe Werte in den Bilanzen von Zentralbanken einnehmen, nicht handelbar, sodass unklar ist, ob und unter welchen Umständen sie werthaltig sind.

und ihre Vorgängerinstitutionen haben ganz maßgeblich diesen Erfolg herbeigeführt, indem seit Ende der Fünfzigerjahre die Marktbarrieren Schritt für Schritt reduziert wurden. Dadurch wurden allen Unternehmen in Europa neue Märkte geöffnet, der Wettbewerb intensiviert und Innovationen angeregt. Alle Staaten Europas haben davon profitiert, die ärmeren noch mehr als die reicheren. Es gab keinen Grund, das zu ändern oder infrage zu stellen. Und natürlich *wollte* niemand diesen Erfolg infrage stellen. Nicht Vorsatz, sondern Fahrlässigkeit muss man den politischen Führern der EU vorwerfen. Und ein gehöriges Maß an Uneinsichtigkeit, denn bis heute ist nichts getan worden, um ein neues, ähnliches Desaster zu verhindern.

Wenn die nächste Krise kommt, stehen die wirtschaftlich schwächeren Eurostaaten erneut schutzlos da. Denn sie können den Schock, dem sie ausgesetzt sein werden, nicht abfedern. Normalerweise würde der Wechselkurs eines Landes wie ein Kissen wirken, wenn ein großer Schock das Land trifft: Durch eine Abwertung der eigenen Währung könnten die Folgen des Schocks abgemildert werden. Aber wer im Euro ist, hat keine eigene Währung mehr, die er abwerten könnte. Deshalb trifft ein Schock ein anfälliges Land in der Eurozone stets mit voller Härte.

Das ist nicht nach jedermanns Geschmack. Aus diesem Grund sollte es ein Austrittsrecht aus dem Euro geben. Derzeit ist das nicht der Fall. Man darf zwar aus der EU austreten, aber ein Austrittsrecht aus dem Euro gibt es nicht. Es wäre dringend nötig, ein solches Recht zu schaffen, denn dann könnten sich die Länder frei entscheiden. Wer mit dem Euro nicht klarkommt oder beim nächsten großen Schock einen Stoßdämpfer haben möchte, könnte austreten und die nationale Währung wieder einführen. Und wer im Euro bleiben will, tut dies dann auf eigene Verantwortung.

Diese Reform, die Einführung eines Austrittsrechts aus dem Euro, fehlt in der EU. Es wäre eine Kleinigkeit, es zu schaffen. Und eigentlich wäre es eine demokratische Selbstverständlichkeit. Denn warum sollte jedes Volk nicht selbst entscheiden dürfen, welche Währung es nutzen will?

Das Grundprinzip in der EU muss die Freiwilligkeit sein. So auch beim Euro. Jeder Staat soll selbst entscheiden dürfen, ob er die Spielregeln des Euro einhalten kann – dann ist er willkommen im Klub. Oder ob er das nicht kann und es ihm mit eigener Währung besser ergehen würde – dann bekomme er seinen Willen. Warum fällt es der EU so schwer, ihren Mitgliedsstaaten diese Wahlmöglichkeit zuzugestehen?[12]

Freiwilligkeit ist immer ein gutes Prinzip. Das kleine Lettland hat während der Finanzkrise 2008 davon in einer ganz besonderen Form Gebrauch gemacht. Es verhielt sich freiwillig so, als befände es sich im Euro und verzichtete darauf, die eigene Währung abzuwerten. Lettland hatte den Euro noch nicht eingeführt und hielt trotz der schweren Verwerfungen auf den Finanzmärkten den Kurs der eigenen Währung auf unveränderter Höhe zum Euro. Das war vielleicht ein Test, wie viel man eigentlich aushalten kann. Vielleicht ein Ausdruck der Einstellung: Alles was uns nicht tötet, macht uns nur noch härter. Jedenfalls war es die bewusste Entscheidung, durch die Finanzkrise ohne Stoßdämpfer zu fahren.

Lettland wurde damit ungewollt zu einem Beispiel dafür, wie es auch Ländern in der Eurozone ergehen kann. Ohne die Abfederung durch eine Abwertung des Wechselkurses kann ein Land von schwersten internationalen Verwerfungen gebeutelt werden. Lettland verlor von 2008 bis 2010 mehr als 25 Prozent seines Einkommens, während gleichzeitig die Arbeitslosenquote von 8 Prozent auf 20 Prozent anstieg. Zum Kontrast: Polen wertete im selben Zeitraum den Zloty um mehr als ein Fünftel ab und erwirtschaftete einen Zuwachs des Einkommens um 5 Prozent! Die volkswirtschaftlichen Kosten der Finanzkrise waren also in Lettland ungewöhnlich hoch.

---

12   Wie zuvor schon erwähnt, wird oft behauptet, dass ein Austrittsrecht aus dem Euro zu Spekulationen auf den Kapitalmärkten gegen die Euro-Mitgliedschaft eines Staates führen könne. Diese Antwort übersieht, dass die Spekulation nicht durch Kunstgriffe verhindert werden kann. Sie wird allenfalls in ein anderes Terrain verschoben und richtet sich dann zum Beispiel gegen die Staatsanleihen dieses Staates.

Aber bitte, wenn die demokratisch gewählte Regierung das so entscheidet, dann ist das zu akzeptieren. Nur sollte man den Staaten, die ihren Bürgern eine solche Rosskur ersparen möchten, dies auch ermöglichen. Deshalb sollten wir ein Austrittsrecht aus dem Euro schaffen.

5.6 Wirtschaftliche Entwicklung: Ein Gedankenexperiment

Stellen Sie sich Europa einmal unbesiedelt, unbewohnt, unberührt vor. Stellen Sie sich vor, Sie fliegen über den ganzen Kontinent oder Sie bereisen ihn kreuz und quer wie die ersten Entdecker Nordamerika erkundet haben – nur dass Sie es wirklich vollständig machen und alles sehen und alles erkunden. Sie reisen im Auftrag eines fernen Wirtschaftsministeriums und sollen Empfehlungen abgeben, in welchen Teilen Europas die Voraussetzungen für Besiedlung und erfolgreiche wirtschaftliche Entwicklung besonders günstig sind – und in welchen Gegenden man lieber gar nicht erst den Versuch machen sollte.

Das ist ein anspruchsvoller Auftrag und da er zugleich ein Phantasiegespinst ist, wollen wir uns gedanklich nur mit dem letzten Teil befassen. Welche Regionen Europas halten Sie für besonders ungünstig für wirtschaftliche Entwicklung?

Meine Vermutung: Als erstes würden Sie Island benennen. Kalt, unwirtlich, fernab von möglichen Handelspartnern und wegen heftiger seismischer Aktivität recht störungsanfällig. Dann vermutlich Norwegen: Eine unattraktive Randlage, klimatisch kaum attraktiver als Island, weite Teile des Landes kaum zu besiedeln, Gletscher, Gebirge und Fjorde erschweren Verkehrsverbindungen. Vielleicht als Nächstes Irland: Ebenfalls eine Randlage, nur auf dem Wasserweg zu erreichen, flächenmäßig eher klein und in jeder Hinsicht der großen britischen Insel im Osten unterlegen. Und sicherlich auch die Alpenregion: Viel zu gebirgig, kein Zugang zum Meer, keine schiffbaren Wasserwege, Straßenbau sehr teuer und Pässe im Winter überwiegend nicht passierbar. Ihre Empfehlung an Ihr Wirtschaftsministerium: Die meisten Regionen Europas sind sehr geeignet, aber von diesen Gegenden möge man lieber die Finger lassen!

Nach diesem Gedankenexperiment werfen wir einen Blick auf die Liste der reichsten Länder der Welt, wie sie vom Internationalen Währungsfonds (IWF) zusammengestellt wird – eine Rangordnung nach der Höhe des Bruttoinlandsprodukts pro Kopf. Die fünf reichsten Länder der Welt (Stand 2017) sind europäische Staaten und interessanterweise finden sich darunter genau die eben beschriebenen Gebiete: die Schweiz, Norwegen, Island und Irland. In dieser Reihenfolge.

Vielleicht werden Sie einwenden, dass wir im Gedankenexperiment den Öl- und Gasvorkommen Norwegens genauso wenig Rechnung getragen haben wie der günstigen seismischen Energie Islands. Korrekt. Aber man darf die Verfügbarkeit natürlicher Ressourcen auch nicht überbewerten: Die gesamte Industrie Norwegens (von der der Energiesektor nur ein Teil ist), trägt lediglich ein Viertel zum Bruttoinlandsprodukt bei. Der Dienstleistungssektor ist viel bedeutender. Und in Island macht die Industrie (inklusive Energie) sogar nur 15 Prozent des BIPs aus. Es lässt sich nicht in Abrede stellen: Norwegen und Island sind auch in anderen Branchen außerordentlich erfolgreich.

Die Schweiz und Irland haben ohnehin keine großen Rohstoffvorkommen. Dennoch gehören sie zu den fünf reichsten Staaten der Welt. Übrigens: Der reichste Staat der Welt ist Luxemburg. Noch vor der Schweiz.

Warum betone ich das? Ich finde es interessant, dass die fünf reichsten Länder der Welt alle europäisch sind[13] und dass drei dieser Staaten (Island, Norwegen und die Schweiz) nicht Mitglied der EU sind. Folgerung: Man muss nicht Mitglied der EU sein, um wirtschaftlich sehr erfolgreich zu sein. Allerdings sind zwei der fünf reichsten Staaten (Luxemburg und Irland) sehr wohl Mitglied der EU. Folgerung: Es

---

13 Der IWF führt zwischen den fünf europäischen Staaten noch die ehemalige portugiesische Kolonie Macau auf. Macau ist aber kein Staat, sondern eine chinesische Sonderwirtschaftszone – ein Teil Chinas mit besonderen Autonomierechten.

schadet auch nichts, Mitglied der EU zu sein. Die EU-Mitgliedschaft steht wirtschaftlichem Erfolg nicht entgegen.

Nun hat das anfängliche Gedankenexperiment ja auch ergeben, dass – mit Ausnahme Luxemburgs – diese reichsten Staaten der Welt nicht gerade durch ihre geographischen oder klimatischen Bedingungen für wirtschaftlichen Erfolg besonders prädestiniert waren. Ganz im Gegenteil: Historisch waren Island, Norwegen und Irland stets ausgesprochen dünn besiedelt, was dafür spricht, dass diese Staaten lange Zeit durch natürliche Faktoren eher benachteiligt waren. Es war einfach nicht viel Lebensgrundlage verfügbar. Island zum Beispiel hat erst in der zweiten Hälfte des 19. Jahrhunderts seine erste und lange Zeit einzige Industrie entwickelt: Die fabrikmäßige Verarbeitung von Heringen zur Gewinnung von Fischöl. Das konnte nach Kopenhagen exportiert werden, wo es der jüngst eingeführten nächtlichen Straßenbeleuchtung, dem Stolz der dänischen Bürger, als Brennstoff diente.

Die Vorstellung, dass Millionen von Heringen nur für den Betrieb Kopenhagener Straßenlaternen verkocht wurden, ist für Tierfreunde sicherlich gewöhnungsbedürftig. Aber woran sich die Isländer eben auch gewöhnten, das war die Ausrichtung auf den Export. Wirtschaftliche Tätigkeit wurde immer mehr auf die Ausfuhr und immer weniger auf die Selbstversorgung ausgerichtet. Das galt nicht nur für Island, sondern auch für Irland und Norwegen. Die Schweizer handelten schon etwas länger sehr erfolgreich mit dem Ausland, aber auch hier nahm die Exportorientierung zu. Und mit den Exporten begann der wirtschaftliche Aufstieg.

Kleine Länder haben im Inland nur kleine Absatzmärkte. Deshalb müssen sie sich darauf spezialisieren, ihre Waren ins Ausland zu verkaufen. Natürlich wollen sie im Gegenzug auch Waren im Ausland kaufen, denn im eigenen Land werden viele Produkte gar nicht hergestellt. Der Aufstieg kleiner Länder, die von Natur und Geographie her eher benachteiligt sind, ist ohne schwunghaften Außenhandel überhaupt nicht vorstellbar.

Deshalb hatten sich seit 1960 viele europäische Staaten, darunter Island, Norwegen, die Schweiz und übrigens auch das kleine, aber über-

aus wohlhabende Fürstentum Liechtenstein[14] schon früh der Europäischen Freihandelszone EFTA angeschlossen – einer Konkurrenz zur
damaligen EWG. Früher oder später traten die meisten EFTA-Staaten
der heutigen EU bei. Nicht aber diese vier. Stattdessen suchten sie die
Nähe zum europäischen Binnenmarkt. Island, Norwegen und Liechtenstein traten dem Binnenmarkt bei. Die Schweiz schloss eine Reihe
von bilateralen Abkommen mit der EU, die ihr de facto ebenfalls eine
Teilnahme am Binnenmarkt ermöglichen.

5.7 Erfolge und Probleme der EU

Die eigentliche EU-Mitgliedschaft ist für den wirtschaftlichen Erfolg eines europäischen Staates offenbar nicht wirklich wichtig. Nicht schädlich, aber auch nicht nötig. Aber die Tatsache, dass alle reichen Staaten Europas am Europäischen Binnenmarkt teilnehmen möchten, legt
nahe, dass dieser Binnenmarkt in der Tat eine wesentliche Voraussetzung für wirtschaftlichen Erfolg ist. Denn der Binnenmarkt eröffnet jedem teilnehmenden Staat einen großen Absatzmarkt für seine Exporte.
Es ist nun ein enormes strategisches Problem für die EU, dass einige der reichsten Staaten Europas nicht der EU angehören und sich
stattdessen auf die Teilnahme am Binnenmarkt beschränken. Welche
Folgen hätte es für die Stabilität der EU, wenn Großbritannien nach
seinem Austritt aus der EU ebenfalls die Nähe zum Europäischen
Binnenmarkt suchen würde, vielleicht mit ähnlichen Abkommen wie
die Schweiz? Wenn Großbritannien sich dann wirtschaftlich ähnlich
erfolgreich entwickeln würde wie die Schweiz, könnten auch andere
EU-Mitglieder auf die Idee kommen, dass eine EU-Mitgliedschaft nicht
wirklich nötig sei und eine Anbindung an den Binnenmarkt völlig aus-

---

14 In Ranglisten der reichsten Länder der Welt wird Liechtenstein meist nicht erfasst. Der
Grund ist mir nicht bekannt. Aber wenn Liechtenstein aufgeführt wird, dann zählt es
ähnlich wie Luxemburg zu den allerreichsten Staaten der Erde. Es ist damit ein weiteres
Beispiel für einen sehr wohlhabenden europäischen Staat, der nicht der EU angehört.

reichen würde. Es könnte daher mittelfristig zu weiteren EU-Austritten kommen, wenn sich die Einschätzung verstärkt, dass die EU jenseits ihres großen Binnenmarktes nicht besonders gut funktioniert und gelegentliche Systemausfälle große und schmerzhafte Verwerfungen verursachen.

Lassen wir aber die strategische Herausforderung, die sich der EU mit dem Brexit stellt, außen vor. Zunächst ist es nützlich, sich die EU als aus zwei Teilen bestehend vorzustellen: einerseits dem Binnenmarkt – und andererseits allen ihren sonstigen Politikfeldern. Zu dem ganzen Rest gehören wichtige, aber oft auch kontroverse oder problembeladene Teile der EU, zum Beispiel die gemeinsame Agrarpolitik, die gemeinsame Handelspolitik und die Zollunion, die Wirtschafts- und Währungsunion (insbesondere der Euro), die gemeinsame Asyl- und Flüchtlingspolitik, die gemeinsame Innen- und Justizpolitik (insbesondere das Schengener Abkommen) und die gemeinsame Außen- und Sicherheitspolitik.

Der EU-Binnenmarkt funktioniert prächtig und ist, wie ich hervorgehoben habe, so erfolgreich, dass auch Nicht-EU-Staaten an ihm teilnehmen.[15] Viele der sonstigen Tätigkeitsbereiche der EU sind hingegen umstritten und manche sind Ursache schwerer Krisen:

– Die gemeinsame Agrarpolitik zum Beispiel wird kritisiert, weil mit 52 Milliarden Euro fast die Hälfte (41 Prozent) des EU-Haushalts in die Landwirtschaft fließt, obwohl dieser Sektor nur 1,5 Prozent der Wertschöpfung der EU ausmacht. Ein kompliziertes System von Beihilfen und Subventionen erstreckt sich über die Landwirtschaft. Dennoch fühlen sich die Landwirte bevormundet, überreguliert und unter Wert bezahlt – und immer wieder protestieren sie auf den Straßen.

– Die gemeinsame Handelspolitik steht gleich von zwei Seiten unter Beschuss: von denen, die Handelsabkommen wie TTIP und CETA

---

15 Dies erfolgt – wie im EWR – allerdings meist unter Aussparung von Produkten aus Landwirtschaft und Fischerei.

ablehnen,[16] und anderen, die die EU für zu protektionistisch halten. Zu Letzteren zählen zum Beispiel die englischen Brexit-Fans, die stets hervorheben, dass Großbritannien nach einem völligen Bruch mit der EU endlich richtige Freihandelsabkommen abschließen könne.

- Dass die Währungsunion die europäische Banken- und Staatsschuldenkrise genährt und damit in die Eurokrise geführt hat, bedarf keiner weiteren Erläuterung.

- Ebenso wenig die Tatsache, dass die gemeinsame Asyl- und Flüchtlingspolitik der EU im Jahr 2015 zusammengebrochen ist und bis zum heutigen Tage nicht wieder aufgerichtet werden konnte.

- Ob das Schengener Abkommen, das den Wegfall der Personenkontrollen an den Binnengrenzen der EU regelt, gerettet werden kann, steht damit auch infrage. Dies aber ist der Kern der gemeinsamen Innen- und Justizpolitik.

- Die gemeinsame Außen- und Sicherheitspolitik der EU könnte durch die Bestrebungen, eine EU-Armee zu errichten, zum nächsten großen Problemfall werden, denn zahlreiche Bürger halten es angesichts der vielen gescheiterten Vorhaben der EU nicht für sinnvoll, dass die EU nun auch noch versucht, eine Militärmacht zu werden.

Man kann es auch so sagen: Die EU hat ein großes gelungenes Projekt, den Binnenmarkt. Zu diesem Projekt gehören inhaltlich auch die Zollunion und die gemeinsame Handelspolitik, auch wenn sie formal als getrennte Politikbereiche geführt werden. Aber es ist natürlich klar, dass ein gemeinsamer Markt auch einen gemeinsamen Außenschutz haben muss. Ob dieser Außenschutz nun zu locker oder zu strikt ist, ist im Augenblick ein nachrangiges Problem. Wichtig ist, dass dieser Binnenmarkt und sein Schutzwall insgesamt zweifellos die größte und

---

16 Die »Transatlantische Handels- und Investitionspartnerschaft« (TTIP) der EU mit den USA ist (Stand April 2019) noch nicht beschlossen. Das »Umfassende Wirtschafts- und Handelsabkommen« (CETA) der EU mit Kanada wurde im September 2017 vorläufig in Kraft gesetzt, muss aber noch ratifiziert werden.

wichtigste institutionelle Errungenschaft der Europäischen Union darstellen. Das heutige Ausmaß an Frieden und Wohlstand in Europa geht maßgeblich darauf zurück.

Die anderen Politikfelder der EU sind ein Gemischtwarenladen, über dessen Sortiment die Meinungen sehr auseinandergehen können. Manches ist nützlich und brauchbar, anderes von zweifelhaftem Wert. Und dann gibt es auch Scherbenhaufen, die noch niemand aufgekehrt hat, darunter die aus den Fugen geratene Währungsunion und die funktionsunfähig gewordene Asyl- und Flüchtlingspolitik.

Wer den Gemischtwarenladen eher negativ einschätzt, denkt vielleicht, dass Norwegen, Island, die Schweiz und Liechtenstein fein raus sind. Aber das Verhalten dieser Staaten kann nicht zur Nachahmung empfohlen werden. Um dies zu verstehen, muss man wissen, dass der Binnenmarkt nicht einfach ein Markt ist. Tatsächlich ist der Binnenmarkt eher ein Staat, denn er verfügt über – und braucht! – eine Legislative, eine Exekutive und eine Judikative. Zu Deutsch: Zum Binnenmarkt gehören zwingend auch ein Gesetzgeber, eine Regierung und ein Gerichtshof.

5.8 Loblied des Binnenmarktes

An dieser Stelle müssen wir über die Unterschiede zwischen Freihandelsabkommen einerseits und einem Binnenmarkt andererseits sprechen. Ich erwähnte ja schon, dass die europäische Einigung zunächst zwei konkurrierende Wege beschritt: Einige Staaten schlossen sich in der EWG zusammen und betrieben schrittweise das Projekt eines Binnenmarktes. Andere Staaten mieden die EWG und schlossen stattdessen ein Freihandelsabkommen und schufen so die Freihandelszone EFTA. Beide Initiativen, EFTA und EWG, hatten gemein, dass sie den Handel zwischen den Mitgliedsstaaten erleichtern wollten, indem sie die Zollschranken abbauten. Idealerweise sollten Güter und Dienstleistungen ungehindert über die Binnengrenzen fließen können.

Aber Zölle sind nicht das einzige Handelshemmnis und heutzutage sind sie noch nicht einmal mehr das entscheidende. Viel hinderlicher für den internationalen Handel sind inzwischen unterschiedliche Regulierungen in den Handel treibenden Staaten. Denn unsere Produkte, unsere Arbeitsbedingungen und unsere ganze Lebenswelt werden immer komplexer, manchmal auch gefährlicher und sind immer schwieriger zu verstehen. Deshalb greift der Staat ein und erlässt eine Vielzahl von Vorschriften, die die Unbedenklichkeit des Produkts, seine Umweltverträglichkeit, seine sichere Produktion und Entsorgung, die Einhaltung technischer Standards oder die Wettbewerbsbedingungen des Marktes gewährleisten sollen. Alle Staaten erlassen ständig und in großem Umfang Rechtsakte, Gesetze und Verordnungen, die derartige Vorschriften enthalten. Alle diese Regulierungen sind gut gemeint, auch wenn lange nicht alle gut gemacht sind.

Das entscheidende Problem ist aber, dass alle Staaten im Normalfall unterschiedliche Regulierungen haben. Zwar sind die Ziele, die mit der Regulierung erreicht werden sollen, oft dieselben: Konsumentenschutz, Umweltverträglichkeit, technische Kompatibilitäten usw. Aber die Mittel, mit denen diese Ziele erreicht werden sollen, unterscheiden sich in der Regel beträchtlich, und wann man ein Ziel für erreicht hält, wird auch in jedem Land anders beurteilt.

Produkte, die exportiert werden sollen, müssen den Regulierungen des Empfängerlandes entsprechen. Es kann sehr mühsam für einen Exporteur sein, den Bestimmungen jedes Empfängerlandes gerecht zu werden. Da gibt es sprachliche Barrieren, Unklarheiten in den Gesetzestexten, fremde Prüf- und Zulassungsverfahren. Zudem muss das Produkt möglicherweise für jedes Empfängerland in bestimmten Aspekten anders hergestellt werden. All das erschwert den Handel, und manches Importland missbraucht seine Regulierungskompetenz auch dazu, die Unternehmen des eigenen Landes gegenüber ausländischer Konkurrenz zu bevorteilen.

In einem Freihandelsabkommen kann man bestenfalls Verabredungen darüber treffen, dass man bestimmte Regulierungen gegenseitig anerkennt. Das ist aber unzulänglich, weil ein Freihandelsabkommen »altert«. Im Laufe der Zeit entwickelt jeder Staat seine Regulierungen weiter oder erlässt neue Vorschriften für neue Produkte. Dadurch entstehen neue Handelshemmnisse – sie »wachsen nach«. Das bedeutet, dass ein Freihandelsabkommen ständig nachverhandelt werden müsste – andernfalls würde es schnell seinen Zweck nur noch unzulänglich erfüllen.

In einem Binnenmarkt wird deshalb ein anderer Ansatz gewählt: Für alle Teilnehmerstaaten gibt es einen und nur einen Gesetzgeber, der die Regulierung erlässt. Deshalb haben alle Staaten dieselbe Regulierung und es gibt keine Handelshemmnisse. Auch wenn die Regulierung weiterentwickelt und modernisiert wird, ist sie automatisch immer die gleiche für alle teilnehmenden Staaten. Alle Staaten des Binnenmarktes sind deshalb immer auf dem neuesten Stand, ohne dass es irgendwelche Nachverhandlungen bräuchte.

Der Binnenmarkt ist also dynamisch, während eine Freihandelszone nur statisch ist. Das ist ein großer Vorteil eines Binnenmarktes und dieser Vorteil hat dazu geführt, dass sich im Laufe der Zeit die meisten Mitglieder der Freihandelszone EFTA der EU angeschlossen haben: Dänemark, Großbritannien, Portugal, Schweden, Finnland und Österreich.

Der Gesetzgeber des europäischen Binnenmarktes besteht aus dem Europaparlament und dem Rat der Europäischen Union. Es handelt sich also um ein Zweikammersystem, ähnlich wie wir es in Deutschland mit Bundestag und Bundesrat haben. Im Europaparlament und im Bundestag sind die vom Volk gewählten Abgeordneten vertreten; im Rat der EU und im Bundesrat sind die Regierungen der Staaten bzw. der Bundesländer vertreten. Gemeinsam beschließen Europaparlament und Rat die Gesetze, die in allen EU-Ländern entweder unmittelbar geltendes Recht darstellen oder von den nationalen Parlamenten in nationales Recht umgesetzt werden müssen.

Etwa 80 Prozent der Gesetze, die in der EU erlassen werden, betreffen den Binnenmarkt. Insofern ist der Binnenmarkt wirklich der mit

Abstand größte Teil der EU. Alle Gesetze, die den Binnenmarkt betreffen, müssen auch von Norwegen, Island und Liechtenstein in nationales Recht umgesetzt werden, obwohl diese Staaten weder im Rat noch im Europaparlament eine Mitwirkungsmöglichkeit besitzen. Wer nicht zur EU gehört, ist Binnenmarktmitglied zweiter Klasse.[17]

Ein Binnenmarkt braucht also einen Gesetzgeber. Aber wo es Gesetze gibt, muss es auch eine Behörde geben, die die Gesetze anwendet und ihre Einhaltung überwacht. Das ist die EU-Kommission, die die Rolle einer Regierung übernimmt. Und dann muss es eben einen Gerichtshof geben, der das Gesetz auslegt und Streitfälle entscheidet. Das ist der Europäische Gerichtshof (EuGH). Mit diesen drei Institutionen, Legislative, Exekutive und Judikative, hat ein Binnenmarkt bereits wesentliche Merkmale eines Staates.

Damit wird verständlich, weshalb die Sonderrolle, die Norwegen, Island, Liechtenstein und die Schweiz einnehmen, nicht zur Nachahmung empfohlen werden kann: Erstens aus Sicht der Allgemeinheit: Was diese Staaten machen, ist eigentlich Trittbrettfahrerei. Sie können die Vorteile des Binnenmarktes nur deshalb nutzen, weil andere Staaten die nötigen Institutionen geschaffen haben: Gesetzgeber, Regierung, Gerichtshof. Nur weil es die EU und ihre Institutionen gibt, gibt es den Binnenmarkt. Wenn hingegen alle Staaten sich von der EU abwenden würden und ähnlich den EFTA-Staaten nur am freien Handel des Binnenmarktes teilnehmen wollten, dann gäbe es keinen Binnenmarkt mehr. Denn dann würden die staatsähnlichen Institutionen fehlen, ohne die ein Binnenmarkt nicht existieren kann.

Zweitens aus individueller Perspektive: Wer nicht drin ist, kann natürlich auch nicht mitbestimmen. Es muss ja schon unbefriedigend für

---

17 Die Schweiz hat eine alte Tradition direkter Demokratie. Durch Volksbegehren kann jedes Gesetz zu Fall gebracht werden. Deshalb ist es für die Schweiz sehr schwierig, dem Binnenmarkt beizutreten, denn die Schweiz kann nicht vertraglich zusagen, dass jedes EU-Gesetz auch Schweizer Gesetz wird. Das ist der Grund, weshalb die Schweiz bislang nur durch bilaterale Abkommen sehr nahe am Binnenmarkt gehalten wird. Dennoch setzt die Schweiz schon seit Jahren alle Binnenmarktgesetzgebung der EU Buchstabe für Buchstabe um.

das Quartett der besonders reichen europäischen Staaten sein, dass die EU ihnen ihre Rechtsvorschriften mehr oder weniger diktiert. Die vier Staaten haben keinerlei Mitwirkungsmöglichkeit bei der EU-Gesetzgebung, weder im Europaparlament noch im Rat. Als EU-Mitglied steht man insofern eindeutig besser da.

Es sei denn, man möchte partout kein EU-Mitglied sein. Wie die harten Brexiteers in Großbritannien. Die wollen raus aus dem Binnenmarkt, und das hat eine gewisse Logik: Wenn Großbritannien trotz EU-Austritts im Binnenmarkt verbliebe – also sich zum Beispiel am Status von Norwegen orientieren würde –, dann wäre Großbritannien immer noch dem Europäischen Gerichtshof und rund 80 Prozent aller EU-Gesetze unterworfen. Aber anders als heute hätten die Briten keinerlei Möglichkeit mehr, bei der Gesetzgebung mitzubestimmen und ihre eigenen Interessen einfließen zu lassen. Wäre dies nicht eine klare Verschlechterung gegenüber der Vollmitgliedschaft in der EU? Wird diese Verschlechterung wirklich aufgewogen dadurch, dass man rund 20 Prozent an eher weniger bedeutenden Gesetzen nun nicht mehr umsetzen muss?

Wer A sagt, muss auch B sagen. Wer den Binnenmarkt will, muss auch Europäische Gesetzgebung akzeptieren. Und wer will, dass dies eine gute, schlanke, effektive Gesetzgebung ist, der darf nicht schmollend am Spielfeldrand stehen, sondern der muss teilnehmen und mitreden. Der muss sein Möglichstes geben, um maßlosen Regelungsdrang, sinnlose Bürokratie und moralisierende Bevormundung mündiger Bürger zu verhindern.

Die EU betreibt in dieser Hinsicht mancherlei Exzesse. Aber es sind eben Exzesse – Dinge, die das darunter liegende Normale, Sinnvolle und Gute überschreiten. Diese Exzesse muss man bekämpfen, statt die EU als Ganzes abzulehnen. Deshalb ist es richtig, an der Europäischen Gesetzgebung teilzunehmen. Man muss sich einbringen, um für eine bessere EU zu kämpfen.

5.9 Die immer engere Union

Ich bin Volkswirt von Beruf, aber in meiner Freizeit bin ich gerne Gärtner. Ich liebe meinen Garten und buddle, pflanze und wirtschafte in meinem Garten mit all dem Können, das man erwarten darf, wenn man den Prof zum Gärtner macht.

Besonders hängt mein Herz am eigenen Obst. Nichts ist schöner, als im Spätsommer einen gut tragenden Obstbaum mit vollen, reifen Äpfeln, Birnen oder Zwetschgen abzuernten. Aber dafür muss ich meine Obstbäume regelmäßig schneiden. Eine ungepflegte Krone mit Wasserreisern, Tot- und Schwachholz, dicht und wirr durcheinanderstehend, bildet nur kleine, mickrige und oft pilzbefallene Früchte aus. Also nehme ich mir eine Baumschere und lichte aus. Denn ich weiß: Die Substanz meines Baumes ist gut.

Aber was zu viel ist, muss weg. Einerseits die kranken und schwachen Äste, andererseits ein Großteil der Neuaustriebe, die Jahr für Jahr ungerufen irgendwo hervorbrechen und den fruchttragenden Ästen Licht und Raum nehmen.

Die EU ist solch ein Baum. Sie hat kräftige, gut ausgebaute Leitäste, die reiche Frucht tragen. Zu ihnen zählt der Binnenmarkt. Aber sie hat auch anderes Astwerk von sehr unterschiedlichem Wert. Manche Zweige treiben sogar ausgesprochen seltsame Blüten. Und immer wieder kommen Neuaustriebe hinzu, von denen manche überflüssig sind oder sogar die Ertragskraft der Hauptäste beeinträchtigen.

Staaten wie die Schweiz, Norwegen, Island und demnächst Großbritannien meiden die EU vielleicht vor allem wegen dieser ständigen Neuaustriebe. Sie sind interessiert am Binnenmarkt, aber das meiste, was darüber hinausgeht, ist in ihren Augen überflüssiges und lästiges Gedöns. Es kostet Geld, es beinhaltet politische Verpflichtungen, aber es hat – in ihren Augen – wenig praktischen Nutzwert. Und wenn sie manches, was da heranwächst, sogar für schädlich halten, dann verzichten sie sogar lieber auf die Mitwirkungsmöglichkeiten bei der Europäischen Gesetzgebung, als dass sie sich auf etwas einlassen, das ihnen nicht geheuer ist, das sie nicht kontrollieren können und das sie auch nicht nach eigenem Gutdünken wieder abschaffen können.

Um ein Beispiel zu geben: Großbritannien war stets gegen den Vorschlag, eine Europäische Staatsanwaltschaft zu schaffen. Die Europäische Staatsanwaltschaft ist eine Behörde, die Straftaten bei der illegalen Verwendung von EU-Geldern verfolgen soll. Die Briten wenden ein, dass solche Straftaten bereits in die Zuständigkeit der nationalen Staatsanwaltschaften fallen und von diesen auch verfolgt werden. Die EU sei kein Staat und habe keine Kompetenz in Justizangelegenheiten, ihr obliege auch nicht die Strafverfolgung. Wenn man jetzt eine Europäische Staatsanwaltschaft mit zunächst nur eingeschränkten Zuständigkeiten schaffe, dann werde es nicht lange dauern, bis die Zuständigkeiten erweitert würden. Dies führe entweder zu Dopplungen und Konflikten mit den nationalen Staatsanwaltschaften oder zu einer schrittweisen Verlagerung der Strafverfolgungskompetenz auf die EU-Ebene.

Die grundlegende Furcht Großbritanniens und einiger anderer Mitgliedsstaaten besteht darin, dass der Nationalstaat immer mehr ausgehöhlt wird, indem Kompetenzen der Mitgliedsstaaten an die EU übertragen werden. Im schlimmsten Fall entsteht daraus ein übermächtiger Bundesstaat, die Vereinigten Staaten von Europa, und die Nationalstaaten bleiben als vergleichsweise leere Hülle zurück.

Wer dies fürchtet und eine solche Entwicklung vermeiden will, könnte ebenfalls eine bloße Binnenmarktteilnahme (ohne Mitwirkungsrechte bei der Gesetzgebung) der Vollmitgliedschaft in der EU vorziehen. Oder er könnte, wie Großbritannien, auch den Binnenmarkt verlassen wollen, um gesetzgeberisch die volle Autonomie zu haben. Schwierigere Exportbedingungen für seine Unternehmen würde dieser Staat dann billigend in Kauf nehmen, um der Staatswerdung der EU entgehen und die eigene Unabhängigkeit wahren zu können.

Es geht bei dieser Fragestellung nicht mehr allein um die EU, um den Binnenmarkt und um die sonstigen Politikfelder der Union. Es geht vielmehr um das Verhältnis zwischen einer wachsenden EU und einem mit dieser EU verflochtenen Mitgliedsstaat. Die EU strebt in den Europäischen Verträgen eine »immer engere Union« an. Wenn die Union enger wird, müssen sich ihre Mitgliedsstaaten aneinander anpassen.

Das kann, wie zum Beispiel bei der gemeinsamen Gesetzgebung im Binnenmarkt, ein sehr nützliches Unterfangen sein. Aber jeder Staat und alle Bürger müssen dann von Gewohntem abrücken und Vertrautes aufgeben. Das fällt oft schwer. Und viele Bürger zweifeln bei einzelnen Maßnahmen daran, dass das, was sich ändern soll, wirklich nützlich und notwendig ist. Manchmal halten sie es sogar für schädlich. Egal, ob im Binnenmarkt oder in anderen Politikbereichen der EU: Harmonisierungsbemühungen und die Übertragung von Kompetenzen müssen eine gute Rechtfertigung haben. Wo diese fehlt, sollte man die Finger davon lassen.

Ich habe jetzt viel über Staaten gesprochen, die am Rande der EU stehen. Reiche, erfolgreiche Staaten, aber eben doch Staaten, die von Anfang an integrationsskeptisch waren. Da sind die EFTA-Staaten, die der EU nie beigetreten sind, und da ist Großbritannien, das immer zurückhaltend war, immer Ausnahmen für sich beansprucht hat und nun die EU verlässt, weil es seine Unabhängigkeit zu stark eingeschränkt sieht. Was aber ist mit einem integrationsfreundlichen Land wie Deutschland, das sich stets als Motor der europäischen Einigung gesehen hat? Wie erleben wir das Verhältnis zwischen Deutschland und der EU – und welchen Veränderungen ist dieses Verhältnis unterworfen?

5.10 Die Staatswerdung der EU

Anders als Großbritannien ist Deutschland in jeder Hinsicht ein Teil der EU. Und die EU ist in jeder Hinsicht ein Teil von Deutschland. Überall und über die Jahre hinweg immer mehr stoßen wir in unserem täglichen Leben auf die EU. Viele Gesetze, die unser Leben bestimmen, sind europäische Gesetze, die nicht vom Bundestag, sondern in Straßburg und Brüssel beschlossen wurden. Das Geld, mit dem wir unseren Lebensunterhalt bestreiten, ist europäisches Geld. Über unseren Rechtsstaat wacht als höchstes Gericht der Europäische Gerichtshof. Die EU subventioniert unsere Landwirtschaft, finanziert wichtige Bauvorhaben, unterstützt die regionale Entwicklung und fördert Kulturprojekte. Ja, und auch die Flüchtlinge, die wir aufnehmen, berufen sich auf die Dublin-Regeln der EU. Deutschland steht nicht am Spielfeldrand wie Norwegen, die Schweiz oder wie ein auch vor dem Brexit nur halb integriertes Großbritannien: Deutschland ist aufs Engste mit der EU verflochten.

Nun entsteht, langsam aber stetig aus der EU ein eigener Staat. Die EU hat bereits: ein eigenes Parlament, eine eigene Regierung (die Kommission), eigene Gerichtshöfe, eine eigene Währung, eine eigene Zentralbank, eine eigene Gesetzgebung, einen eigenen Haushalt und eine ganze Reihe von nachgelagerten Institutionen. Sie drängt auf ein eigenes Recht zur Steuererhebung, auf eigene Kompetenzen in der Sozialpolitik und auf eine europäische Armee. Wenn die EU dies bekommt, wäre von Deutschland als Staat nicht mehr so viel übrig. Vielleicht Bildung und Kultur.

Die Vereinigten Staaten von Europa, die mir in meiner Jugend so erstrebenswert erschienen, könnte es also tatsächlich geben. Nie hatte ich mir in meiner jugendlichen Schwärmerei nähere Gedanken darüber gemacht, wie aus den Nationalstaaten Europas die Vereinigten Staaten von Europa entstehen sollen. Das wird schon irgendwie funktionieren, dachte ich. Heute, als ein Verantwortung tragender Politiker, gehört es zu meinen Aufgaben, genau darüber nachzudenken: Funktioniert es, kann es überhaupt funktionieren und warum funktioniert es möglicherweise nicht?

»Er muss wachsen, ich aber muss abnehmen«, sagt im Neuen Testament Johannes der Täufer über den anderen großen Wanderprediger seiner Tage, Jesus von Nazareth. Genau das beschreibt das Spannungsverhältnis zwischen Deutschland und der Europäischen Union. Je mehr die Europäische Union zu einem Staat heranwächst, desto mehr muss die Staatlichkeit Deutschlands abnehmen. Man kann nicht Diener zweier Herren sein: Wo immer der Staat Autorität ausübt, liegt diese Autorität entweder bei der EU oder bei der Bundesrepublik Deutschland.

In einem funktionierenden Staat müssen Kompetenzen eindeutig zugeordnet sein. Kompetenzmäßig bedeutet eine Stärkung der Europäischen Union deshalb immer und notwendigerweise eine Schwächung der Bundesrepublik Deutschland. »Die EU muss wachsen, ich aber muss abnehmen«, würde die Bundesrepublik Deutschland sagen, wenn sie imstande wäre, die Politik zahlloser Bundesregierungen zu kommentieren.

Das ist mir, dem europabegeisterten jungen Mann, lange nicht klar gewesen. Und vielen Bürgern, mit denen ich spreche, ist dieser Sachverhalt ebenfalls nicht klar ist: Mehr Europa bedeutet weniger Deutschland. Denn die europäische Einigung, die fast alle Deutschen gutheißen, hat eine zwangsläufige Kehrseite, das allmähliche Verblassen der Bundesrepublik Deutschland.

Politiker fast aller Parteien betonen stets die Vorteile der europäischen Einigung. Sie sonnen sich im Glanze ihres Europäertums. In den Medien lassen sie sich als »glühende Europäer« porträtieren. Das mag ja alles wahr sein. Aber redlicherweise sollten diese Politiker die Bürger darauf hinweisen, dass die Stärkung der EU mit einer Schwächung des deutschen Staates erkauft werden muss. Ein glühender Europäer nimmt in Kauf, dass der deutsche Staat verglüht. Oder zumindest heruntergedimmt wird.

Wohlgemerkt: Ich spreche hier über den Verlust an *Staatlichkeit* der Bundesrepublik. Mit dem absurden Vorwurf mancher hochrangiger AfD-Politiker (darunter Bundestagsabgeordnete und aussichtsreiche Europakandidaten), dass Deutschland in seinem Deutsch-Sein »abgeschafft« und die Identität des deutschen Volkes vernichtet werden solle, hat das nichts gemein. Wer ernsthaft den Vorwurf einer heimlichen Verschwörung zur »Umvolkung« Deutschlands erhebt, hat einen Dachschaden und disqualifiziert sich für seriöse politische Diskussionen. Derartig vergiftende Verleumdungen erschweren es vielmehr denen, die die Flüchtlingspolitik der Bundesregierung aus guten Gründen kritisieren. Mir aber geht es hier überhaupt nicht um den angeblich »völkischen« Gehalt einer bestimmten Flüchtlingspolitik, sondern um die europapolitische Frage, ob staatliche Kompetenzen auf die EU-Ebene verlagert oder besser auf der Ebene der Mitgliedsstaaten verbleiben sollen.

Dies ist eine Frage der Staatsorganisation und nicht eine Frage der völkischen Identität. Und in Bezug auf die Staatsorganisation ist wohl kaum umstritten, dass die Bundesrepublik Deutschland immer ein ziemlich gut funktionierender Staat war. Wer Aufgaben auf die EU-Ebene verlagern will, der muss das erstmal toppen.

Ein funktionierendes Staatswesen einer seiner Funktionen zu berauben, um ein neu entstehendes damit zu betrauen, ist ein enormes Risiko. Es ist wie der Wechsel des Betriebssystems auf einem Computer: Plötzlich funktioniert ein Programm nicht mehr so, wie es immer funktioniert hat. Und wenn man Pech hat, kommt es zum Systemabsturz.

Bislang ist die EU nicht zusammengebrochen – zu unser aller Glück. Aber es hat einen schweren Systemausfall im Rahmen der Eurokrise gegeben und einen weiteren schweren Systemausfall im Rahmen der Flüchtlingskrise. In beiden Fällen hatte die EU eine zuvor nationalstaatliche Kompetenz übernommen und ist mit dieser Kompetenz wenig später in dramatischer Weise gescheitert. Die europäische Währung und die einheitliche Asyl- und Flüchtlingspolitik der EU haben ihre Feuertaufe nicht bestanden. An den wirtschaftlichen, politischen und gesellschaftlichen Folgen werden wir noch lange zu tragen haben.

Man könnte aus diesen Krisen die Schlussfolgerung ziehen, dass man Währung und Asylpolitik lieber nicht der EU übertragen hätte. Aber in einem Akt, der an Unbelehrbarkeit grenzt, zieht die politische Führung der EU gerade den entgegengesetzten Schluss: Europa brauche mehr Kompetenzen, damit sich derartige Krisen nicht wiederholen. Mit Verlaub, das leuchtet nicht unbedingt ein: Wenn die EU bei wichtigen Aufgaben versagt, ist das kein überzeugender Grund, ihr noch mehr wichtige Aufgaben zu übertragen.

Lassen Sie uns hier kurz Luft holen und einen Blick zurück werfen: Im gesamten Kapitel sind wir immer vom Einzelfall ausgegangen und haben dann gefragt, ob der beobachtete Einzelfall ein größeres, systematisches Phänomen beschrieb. Der Selbstmord von Dimitris Christoulas aus wirtschaftlicher Not könnte ein Einzelfall gewesen sein. Aber eine wissenschaftliche Studie zeigt, dass Selbstmorde in Griechenland in dieser Zeit gehäuft vorkamen und eine systematische Ursache hatten: die schwere Krise Griechenlands.

Griechenland hätte ebenfalls ein Einzelfall sein können: vielleicht das einzige Land, das unter dem Euro litt? Aber nein, wir haben das untersucht und festgestellt, dass auch dies systematisch war: Etliche Länder der Eurozone, vor allem ärmere Eurozonenstaaten, sind durch den Euro in ihrer Entwicklung gebremst worden, haben schwere Einbußen an Einkommen und Beschäftigung erlitten und sind hinter die schneller wachsenden reichen Staaten zurückgefallen.

Der Euro wiederum entstand, weil die EU-Mitgliedsstaaten einen Teil ihrer Staatlichkeit der Union übertragen haben: Deutschland darf keine D-Mark mehr ausgeben, Frankreich keinen Franc und Italien keine Lira – es gibt eben jetzt eine europäische Währung. War diese Kompetenzübertragung ein Einzelfall? Nein, denn auch hier haben wir gesehen, dass die Staatlichkeit der EU systematisch wächst und die der Mitgliedsstaaten systematisch abnimmt: Zunächst übergaben die Mitgliedsstaaten der Vorläuferorganisationen die Zuständigkeit für Kohle und Stahl, dann die Zuständigkeit für die Agrar- und Fischereipolitik, dann wurde der Binnenmarkt errichtet und ein beträchtlicher Teil nationaler Gesetzgebungskompetenz ging auf die EU über.

Die Übergabe der Währungshoheit durch die Eurostaaten war ein weiterer Schritt, wenngleich hier einige Mitgliedsstaaten nicht mitgehen wollten. Eine gemeinsame Asyl- und Flüchtlingspolitik überantwortete der EU die Zuständigkeit für den Gesetzesrahmen, den alle Mitgliedsstaaten bei der Aufnahme von Flüchtlingen zu respektieren haben. Und damit ist das Ende nicht erreicht, denn als Resultat aus der Eurokrise erlangte die EU die Zuständigkeit für die Aufsicht und die

Abwicklung systemrelevanter Banken, sie fordert eigene Steuereinnahmen und einen Haushalt für die Eurozone, sie drängt auf eine europäische Arbeitslosenversicherung und auf eine europäische Armee. Nicht immer muss eine Kompetenzübertragung an die EU von Nachteil sein. Aber genauso wenig muss sie immer und automatisch von Vorteil sein. Jedenfalls hat die EU den Beweis dafür nicht erbringen können, denn dem Erfolg des Europäischen Binnenmarktes folgten die desaströsen Systemausfälle der Eurokrise und der Flüchtlingskrise. Skepsis ist also angebracht, wenn die EU – zumal in ihrem heutigen Zustand – die Übertragung weiterer Kompetenzen verlangt.

Nun ist es offenkundig sehr schwierig, eine Aufgabe für 28 Mitgliedsstaaten wahrzunehmen, über die man erstens keine volle Kontrolle hat. Die Durchgriffsrechte, die die EU gegenüber ihren Mitgliedsstaaten hat, sind ungleich geringer als die Durchgriffsrechte der Bundesregierung gegenüber Ländern und Kommunen. Immerhin sind Erstere selbständige Staaten und die Bundesländer sind dies nicht. Zweitens kommt erschwerend hinzu, dass die Mitgliedsstaaten der EU jeweils eigene und sich zum Teil widersprechende Interessen haben. Schon wegen dieser Schwierigkeiten – geringe Steuerungsmöglichkeiten und sehr heterogene Interessen der EU-Länder – ist es a priori nicht klar, ob die jeweilige Aufgabe nicht lieber auf der Ebene der Mitgliedsstaaten bleiben sollte. Dort hat man typischerweise schon langjährige Erfahrung mit ihrer Bewältigung.

Andererseits ist es aus der Perspektive der EU verständlich, dass die Aufgabenerfüllung unbefriedigend ist, wenn man keine volle Kontrolle über die Mitgliedsstaaten hat. Natürlich strebt die EU mit jeder neu übernommenen Aufgabe danach, die Mitgliedsstaaten stärker an die Kandare zu nehmen – ihren nationalen Entscheidungsspielraum also einzuengen.

Kontrolle ist ein wichtiges Stichwort. Oder besser: Kontrollverlust. Viele Bürger haben genau diese Sorge: dass der Staat die Kontrolle verliert. Dass die EU in der Tat sehr viel weniger Kontrollmöglichkeiten gegenüber den selbstständigen Mitgliedsstaaten hat, rechtfertigt und bestärkt solche Bürgersorgen. Solange der eigene Staat die Währung herausgab oder die Asylpolitik regelte oder für die Armee zuständig war, gab es ein Grundvertrauen darein, dass der Staat diese Dinge im Griff hat. Aber beim Übergang der Währungshoheit auf die EU oder bei der Übergabe der Verantwortung für die Asyl- und Flüchtlingspolitik an die EU (und künftig sicherlich auch bei einer europäischen Armee) sorgen sich viele Bürger, ob die EU diese Aufgaben genauso gut und zuverlässig meistern kann, wie es der eigene Staat konnte. Und sie sorgen sich, ob sie, als Bürger, von denen letztlich die Staatsgewalt ausgehen soll, überhaupt die Notbremse ziehen können, falls es einen Systemausfall gibt. Eine eigene Regierung kann man relativ leicht abwählen, aber wie wählt man die EU-Kommission oder den EZB-Rat ab?

Dies wirft dann die Frage nach der Demokratie auf. Wie demokratisch werden wir regiert, wenn maßgebliche Entscheidungen von der EU getroffen werden? Die meisten Bürger erwarten, dass ihre Angelegenheiten entschieden werden von den Abgeordneten, die sie gewählt haben. Dafür haben wir zum Beispiel den Deutschen Bundestag, in dem genau diese Abgeordneten versammelt sind. Wenn aber das Europaparlament entscheidet, dann sind die meisten Abgeordneten in diesem Parlament natürlich nicht von deutschen Bürgern gewählt.

Ist dieses Parlament in gleicher Weise demokratisch legitimiert, wichtige Entscheidungen zu treffen, wie der Deutsche Bundestag dies ist? Wenn wir eine europäische Armee schaffen sollten, könnte das Europaparlament darüber entscheiden müssen, wann und mit welchem Risiko deutsche Bürger im militärischen Einsatz ihr Leben aufs Spiel setzen werden. Kann diese Entscheidung von einem Parlament getroffen werden, das mehrheitlich nicht von deutschen Bürgern gewählt wurde?

Nur 96 von 751 Abgeordneten im Europaparlament stammen aus Deutschland. Verschärfend kommt hinzu, dass dies nicht dem Bevölkerungsanteil Deutschlands an der Gesamtbevölkerung der EU entspricht. Deutschland ist im EU-Parlament unterrepräsentiert, kleinere EU-Staaten sind überrepräsentiert. Auch dies müssen wir bei der Staatswerdung Europas bedenken: Wir dürfen nicht hinter die demokratischen Errungenschaften zurückfallen, die im 19. und frühen 20. Jahrhundert erstritten wurden: Wir haben in Deutschland ein repräsentatives Wahlrecht. Ich halte es für unzumutbar, dass Europa als ein Staat entsteht, der gegen dieses demokratische Grundprinzip verstößt.

Natürlich ist auch die Bundesrepublik als Staat nicht perfekt. Manches kann man verbessern, und es gibt staatliche Aufgaben, die man auf europäischer Ebene besser wahrnehmen kann als auf nationalstaatlicher Ebene. Es spricht nicht grundsätzlich etwas dagegen, Kompetenzen von Deutschland und anderen Mitgliedsstaaten durch die EU wahrnehmen zu lassen. Bei grenzüberschreitenden Problemen, zum Beispiel bei der Wettbewerbsaufsicht im Binnenmarkt oder beim europäischen Handel von Emissionszertifikaten zur Reduzierung von klimaschädlichen Treibhausgasen, ist es sehr sinnvoll, diese Aufgabe durch die EU wahrnehmen zu lassen.

Aber es hängt eben immer von der Aufgabe ab. Leider ist in Deutschland das politische Klima durch eine gedankenlose Pro-Europa-Rhetorik der etablierten Parteien vergiftet, die gerne jeden als Antieuropäer brandmarken, der Zweifel daran äußert, ob eine von diesen Parteien unterstützte Aufgabenübertragung an die EU wirklich vorteilhaft ist. Dieses Narrativ ist, unterstützt durch Zeitung, Funk und Fernsehen, tief im Herzen der deutschen Gesellschaft eingepflanzt. Und es ist ja auch bequem: Denn wer das verinnerlicht hat, erspart sich weiteres Nachdenken.

Nur haben wir inzwischen leider einige Erfahrungen damit, dass die EU eine ihr übertragene Aufgabe nicht gut erfüllt hat. Das kann daran liegen, dass die Aufgabe von Anfang an nicht für die europäische Ebene geeignet war, oder es kann daran liegen, dass die EU ihre Aufgabe mangelhaft erfüllt hat, oder es kann daran liegen, dass man unterschätzt hat, wie gut und effektiv die Mitgliedsstaaten die Aufgabe bewältigt haben, bevor man sie ihnen nahm und auf die EU übertrug. In jedem Fall hätte es sich gelohnt, dem Problem etwas mehr Gedanken zu widmen, als man dies in einer unkritischen Pro-Europa-Stimmung wohl getan hat.

Dann fällt der Vorwurf des Antieuropäertums auf seine Urheber zurück. Denn nichts schadet der EU mehr, als wenn jedem offenbar wird, dass sie eine Aufgabe schlecht erfüllt. Die wahren Pro-Europäer sind die, die sich nicht davon abbringen lassen, in jedem Einzelfall kritisch darüber nachzudenken, ob die EU die ihr zugedachte Aufgabe wirklich besser und zur Zufriedenheit aller Mitgliedsstaaten erfüllen kann. Beispiele dazu finden sich in den nächsten Kapiteln.

Im Kern des Ganzen geht es um einen Gärtner, der neben einen zuverlässig tragenden Obstbaum einen zweiten, jungen Obstbaum gepflanzt hat. Dieser Baum wächst heran und bald, weil der Gärtner ein wenig zu eng gepflanzt hat, nehmen sich die Kronen gegenseitig das Licht. Da muss jeder Baum auf seine guten, starken Äste zurückgeschnitten werden. Kein Gärtner käme wohl auf die Idee, den jungen Baum ungeschnitten wachsen zu lassen und dafür am anderen Baum bewährte Äste mit reicher Frucht der Schere zu opfern.

6. KAPITEL

DIE ZUKUNFT DER EU

Es gibt Bilder, die sich lebenslang einprägen. Bild Nr. 1: Deutsche Soldaten bei der Mobilmachung 1914. Strahlend drängen sie sich an der Tür eines Güterwagens, der sie an die Front bringen wird. Frauen und Freunde reichen Getränke und einen Laib Brot als Wegzehrung hinein. Alle sind bester Laune, man prostet sich zu. Außen auf dem Waggon ein Schriftzug: »Jeder Schuss, ein Russ! Jeder Stoß, ein Franzos!«

Bild Nr. 2: 70 Jahre später. Helmut Kohl und Frankreichs Staatspräsident Mitterrand stehen an den Gräbern von Verdun. 330.000 junge Männer sind dort verblutet. Kohl und Mitterrand stehen mit einigem Abstand nebeneinander. Beide haben ihren Arm vom Körper abgewinkelt und zum Anderen hin ausgestreckt. So halten sie einander fest an der Hand, Kohls rechte in Mitterrands linker. Es ist eine großartige Geste der deutsch-französischen Aussöhnung. Es ist nicht der Beginn dieser Aussöhnung, eher ihre Besiegelung. Diese Aussöhnung war immer und ist auch heute noch der Kern der europäischen Einigung.

Ich habe in diesem Buch über den Beitrag der EU zum Frieden in Europa gesprochen. Ich habe hervorgehoben, dass 70 Jahre Frieden in Europa nicht allein das Verdienst der EU sind, sondern dass Demokratie, Rechtsstaatlichkeit und nicht zuletzt die militärische Kapazität der NATO ebenfalls entscheidend dazu beigetragen haben. Aber die Aussöhnung mit Frankreich ist mehr als das bloße Wahren des Friedens. Die Aussöhnung ist das gegenseitige Vergeben und das gemeinsame Nach-vorne-Schauen. So wie François Mitterrand und Helmut Kohl Hand in Hand stehend nach vorne schauen.

Die frühen Jahre der europäischen Einigung waren geprägt von der Aussöhnung mit Frankreich. Die Aussöhnung ist mehr als das gemeinsame Bekenntnis zu Demokratie und Rechtsstaat oder die beiderseitige Mitgliedschaft in der NATO. Gewiss, Demokratie und Rechtsstaat sind Grundlagen des Friedens und die NATO ist ein Zweckbündnis zu seiner Verteidigung. Aber Demokratie, Rechtsstaat und NATO sagen noch nichts darüber aus, ob man sich mit einem früheren Gegner und Feind ausgesöhnt hat. Dabei ist gerade die Aussöhnung von zentraler Bedeutung: Die Aussöhnung mit Frankreich war eine Voraussetzung für die europäische Einigung und die europäische Einigung war die Tat gewordene Aussöhnung.

In den frühen Jahren der europäischen Einigung gab es in Deutschland und Frankreich eine große Europabegeisterung. Eine genaue Motivforschung ist im Nachhinein natürlich schwierig, aber ich denke, dass diese Begeisterung nicht nur dem Frieden galt, sondern mehr noch und vielleicht vor allem der Aussöhnung. Nicht zufällig wurde 1955 von Richard Graf Coudenhove-Kalergi, dem Gründer der Paneuropa-Union, als Europahymne Beethovens Vertonung von Schillers »Ode an die Freude« vorgeschlagen, die mit »Alle Menschen werden Brüder« genau die Aussöhnung der Völker in den Mittelpunkt stellt.

Wenn wir heute auf die EU schauen, ist von der Europabegeisterung der frühen Jahre nichts geblieben. Die Einstellung zur europäischen Einigung ist nach wie vor ganz überwiegend positiv, aber von Begeisterung und Enthusiasmus ist wenig zu spüren.

Nun mag man zu Recht einwenden, dass sich Begeisterung nicht über Jahrzehnte aufrechterhalten lässt. Das ist unstrittig. Aber zumindest ein bisschen Schwung und Drive für Europa könnte es ja dennoch geben. Wenigstens so viel, wie manche Menschen über Jahrzehnte für ihren liebsten Fußballverein aufbringen können.

Ich will hier über die Zukunft der EU schreiben. Dafür lohnt ein kurzer Blick auf die Vergangenheit. Denn es ist etwas verloren gegangen im Prozess der europäischen Einigung. Das musste nicht sein, aber es ist passiert und einige Gründe dafür habe ich in den vorangegangenen Kapiteln aufgeführt. Beim Blick in die Zukunft müssen wir fragen, ob wir das Verlorene zurückgewinnen können. Oder ob wir etwas Neues an seine Stelle setzen können, das der EU wieder Schwung geben kann, frische Nahrung, neues Blut.

Ich hasse Schlagworte. Aber manchmal können Schlagworte auch Schlaglichter sein. Die geben dann immerhin Orientierung. Deshalb lassen Sie mich mit einigen Schlagworten beginnen, die vielleicht die Entwicklung bis hin zur heutigen EU ganz gut umreißen:

Anfangs, in den Fünfziger- und Sechzigerjahren, ging es um ein Europa des Friedens und der Aussöhnung. Frieden und Aussöhnung sind uns heute fast selbstverständlich geworden.

Dann ging es um ein Europa des Wachstums und des Wohlstands. Der Wohlstand ist uns inzwischen so selbstverständlich geworden, dass manche ihn schon gar nicht mehr wahrnehmen.

Fast gleichzeitig verfolgten wir ein Europa der Freiheit. Keine Handelsschranken, Reisefreiheit, Abschaffung der Binnengrenzen, gleiche Rechte für alle Bürger überall in der Union. Auch das sehen wir heute fast schon als selbstverständlich an. Frieden, Aussöhnung, Wohlstand, Freiheit. Das waren große Visionen. Aus großen Visionen wurden große Aufgaben und sie sind im Wesentlichen vollendet worden. Alles das haben wir erreicht und es ist nach wie vor da, aber es elektrisiert nicht mehr. Es dominiert auch nicht mehr das Bild und die Meinung von Europa. Denn heute wird Europa anders wahrgenommen.

Heute wird Europa wahrgenommen als die EU. Als die EU der Vereinheitlichung, der Harmonisierung und der Regulierung. Als die EU der einheitlichen Währung, der einheitlichen Asylpolitik und der einheitlichen Meinung.

Einheitlichkeit ist langweilig. Sie ist manchmal sinnvoll und manchmal Selbstzweck, aber sie begeistert nicht. Im Gegenteil, sie stößt auf Widerstand, wo Menschen Gewohntes verlieren und sich auf Neues und manchmal Komplizierteres einstellen müssen.

Wer den Erfolg der europäischen Einigung will, kann deshalb keine EU der Einheitlichkeit wollen. Europa muss ein Europa der Vielfalt sein – getreu dem offiziellen Motto der EU »in Vielfalt geeint«. Dieses Motto muss die EU tatsächlich leben. Europa muss Möglichkeiten und Vielfalt bieten, anstatt Zwänge und Pflichten zu setzen. Die EU muss sich nur an ihre eigenen Grundsätze und Prinzipen halten, um auch die Mitgliedsstaaten und ihre Bürger wieder von sich zu überzeugen. Das wäre aber eine andere EU als die heutige. Und das wäre gut, weil dann die Vorstellungen von »Europa« und EU wieder näher aneinanderrücken. Denn wenngleich es heute wenig echte EU-Begeisterung gibt, so gibt es doch durchaus noch eine Europabegeisterung. Vor allem bei jüngeren Menschen, besonders bei denen, die Abitur oder Hochschulbildung haben, die Auslandserfahrungen suchen und Freude am Kontakt zu Gleichaltrigen in anderen Ländern finden. Aber auch bei denen, die gerne reisen, die kulturell interessiert sind, die offen für Fremdes und neugierig auf Unbekanntes sind.

Diese Europabegeisterung hat wenig mit der EU, mit ihren Institutionen und Gesetzen zu tun. Es ist eine eher instinktive Begeisterung für eine vielfältige, offene und tolerante Gesellschaft. Aus ihr leitet sich auch eine positive Grundhaltung zur EU ab, aber diese Haltung ist eben nur abgeleitet. Sie ist keine Begeisterung für die EU an sich. Sie kann sogar getrübt werden, wenn die EU als überregulierende, bürokratische und abgehobene EU der Vereinheitlichung wahrgenommen wird. Denn gerade diese Gruppe von Menschen will keine Einheitlichkeit. Sie hat ihre Freude an der Vielfalt.

Es gibt natürlich auch die anderen. Es gibt Menschen, die nicht gerne reisen, die sich in Fremdsprachen unsicher fühlen, die das Andersartige meiden oder einfach völlig zu Recht der Auffassung sind, dass auch Deutschland ein außerordentlich schönes Land ist. Diese Menschen begeistern sich vermutlich nicht für ein Europa der Vielfalt und der Möglichkeiten. Aber sie haben auch nichts dagegen, solange das, was ihnen gewohnt und vertraut ist, nicht angetastet wird. Wenn Europa Vielfalt und Möglichkeiten bietet, dann muss es auch die Möglichkeit geben, das eigene Lebensumfeld unbehelligt zu genießen, zu pflegen und zu erhalten.

6.1 Eine EU der Einladung und der Freiwilligkeit

Genug der Lyrik. Wenn man über Europa und die EU spricht, werden viele Phrasen gedroschen. Das bringt uns aber nicht weiter. Es kann sogar zur Ernüchterung führen, wenn immer nur dieselben Sprüche geklopft werden, ohne dass eine Konkretion folgt. Wer über eine bessere Zukunft der EU sprechen will, der muss darlegen, wie dies erreicht werden kann. Welche Änderungen am Design der EU und an ihrer Politik sind nötig, um aus dem jetzigen Aschenputtel eine Königin der Herzen zu machen?

Der Rest des Kapitels wird daher notgedrungen weniger blumig. Aber der blumige Teil hat, so hoffe ich, die Leitidee entwickelt: Auch wenn Ziele wie Frieden, Aussöhnung, Freiheit und Wohlstand heute vielleicht nicht mehr so viel Begeisterung erregen können wie vor Jahrzehnten, so hat doch jeder einzelne Mensch Wünsche für sein Leben, für seine Familie und seine Freunde, für die Zukunft seines Landes. Die EU kann helfen, diese Wünsche zu realisieren. Als ein Angebot, nicht als eine Vergatterung zur Teilnahme. Die EU kann eine EU der Einladung sein. Eine Einladung dazu, die Vielfalt Europas zu nutzen und neue Möglichkeiten für den Staat und seine Bürger zu schaffen.

Ich möchte im Folgenden die EU zweiteilen. Ein Teil ist der Binnenmarkt, der andere Teil ist alles andere. Der Euro, zum Beispiel, gehört zu dem Anderen. Am Binnenmarkt kann man teilnehmen, egal welche Währung man nutzt. Das ist heute schon so. Das wird auch in Zukunft so sein.

Es ist keine Geringschätzung damit verbunden, wenn ich das, was nicht Binnenmarkt ist, als »alles andere« zusammenfasse. Zwar halte ich, wie im vorhergehenden Kapitel ausführlich begründet, den Binnenmarkt für eine besonders bemerkenswerte Errungenschaft der EU. Aber an dieser Stelle will ich nicht werten. Ich will zwischen Binnenmarkt und allem Anderen unterscheiden, weil der Binnenmarkt größer ist als die EU. Er hat Mitglieder, die der EU nicht angehören.[1] Es sind

---

[1]   Zwecks sprachlicher Vereinfachung unterscheide ich hier erneut nicht zwischen Binnenmarkt und EWR. Auf die eher unwesentlichen Unterschiede habe ich an früherer Stelle schon hingewiesen.

nicht viele, aber es könnten durchaus mehr werden. Nicht nur die EU, auch ihr Binnenmarkt sollte ein Binnenmarkt der Einladung werden.

6.2 Mehr Demokratie wagen!

Lassen Sie mich doch noch einmal mit einem Schlagwort kommen: Bezogen auf ihren Binnenmarkt ist die EU eine EU der Apartheid. Der Binnenmarkt hat Mitglieder mit Rechten und Mitglieder, die völlig rechtlos sind. Die Regeln des Binnenmarktes, alle Gesetze, die die EU zur Gestaltung des Binnenmarkts erlässt, werden nur von den EU-Mitgliedern beschlossen. Die Nicht-EU-Mitglieder haben keinerlei Mitwirkungsrecht. Sie müssen die von der EU beschlossenen Gesetze unverändert übernehmen und als ihre eigenen Gesetze verabschieden. Wenn man es bösartig ausdrückt: Diesen Ländern werden die Gesetze von der EU diktiert.[2]

Nun ist es natürlich so, dass die Nicht-EU-Mitglieder sich diesen Regelungen freiwillig unterworfen haben, indem sie sich vertraglich an den Binnenmarkt gebunden haben. Aber diese Freiwilligkeit hat ein Geschmäckle, denn die treibende Kraft für diese Entscheidung war die wirtschaftliche Notwendigkeit. Wenn fast alle europäischen Länder als EU-Mitglieder dem Binnenmarkt angehören, bleibt den außenstehenden Ländern kaum etwas anderes übrig, als ebenfalls einen Anschluss an den Binnenmarkt zu suchen. Alles andere wäre mit erheblichen wirtschaftlichen Nachteilen verbunden.

In solch einer Situation war es seitens der EU nicht unbedingt die feine englische Art, den Nicht-EU-Mitgliedern des Binnenmarktes keine Mitsprache bei der Gesetzgebung zu gewähren und sie damit legislativ rechtlos zu stellen. Schließlich ist Demokratie ein Grundwert der EU.

---

2   In der Tat haben diese Staaten keinerlei Mitwirkung an der Gesetzgebung. Der einzige Einfluss, der ihnen gewährt wird, besteht in der Entsendung von Experten, wenn die EU-Kommission den Gesetzesvorschlag vorbereitet.

Die Abkommen, die die EU unter Ausnutzung ihrer starken Verhandlungsposition mit Ländern wie Norwegen, Island und Liechtenstein geschlossen hat, sind schlicht undemokratisch. Die Gesetze, die die Nicht-EU-Staaten übernehmen müssen, werden zwar formal von ihren Parlamenten beschlossen, aber diese Beschlüsse haben etwas von der Art, wie die Volkskammer der DDR die Vorlagen des Politbüros beschloss. Eine inhaltliche Einflussnahme auf das Gesetz ist den Abgeordneten nicht möglich und eine Ablehnung wäre ein Vertragsbruch und damit ein Akt der Rebellion.

Was spricht eigentlich dagegen, die Nicht-EU-Mitglieder gleichberechtigt an der Gesetzgebung teilnehmen zu lassen? Die EU der Einladung, die mir vorschwebt, würde genau das tun: Sie würde alle Mitglieder des Binnenmarktes, auch die Nicht-EU-Staaten, dazu einladen, sich an der binnenmarktrelevanten Gesetzgebung der EU zu beteiligen.

Das sind, wie ich schon erwähnte, rund 80 Prozent aller Gesetze, die die EU beschließt. Ich werde weiter unten vorschlagen, für die anderen 20 Prozent der derzeit beschlossenen Gesetze ein völlig anderes Verfahren zu wählen, sodass dafür kein Europäisches Parlament mehr nötig ist. Aber für die 80 Prozent der Gesetze, die die Wettbewerbsregeln des Binnenmarktes setzen, braucht man natürlich eine Kammer von direkt in den Mitgliedsstaaten gewählten Abgeordneten.

Deshalb sollten wir aus dem Europaparlament ein Parlament für den Binnenmarkt machen. In diesem Binnenmarktparlament sollen alle Teilnehmerstaaten des Europäischen Binnenmarkts gleichberechtigt mitwirken können. Die Apartheid hätte ein Ende. Und nicht nur das: Das Binnenmarktparlament sollte wie jedes andere Parlament auch nach dem Grundsatz des gleichen Wahlrechts gewählt werden. Das bislang praktizierte 28-Klassen-Wahlrecht passt ins 19. Jahrhundert, aber nicht mehr ins 21. Jahrhundert. Wir sollten die demokratischen Standards umsetzen, die in jeder anderen Demokratie heute selbstverständlich sind.

Und wo wir schon beim Aufräumen sind: Das jetzige Europaparlament ist viel zu groß: 750 Abgeordnete plus sein Präsident! Damit kann das Parlament es fast mit den Streitkräften des Großherzogtums Luxemburg aufnehmen: 1100 Mann plus der Verteidigungsminister.

Das erste Problem ist: Die 751 Abgeordneten arbeiten fast alle. Sie produzieren endlose Berge von Papier. Nicht alles davon ist wichtig. Aber was wichtig ist, weiß man erst, wenn man es gelesen hat. Und das ist das zweite Problem: Kein Abgeordneter liest auch nur ein Zehntel dessen, was er abzustimmen hat. Er folgt vielmehr in den meisten Fällen blind den Empfehlungen eines Fraktionskollegen, der aber selbst nicht alles lesen kann, was in seine Zuständigkeit fällt, sondern viele Empfehlungen nur auf der Basis der Empfehlungen seiner Mitarbeiter gibt.

Muss es so viel sein? Das Europaparlament ist das zweitgrößte Parlament der Welt. Nur der chinesische Volkskongress ist größer. Australien aber, ein moderner Staat, eine gefestigte Demokratie und immerhin auch ein Kontinent, hat ein Parlament von nur 150 Abgeordneten. Es geht also auch eine Nummer kleiner. Wie wäre es zum Beispiel mit 300 Abgeordneten im Parlament des Binnenmarktes?

Natürlich wird bei den letzten beiden Reformvorschlägen (gleiches Wahlrecht und deutlich weniger Abgeordnete für das vorgeschlagene Binnenmarktparlament) unverzüglich ein lautes Jammern und Wehklagen der kleineren EU-Mitgliedsstaaten losgehen, dass sie dann möglicherweise überhaupt keinen Abgeordneten mehr stellen würden. Malta und Luxemburg etwa haben so wenig Bevölkerung, dass sie schon heute bei gleichem Wahlrecht noch nicht einmal einen einzigen Abgeordneten in das jetzige, 751 Mitglieder umfassende Parlament entsenden dürften. Zypern würde es mit Mühe auf einen Abgeordneten bringen. Tatsächlich stellen diese drei Staaten derzeit aber zusammen 18 Abgeordnete.

Daraus folgt: Wenn wir das gleiche Wahlrecht einführen, wird – möglicherweise – kein Abgeordneter aus Malta und Luxemburg mehr im Parlament vertreten sein. Und wenn wir das Parlament deutlich verkleinern, trifft dies auch auf andere Staaten zu. Ist das schlimm?

Mein britischer Fraktionskollege Ashley Fox ist der gewählte Europaabgeordnete von Südwestengland und Gibraltar. Ganz richtig, das ist ein Wahlkreis: Südwestengland und der kleine Felsen an der Südspitze Spaniens. Es wäre völlig absurd, wenn man dem kleinen Gibraltar einen eigenen Europaabgeordneten garantieren würde. Oder gar sechs. Wenn man das Europaparlament verkleinert und gleiches Wahlrecht einführt, dann wird Malta nicht mehr sechs Abgeordnete stellen können. Es würde nicht mehr jeder Kleinststaat ein sicheres Recht darauf haben, dass einer seiner Bürger im Parlament vertreten ist. Gibraltar hat dieses Recht auch nicht. Aber natürlich kann sich jeder Gibraltese um eine Kandidatur im Wahlkreis Südwestengland und Gibraltar bewerben.

Gleiches Wahlrecht kann man in der EU nur praktizieren, wenn man staatenübergreifende Wahlkreise schneidet. Warum auch nicht? Schließlich wollen wir ja eine Gemeinschaft sein. Warum sollte nicht Malta einen gemeinsamen Wahlkreis mit Sizilien bilden, Luxemburg einen gemeinsamen Wahlkreis mit Belgien, Zypern einen gemeinsamen Wahlkreis mit Kreta? Kreta hat schon heute keinen sicheren Anspruch auf einen Abgeordneten im Europaparlament, während Zypern sechs Abgeordnete sicher hat.

Übrigens: Kreta hat deutlich mehr Einwohner als Malta. Malta stellt stets sechs Abgeordnete im Europaparlament. Kreta zwei.

Im Übrigen wäre es völlig falsch, wenn Staaten darüber lamentieren würden, dass sie nicht mehr vertreten sind. Denn diese Klage bezöge sich nur auf die erste Kammer, das direkt gewählte Parlament. Die EU hat, wie die meisten Demokratien der Welt, ein Zweikammersystem: In der ersten Kammer sitzen Abgeordnete, die in Wahlkreisen oder über Listen gewählt werden. In fast allen demokratischen Systemen (nur nicht in der EU) haben diese Wahlkreise ungefähr gleich viele Wahlberechtigte. Staaten oder Bundesländer hingegen sind in der zweiten Kammer vertreten, in Deutschland im Bundesrat, in der EU im Rat der Europäischen Union. Über die zweite Kammer wären auch die Kleinstaaten also im Gesetzgebungsverfahren vertreten. Und zwar überproportional, denn die Stimmrechte in der zweiten Kammer basieren traditionell nicht auf einem gleichen Wahlrecht, sondern billigen kleinen Staaten ein höheres Gewicht zu, als ihnen eigentlich zukommt.

Eine solche zweite Kammer sollte es auch für das Binnenmarktparlament geben. Selbstverständlich sollten alle Binnenmarktstaaten dort vertreten sein. Es würde sich praktischerweise einfach um den Rat der EU handeln, der um die Nicht-EU-Staaten des Binnenmarktes erweitert wird.

Noch einmal zurück zu meinem Vorschlag: Lassen Sie uns aus dem Europaparlament ein kleines, schlankes und nach gleichem Wahlrecht gewähltes Parlament des Binnenmarktes machen. Wir laden auch Norwegen, Island und Liechtenstein ein, sich daran zu beteiligen. Wir laden gegebenenfalls auch andere europäische Länder ein, sich auf dieser Basis dem Binnenmarkt anzuschließen. Serbien, Albanien und Bosnien-Herzegowina, zum Beispiel, oder Großbritannien, das derzeit den Binnenmarkt verlassen will.

Großbritannien im Binnenmarkt zu halten (oder zur Rückkehr in den Binnenmarkt zu bewegen), wäre ein großer Gewinn für beide Seiten. In der EU wird die wirtschaftliche Bedeutung Großbritanniens häufig unterschätzt. Es ist aber nicht damit getan, festzuhalten, dass ein Land von 28 die EU verlässt. Es ist ein großes, wirtschaftlich starkes Land, dessen Bruttoinlandsprodukt ungefähr so groß ist wie das der 18 kleinsten EU-Länder zusammen. Wenn die 18 kleinsten EU-Länder die Union verließen, würde man dies vermutlich für ein Desaster halten.

Aber auch für Großbritannien wäre eine weitere Mitgliedschaft im Binnenmarkt aus wirtschaftlichen Erwägungen sicherlich sehr vorteilhaft. Ein Grund, weshalb Großbritannien dies dennoch nicht will, besteht darin, dass es nach jetzigem Stand keinerlei gesetzgeberische Mitwirkungsrechte hätte. Insofern ist eine Binnenmarktmitgliedschaft aus britischer Perspektive derzeit eine klare Verschlechterung gegenüber der EU-Mitgliedschaft: Denn Großbritannien wäre dann fast genauso tief in die EU integriert, wie es dies als EU-Mitglied mit zahlreichen Ausnahmerechten war, hätte aber alle Rechte zur Mitwirkung an der EU-Gesetzgebung verloren.

6.3 Gesetze ändern oder aufheben

Dieses Parlament des Binnenmarktes und seine zweite Kammer, der Rat, sollten allerdings in anderer Form gesetzgeberisch tätig werden als es heutzutage das Europaparlament gemeinsam mit dem Rat tut. Überregulierung, Bevormundung und Bürokratie sollten der Vergangenheit angehören. Stattdessen sollten die Mitgliedsstaaten mehr Freiräume eingeräumt bekommen, um eigene Lösungen für bestimmte Probleme zu finden.

Zwei Dinge halte ich für wichtig: Erstens müssen Parlament und Rat Gesetze nicht nur erlassen, sondern auch aufheben dürfen. Zweitens sollten die EU-Gesetzgeber sich auf *Ziele* konzentrieren und die Wahl der *Mittel* der Zielerreichung in größerem Umfang den Mitgliedsstaaten überlassen. Unter »Zielen« verstehe ich im Folgenden die grundlegenden Inhalte und Prinzipien der Gesetzgebung, während ich mit »Mitteln« die Detail- und Ausführungsregelungen meine, die in nationale Kompetenz fallen sollten.

Zum ersten Punkt: Jedes normale Parlament kann erlassene Gesetze aufheben. Oder sie überarbeiten. Beide Rechte hat das Europaparlament nicht. Es hat, wie man sagt, kein »Initiativrecht«. Es kann weder die Initiative ergreifen, ein neues Gesetz zu beschließen, noch kann es aus eigener Initiative ein bestehendes Gesetz ändern, noch kann es ein Gesetz aufheben. Auch der Rat kann das nicht.

Das Initiativrecht hat allein die Kommission. Das ist misslich und es ist unparlamentarisch. Warum sollte der Gesetzgeber (Parlament und Rat) nicht selbst entscheiden dürfen, welche Gesetze er für nötig hält? Oder welche Gesetze er nicht mehr für nötig hält? Weil das Initiativrecht allein bei der Kommission liegt, kann die Kommission verhindern, dass es zu einem bestimmten Bereich überhaupt ein Gesetz gibt, und sie kann verhindern, dass ein bestehendes Gesetz aufgehoben wird.

Das ist de facto eine Art Vetorecht. Die Kommission ist aber die Exekutive, nicht die Legislative. Der Exekutive ein Vetorecht über Grundfragen der Gesetzgebung zu geben, ist völlig unüblich. Es verletzt die

Gewaltenteilung, die sich seit Charles de Montesquieus Zeiten in allen parlamentarisch-demokratischen Staaten eingebürgert hat.

Nehmen wir als Beispiel die Datenschutzgrundverordnung (DS-GVO), die Ende Mai 2018 in Kraft trat. Als Verordnung ist sie überall in der EU unmittelbar geltendes Gesetz. Aber seit ihrem Inkrafttreten klagen vor allem kleine und mittelständische Unternehmen, Schulen, Universitäten und Vereine über einen völlig überzogenen Regelungsanspruch der DSGVO. Während das Ziel eines Schutzes persönlicher Daten grundsätzlich meist bejaht und unterstützt wird, gibt es zahllose Beispiele dafür, dass die DSGVO auch für relative Nichtigkeiten überzogen hohe Geldbußen androht.

Dadurch wird zum Beispiel das ehrenamtliche Engagement in Vereinen und Initiativen behindert, weil in dieser Art von Tätigkeit fast immer ein etwas informeller, aber meist völlig harmloser Umgang mit Mitgliedsdaten vorkommt. Die meisten Ehrenamtlichen in Vereinen sind weder Juristen noch ausgebildete Datenschützer. Deshalb sind sie mit den sich aus der DSGVO ergebenden Fragestellungen oft restlos überfordert und fürchten, Fehler zu machen und zu Geldbußen verdonnert zu werden.

Ähnlich stellt es sich in Schulen dar, wo eine Lehrerin nicht ständig mit Datenschutzerklärungen und Einwilligungen zur Kontaktaufnahme hantieren möchte, nur weil eine Telefonliste der Elternschaft erstellt oder abtelefoniert wird. Andererseits erlaubt die DSGVO nach wie vor den gewerblichen Handel mit persönlichen Daten und Adressen, sodass viele Bürger weiterhin mit ungebetener Werbung vielfältigster Art zugemüllt werden. Daher wird das, was die meisten Menschen unter Datenschutz verstehen, von der Verordnung überhaupt nicht realisiert, während die eigentlich unproblematischen Fälle in absurder Weise bürokratisiert werden. Dies widerspricht dem gesunden Menschenverstand in eklatanter Weise.

Die DSGVO ist übrigens ein Gesetz mit Binnenmarktrelevanz. Es ist ein Beispiel für ein misslungenes, überregulierendes Gesetz. Deshalb sollte sie dringend aufgehoben oder überarbeitet werden. Aber während die DSGVO in Deutschland unmittelbar gültiges Gesetz ist, gibt es für Deutschland keine Möglichkeit, eine Aufhebung oder eine Überarbeitung zu veranlassen. Der Bundestag kann es nicht, die Bundesregierung kann es nicht und kein deutscher Europaparlamentarier kann es. Es liegt allein im Ermessen der Kommission.

Das ist nicht in Ordnung. Auch hier übertreibt es die EU mit ihrem Zwang zur Vereinheitlichung. Wenn die EU ein Europa der Möglichkeiten sein soll, dann müssen die Mitgliedsstaaten und die Europaabgeordneten auch die Möglichkeit haben, ein einmal verabschiedetes Gesetz wieder infrage zu stellen. Dafür müssen sie mit einem Initiativrecht ausgestattet werden.

Dies allein aber reicht noch nicht. Wir müssen Europa noch demokratischer machen. Nehmen wir an, ein europäisches Gesetz, zum Beispiel die DSGVO, führt in einem Staat zu besonderen Problemen. Das kann etwa daran liegen, dass man es in diesem Staat besonders genau nimmt mit der Gesetzestreue. Manchmal wird ja gespottet, dass es nicht so einfach sei mit diesen EU-Verordnungen. Die würden in Brüssel beschlossen, in Frankreich gelesen, in Italien in den Papierkorb geworfen und in Deutschland befolgt!

Stellen wir uns also vor, die DSGVO verursache in Deutschland besondere Probleme. Dann nützt Deutschland das Initiativrecht, mit dem das Gesetz infrage gestellt werden könnte, nicht viel. Denn wenn die anderen Staaten kein Problem mit der DSGVO haben, dann könnte Deutschland zwar die Initiative ergreifen und eine Überarbeitung der DSGVO beantragen. Aber Deutschland könnte dies nicht im Alleingang beschließen. Es bräuchte eine Mehrheit in Rat und Parlament. Und wenn die anderen Staaten mit der DSGVO irgendwie zurechtkommen, dann würde es möglicherweise einfach keine Mehrheit geben.

Hier hat der Lissabon-Vertrag der EU ein weiteres demokratisches Legitimationsdefizit beschert. Wenn der Rat Gesetze mit Mehrheit verabschiedet, überstimmt er die Minderheit. Das bedeutet, dass ein Gesetz in Kraft tritt, das von der Legislative dieser Staaten vermutlich abgelehnt worden wäre. Dies wirft unmittelbar die Frage auf, ob das

Gesetz in den Staaten, die gegen das Gesetz gestimmt haben, überhaupt demokratisch legitimiert ist.

Nun muss man dieses Demokratiedefizit vielleicht hinnehmen, um die Handlungsfähigkeit einer EU mit 27 oder 28 Mitgliedsstaaten sicherzustellen. Einstimmigkeit in allen Entscheidungen zu fordern führt bei einer so großen Zahl von Staaten sonst schnell zur gegenseitigen Blockade. Und wenn das Gesetz erst einmal in Kraft ist, kann es ja auch sein, dass die ursprünglich ablehnenden Staaten sich an das Gesetz gewöhnen und es auch auf ihrem Staatsgebiet besser funktioniert als erwartet. Man könnte dem Gesetz ja eine Chance geben.

Aber wenn das Gesetz in einem Staat nicht funktioniert oder, wie die DSGVO, jede Menge Probleme macht, dann muss man es eben auch wieder loswerden können. Selbst wenn es nur in einem einzelnen Staat diese Probleme macht. Und weil das Initiativrecht dafür nicht ausreicht, sollten die Gesetze grundsätzlich nach einer bestimmten Frist – beispielsweise nach fünf Jahren – *einstimmig* vom Rat bestätigt werden müssen.

Bei den meisten Gesetzen werden diese Bestätigungen wohl formale Entscheidungen sein – mehr oder weniger ein Durchwinken eines Gesetzes, das sich bewährt hat. Aber in Einzelfällen werden ein oder mehrere Staaten ein Gesetz ändern wollen, weil es eben Probleme verursacht. Dann sollte das Gesetz überarbeitet werden *müssen* und die überarbeitete Version sollte der Zustimmung des Parlaments und der einstimmigen Verabschiedung im Rat bedürfen, um in Kraft zu treten. Falls ein solcher Konsens nicht erreichbar ist, sollte das Gesetz automatisch zurück in die Kompetenz der Mitgliedsstaaten fallen und dort nach den Vorstellungen der jeweiligen nationalen Parlamente geändert werden können.

6.4 In schlanken Gesetzen Ziele setzen

Das war Punkt 1 – Gesetze der EU müssen auch wieder aufgehoben werden können. Punkt 2 ist, dass das Ausmaß an Bürokratie, Regulierung und Bevormundung zurückgefahren werden muss.

Ich betone hier: das Ausmaß! Die meisten bürokratisch wirkenden Vorschriften dienen durchaus einem sinnvollen Zweck, und deshalb ist eine gewisse Menge an Bürokratie in einer immer komplexer werdenden Welt unvermeidlich. Auch Regeln (und damit Regulierung) muss es geben, damit eine Marktwirtschaft funktioniert, und bis zu einem gewissen Grad muss man Entscheidungsspielräume einschränken, also bevormunden. Aber es muss alles in einem vernünftigen Rahmen bleiben. Bei der heutigen EU ist das keineswegs immer der Fall.

Um ein Beispiel zu geben: Derzeit arbeitet die EU an einem Binnenmarktgesetz, das den schönen Namen »Reifenkennzeichnungsverordnung« (RKV) tragen soll. Es geht dabei um die Herstellung von Reifen für den Straßenverkehr und ihre Kennzeichnung. Gegenstand der Verordnung sind u. a. die Energieeffizienz der Reifen im Fahrbetrieb, die Reifensicherheit und das Rollgeräusch. Es geht um den Reifenabrieb, um dabei entstehendes Mikroplastik und um die Minderung von CO_2-Emissionen.

Ich halte es für völlig legitim, dass die EU als Gesetzgeber bestimmte Ziele setzt: Ein Mindestwert für die Energieeffizienz beim Bremsen zum Beispiel, Mindestsicherheitsanforderungen an die Bodenhaftung, ein Höchstwert für die Geräuschentwicklung, Auflagen zum Umweltschutz wie zulässiger Abrieb pro gefahrenen Kilometer oder Höchstwerte für den Kraftstoffverbrauch und damit für die CO_2-Emissionen.

Dass die EU derartige Ziele setzt, ist deshalb legitim, weil die zu lösenden Probleme im Wesentlichen grenzüberschreitender Art sind. Kraftfahrzeuge, die in einem EU-Staat bereift werden, fahren auch durch andere EU-Staaten und verursachen dort CO_2-Emissionen, Reifenabrieb oder gegebenenfalls Sicherheitsprobleme. Gemeinsame Mindeststandards sind also sinnvoll. Natürlich beinhalten derartige Vorschriften ein bestimmtes Maß an Regelung und Bürokratie.

Aber es würde reichen, wenn die EU diese Ziele festlegt. Tatsächlich legt sie in der Reifenkennzeichnungsverordnung aber auch die Mittel fest, mit denen diese Ziele erreicht werden sollen, sie schreibt Prüfverfahren vor und legt Dokumentationspflichten fest. Das ist der oft ärgerliche, lästige Teil des Vereinheitlichungsdrangs der EU. Und er ist unnötig: Solange ein Staat erreicht, dass die bei ihm hergestellten Reifen die von der EU verlangte Bodenhaftung erfüllen oder die Grenzwerte für Mikroplastikabrieb nicht überschreiten, kann es uns doch egal sein, mit welchen Mitteln der Staat dieses Ziel erreicht und welche Prüfverfahren er einsetzt. Man müsste sich nur grundsätzlich auf das Prinzip verständigen, dass es sich bei den Prüfverfahren um wissenschaftlich anerkannte Verfahren handeln muss.

Um die EU zu entschlacken, sollte künftige Gesetzgebung überwiegend Ziele und Prinzipien festlegen, die Mittel und Wege aber den Mitgliedsstaaten freistellen. Diese Möglichkeit gibt es eigentlich auch heute schon, aber sie wird nicht in ausreichendem Umfang genutzt. Denn neben der Verordnung, die ein unmittelbar in jedem Mitgliedsstaat gültiges EU-Gesetz ist, gibt es auch die Richtlinie. Die Richtlinie ist nur eine Aufforderung an die Mitgliedsstaaten, gesetzgeberisch tätig zu werden. Sie enthält die politischen Ziele, die die Mitgliedsstaaten erreichen sollen. Aber leider wird die Richtlinie oft dazu missbraucht, dennoch bereits Mittel und Wege weitgehend vorzuschreiben. Das ist nicht der Sinn der Richtlinie, aber gängige Praxis im Europaparlament und im Rat.

Allerdings ist eine Richtlinie auch insofern noch unbefriedigend, als sie von den Mitgliedsstaaten durch eigene Gesetzgebung umgesetzt werden muss. Da kommt dann oft auch etwas sehr Kompliziertes, Bürokratisches, Überreguliertes heraus. Es ist keineswegs so, dass nur die EU derartige Gesetze erlässt.

In der Bundesrepublik Deutschland wurde zum Beispiel 2017 – ohne jedes Zutun der EU – ein sogenanntes »Entgelttransparenzgesetz« in Kraft gesetzt. Das ist auch ein bürokratisches Monstrum. Dabei ist die grundsätzliche Intention richtig: Frauen sollen bei gleicher Arbeit und gleicher Qualifikation denselben Lohn erhalten wie Männer. (Dass niemand aufgrund seines Geschlechts benachteiligt werden darf, steht allerdings auch schon in Artikel 3 des Grundgesetzes). Nun aber muss jeder Arbeitgeber umfangreich dokumentieren, Auskunft erteilen und rechtfertigen, warum welcher Arbeitnehmer welchen Geschlechts für welche Leistungen wie bezahlt wird.

Natürlich kann man das so regeln. Aber es ist aufwendig, bürokratisch und verdirbt die Stimmung. Es gäbe auch Alternativen. Zum Beispiel: Man schreibt als Gesetzgeber das allgemeine Ziel vor: Keine Lohndiskriminierung zwischen Mann und Frau. (Wie gesagt: Es steht eigentlich schon im Grundgesetz). Außerdem droht der Staat hohe Bußgelder an, falls jemand dagegen verstößt.

Und dann vertraut der Staat grundsätzlich erst einmal seinen Bürgern. Für die allermeisten Unternehmer ist es heute ohnehin eine Selbstverständlichkeit, dass sie Männern und Frauen für gleichwertige Arbeit den gleichen Lohn zahlen. Für diese Unternehmer brauchen wir keine weiteren Vorschriften, keine Dokumentationspflichten und keine Bürokratie.

Aber weil es auch ein paar schwarze Schafe gibt, macht der Staat eben stichprobenartig Kontrollen. Vertrauen ist gut, Kontrolle ist besser. Nach dem Zufallsprinzip müssen dann einige Unternehmen bei einer Kontrolle ihre Lohnstrukturen offenlegen. Wenn alles okay ist, ist es gut, sonst setzt es eine saftige Strafe. Jeder kennt das Prinzip aus den Fahrkartenkontrollen des öffentlichen Nahverkehrs. Angewandt auf Unternehmen bedeutet das: Nicht alle Unternehmen sind ständig mit dem großen Bürokratie- und Dokumentationsaufwand belastet. Und wenn eine Kontrolle kommt, dann steht es ihnen frei, wie sie nachweisen können, dass sie einen gerechten Lohn zahlen. Hauptsache, sie können es nachweisen.

Die Regelungsdichte – auf EU-Ebene genauso wie auf nationaler Ebene – könnte deutlich reduziert werden. Es erfordert nur guten Willen. Und ein wenig Vertrauen des Staates in die Rechtstreue seiner Bürger. Der meisten Bürger, jedenfalls. Wenn es zu viele Betrüger gibt, muss man eben die Kontrollen verstärken.

Deshalb ist auch die EU-Richtlinie noch nicht das optimale Instrument. Was mir für das Binnenmarktparlament vorschwebt, ist zum einen die Setzung von gesetzlich vorgeschriebenen Zielen: zum Umweltschutz, zur Verkehrssicherheit, zur Finanzstabilität zum Beispiel. Zum andern ist es die Erarbeitung von Empfehlungen:[3] Auf diese und jene Weise könnten die Ziele erreicht werden.

Empfehlungen sind weder eine Verordnung noch eine Richtlinie. Sie wären kein Gesetz, sondern ein Vorschlag. Ein Vorschlag, der ganz oder teilweise von den Mitgliedsstaaten in ein Gesetz überführt werden *kann*. Der aber auch abgeändert oder durch ein anderes Vorgehen ersetzt werden kann. Der auch keineswegs notwendigerweise eine gesetzgeberische Maßnahme des Mitgliedsstaates nach sich ziehen muss (wie die Richtlinie es tut).

Den Mitgliedsstaaten stünde es frei, andere Methoden einzusetzen. Durch EU-Gesetz wären die Ziele vorgegeben. Die Mitgliedsstaaten könnten sich damit bescheiden, die Zielerreichung zu kontrollieren und eventuelle Verstöße mit Bußgeldern zu bedrohen. Dann kann jeder Bürger und jedes Unternehmen selbst entscheiden, wie es die Ziele am besten und mit dem geringsten Aufwand erreichen kann. Ein Friseursalon, der vielleicht ohnehin nur weibliche Arbeitskräfte beschäftigt, bräuchte sich dann nicht mit einem Entgelttransparenzgesetz herumzuschlagen. Er könnte einfach darauf verweisen, dass er gerade keine Männer beschäftigt.

Ich sprach von einer EU der Möglichkeiten, einer EU der Einladung. In der etwas trockenen Materie des Binnenmarktes wird nun vielleicht erstmals deutlich, was das konkret heißen soll: Selbst bei den eher technischen Fragen, die in Bezug auf den Binnenmarkt normalerweise zu regeln sind, könnte man den Mitgliedsstaaten Wahlmöglichkeiten anheimstellen. Es muss nicht alles immer bis ins kleinste Detail vorgeschrieben werden.

Wenn das Binnenmarktparlament gesetzlich überwiegend Ziele setzt und begleitende Empfehlungen macht, wie diese Ziele erreicht werden könnten, dann ist das eine Einladung. Die Empfehlung ist die Einladung, das Ziel auf eine bestimmte Weise zu erreichen. Aber jeder

---

3   Es gibt bereits heute die »Empfehlung« als einen unverbindlichen Rechtsakt.

Mitgliedsstaat sollte frei sein, einen anderen Weg zu gehen. Er sollte aus vielen Möglichkeiten auswählen können, solange sie alle demselben Ziel dienen. Das Binnenmarktparlament würde – hoffentlich gut durchdachte – Vorschläge in Form von Empfehlungen machen und jedem Mitgliedsstaat stünde es frei, diese anzunehmen oder andere Lösungen zu wählen, die vielleicht seinen spezifischen nationalen Gegebenheiten besser entsprächen.

Wenn man dieses Vorgehen wählen würde, würde sich das Image der EU nachhaltig verbessern. Die Ziele, die die EU verfolgt, sind ja oft unstrittig: Wir wollen Natur- und Umweltschutz, wir wollen Gleichberechtigung, wir wollen sichere Produkte, wir wollen verlässliche Gewährleistungsansprüche, wir wollen Energie einsparen, wir wollen weniger CO_2-Emissionen, wir wollen stabile Banken und wir wollen eine menschenwürdige Behandlung von Asylbewerbern. Wenn die EU nur diese Ziele vorgeben würde, wäre sie europaweit der Sympathieträger Nummer 1.

Warum also sollte sie es nicht den Mitgliedsstaaten überlassen, Mittel und Wege zu finden, wie die gemeinsam beschlossenen Ziele erreicht werden? Erstens könnte dann jeder Mitgliedsstaat die Methoden wählen, die für ihn die geeignetsten sind – Hauptsache, das Ziel wird erreicht. Zweitens müsste der Mitgliedsstaat vor seinen Bürgern die Verantwortung für seine Entscheidungen übernehmen – es wäre nicht ein abgehobenes EU-Gremium schuld. Drittens wären alle Entscheidungen des Mitgliedsstaates demokratisch legitimiert und die Entscheidungen könnten, wenn sie sich nicht bewähren sollten, jederzeit aufgehoben oder geändert werden.

6.5 Flexible Zusammenarbeit bei europäischen Initiativen

Eine solche EU wäre schon in ihrer Binnenmarktkomponente eine ganz andere als die heutige. Noch viel mehr wäre dies der Fall, wenn

wir uns nun auch dem zweiten Teil der von mir oben gedanklich auf-
gespaltenen EU zuwenden. Lassen Sie uns vom Binnenmarkt zu all
dem Anderen gehen, was die EU noch ausmacht: die Wirtschafts- und
Währungsunion, die Schengen-Zone, die gemeinsame Asylpolitik, der
gesamte Raum der Freiheit, der Sicherheit und des Rechts, die gemeinsame Außen- und Sicherheitspolitik zum Beispiel.

Dieser Bereich der EU ist groß und unübersichtlich. Nicht alle
EU-Staaten sind im Euro. Nicht alle sind in der Bankenunion, aber die
Mitgliedschaft im Euro unterscheidet sich von der Mitgliedschaft in der
Bankenunion. Nicht alle EU-Mitglieder nehmen an Schengen teil und
der Teilnehmerkreis ist wieder ein anderer. Nicht alle EU-Mitglieder
beteiligen sich an der Europäischen Staatsanwaltschaft, nicht alle beteiligen sich an der strukturierten Verteidigungszusammenarbeit PESCO
und nicht alle EU-Mitglieder werden sich an der gemeinsamen Körper-
schaftssteuerbemessungsgrundlage beteiligen. Immer sind manche
EU-Mitglieder dabei und andere stehen abseits. Immer ist es ein anderer Kreis, der bei einer bestimmten Initiative mitmacht.

Die Frage ist, ob das schlimm ist. Natürlich ist die wechselnde Be-
teiligung unübersichtlich. Aber schadet uns das? Würde es nicht eher
schaden, wenn manche Mitglieder *gezwungen* wären, bei einer EU-Ini-
tiative mitzuwirken? Würde es nicht eher schaden, wenn man auf eine
sinnvolle Initiative verzichten müsste, nur weil ein oder zwei Mitgliedsstaaten das keine so gute Idee finden?

Die unterschiedliche Teilnahme an unterschiedlichen politischen
Vorhaben der Union, die zahlreichen Opt-outs oder Opt-ins von Mitgliedsstaaten, die stattliche Sammlung von protokollarischen Vor-
behaltserklärungen einzelner Länder in den Anhängen der EU-Ver-
träge – alles dies wird von der politischen Führung der Union als ein
bedauerliches Durcheinander und als eine Schwäche der EU angesehen. Es widerspricht dem Vereinheitlichungsgedanken der EU.

Nur ist das alles eine Frage des Standpunkts. Wenn wir eine EU der
Vielfalt und der Einladung wollen, dann ist die vermeintliche Schwäche
eine Stärke. Und diese Stärke sollte verstärkt werden. Die EU sollte

ihren Mitgliedern Angebote machen, sie sollte ihnen Möglichkeiten anbieten, sie sollte sie zum Mitmachen einladen.

Aber eben einladen. Nicht zwingen.

Es gibt in Deutschland viele Vereine. Darin sind Menschen, die sich für einen bestimmten Zweck zusammengeschlossen haben. Zur Förderung des Sports, zur Förderung der Musik, zur Förderung der Blinden, der Obdachlosen, des Denkmals, der Waisen, der Jagd, der Schulen, des Schachspiels, der Handwerkstraditionen usw. Wer Lust hat, macht mit, wer nicht will, lässt es bleiben. Man kann in mehreren Vereinen Mitglied sein oder man kann ganz abseitsstehen. Jeder nach seinem Geschmack.

Diese Vereinskultur ist in jedem Fall eine Bereicherung. Sie bietet den Menschen Möglichkeiten, die sie anders nicht hätten oder nicht wahrnehmen könnten. Die EU, nein: eine umgestaltete EU, eine EU der Vielfalt und der Einladung, könnte dasselbe leisten. Für eine solche EU, für eine EU, die ohne jeden Zwang edle Ziele verfolgt und ihre Mitglieder zur Mitwirkung einlädt, würden sich Menschen auch wieder begeistern können.

Nehmen wir den Klimaschutz: Die EU begrenzt in ihrem Binnenmarkt den Ausstoß (die Emission) von CO_2 durch einen Handel von Emissionszertifikaten. Die Gesamtmenge an zulässigem CO_2-Ausstoß innerhalb des Binnenmarktes wird von der EU jährlich festgesetzt und entspricht der Gesamtmenge an Zertifikaten. Betriebe, die hohe CO_2-Emissionen verursachen, müssen entsprechend viele Zertifikate kaufen. Das kostet Geld und dementsprechend überlegen die Betriebe sich, ob sie nicht lieber in modernere Technologien mit weniger CO_2-Emissionen investieren wollen.

Dieser Emissionszertifikate-Handel ist eine sehr sinnvolle Einrichtung der EU. Sie gehört auf die EU-Ebene, weil CO_2-Emissionen grenzüberschreitend wirken. Aber nun möchte die EU weitergehen. Sie treibt ein Programm der »Dekarbonisierung« voran. Dekarbonisierung bedeutet, dass durch zahllose Vorschriften Unternehmen dazu gebracht werden sollen, weniger CO_2 auszustoßen.

Auch das ist ein edles Motiv, denn CO_2 befördert den Klimawandel. Aber für manche Staaten, vor allem für die wirtschaftlich schwachen Staaten der Eurozone, sind weitere Vorschriften eine teure und vielleicht zu teure Belastung ihrer nicht allzu wettbewerbsfähigen Unternehmen. Und deshalb ist die Dekarbonisierung in Brüssel heftig umstritten. Nicht, weil man keinen Klimaschutz will, sondern weil es Staaten gibt, die den Klimaschutz nicht mit noch mehr Arbeitslosen erkaufen wollen.

Was spräche also dagegen, dass die EU ihren Mitgliedsstaaten eine Klimaschutzinitiative zur freiwilligen Teilnahme anböte? Jeder Mitgliedsstaat muss ohnehin am gemeinsamen CO_2-Zertifikatehandel teilnehmen. Das ist eine Anforderung des Binnenmarkts. Aber für die Staaten, die mehr machen wollen in Sachen Klimaschutz, könnte die EU doch auch mehr anbieten. Teilnahme freiwillig.

Warum sollte überhaupt die EU eine solche Initiative starten? Könnte nicht jeder Mitgliedsstaat, der willig ist, von sich aus sein eigenes Dekarbonisierungsprogramm vorantreiben? Leider nein, oder jedenfalls nicht so einfach. Der Grund ist der Wettbewerb. Die Dekarbonisierung lastet den Unternehmen zusätzliche Kosten auf. Nehmen wir an, Deutschland entschiede sich für ein Dekarbonisierungsgesetz und Frankreich täte das nicht. Dann werden Unternehmen in Frankreich günstiger produzieren können als in Deutschland. Der Industriestandort Deutschland würde weniger attraktiv, Arbeitsplätze könnten verloren gehen, Investitionen würden verringert und neue Fabriken würden vorzugsweise in Frankreich errichtet werden.

Das würde die Bundesregierung nicht wollen und deshalb wird die Dekarbonisierung auf nationaler Ebene vielleicht nicht klappen. Aber wenn die EU die wichtigsten Wettbewerber koordiniert, dann sieht die Sache anders aus. Die starken, wettbewerbsfähigen Länder im Binnenmarkt könnten gemeinsam einen Schritt in Richtung Dekarbonisierung gehen, ohne dass einzelne ihrer Unternehmen dadurch Wettbewerbsnachteile gegenüber Unternehmen anderer beteiligter Staaten fürchten müssten.

Aber entstehen nicht Wettbewerbsnachteile gegenüber den schwächeren Ländern des Binnenmarktes? Gegenüber denen, die sich an einer Dekarbonisierungsinitiative nicht beteiligen möchten, weil ihre Unternehmen ohnehin schon wettbewerbsschwach sind? Natürlich! Nur ist das vielleicht auch ganz in Ordnung.

Denn eigentlich ist es nicht fair, ärmeren und schwächeren Ländern dieselben Umweltschutzauflagen aufzubrummen wie reicheren und stärkeren Ländern. Mit der Dekarbonisierungsinitiative tun wir aber genau das.

Der natürliche Sachverhalt ist ein anderer: Normalerweise kümmern sich ärmere Länder relativ wenig um Umweltschutz. Sie haben andere Probleme, die ihnen wichtiger sind. Erst mit zunehmendem Wohlstand wächst in der Bevölkerung das Umweltbewusstsein und dementsprechend steigt die Bereitschaft, Kosten zu tragen, um die Umwelt zu schützen. Auf den Weltmärkten konkurrieren immer Unternehmen aus reicheren Ländern mit höheren Umweltschutzauflagen mit Unternehmen aus ärmeren Ländern mit geringeren oder gar keinen Umweltschutzauflagen.

Insofern würde es nur ein bisschen Normalität herstellen, wenn im Binnenmarkt die reicheren Länder ein paar Schritte weiter gehen als die ärmeren Länder. Zumal sie ohne ein solches Angebot eben nicht vorwärtsgehen würden. Dann bliebe es bei dem für alle verbindlichen Emissionshandelsgesetz. Die EU könnte also im wahrsten Sinne des Wortes fortschrittlicher sein, wenn sie mehr Einladungen zur freiwilligen Teilnahme aussprechen würde.

Freiwillig bedeutet: Man kann auch wieder gehen. Auch das ist eine einfache Folge des Demokratiegebots. Wenn ein Volk seine Meinung ändert, dann muss es eine europäische Initiative auch wieder verlassen können. Auch deshalb plädiere ich für ein Austrittsrecht aus dem Euro. Mitgegangen, mitgefangen ist kein gutes Prinzip. Die EU oder ihre Integrationsmaßnahmen sollten kein Gefängnis sein.

Stattdessen sollte alles, was jenseits des Binnenmarktes stattfindet, ein Angebot, eine Einladung zum Mitmachen sein. Und auch hier sollte die EU vor allem die Ziele setzen und die Mittel und Wege den Mitgliedsstaaten überlassen.

6.6 Einige Beispiele

Zum Beispiel: Das Ziel ist die Dekarbonisierung, gemessen in Millionen Tonnen vermiedener CO_2-Emissionen. Das Ziel bestimmt sich aus dem Willen der Mitgliedsstaaten, im eigenen Territorium in bestimmter Höhe dazu beizutragen. Da die Wettbewerbsposition der betroffenen Industrien nicht zu sehr verschlechtert werden soll, hängt das, was die Mitgliedsstaaten zu leisten bereit sind, von der Bereitschaft anderer Mitgliedsstaaten zu ähnlichen Maßnahmen ab – und umgekehrt. Hier hat die EU eine wichtige Koordinationsaufgabe. Aber *wie* und durch die Belastung welcher Industrien die teilnehmenden Staaten das Ziel dann erreichen, ist sekundär. Das kann jeder Staat für sich selbst festlegen. Vielleicht hat der eine Staat Reifenfabrikanten, die einen großen Wettbewerbsvorteil haben, während es in einem anderen Staat die Zementproduktion ist. Es soll gerne jedes Mitgliedsland selbst entscheiden, wem es welche Auflagen zumuten kann. Oder ob das Ziel der Dekarbonisierung möglicherweise ganz anders, ohne Auflagen, sondern über Anreize, über Preisgestaltung, über Besteuerung oder über bewusstseinsbildende Kampagnen am besten zu erreichen ist. Das alles muss nicht von der EU zentral und für alle Staaten einheitlich festgelegt werden.

Zweites Beispiel: die Asylpolitik. Auch hier kann die EU zunächst die Ziele vorgeben. Asylverfahren sollen die Menschenrechtskonvention und die Genfer Flüchtlingskonvention achten, sie sollen rechtsstaatlichen Maßstäben entsprechen und sie sollen zügig abgeschlossen werden. Zudem muss, ähnlich wie bei der Dekarbonisierung, eine Verständigung unter den Mitgliedsstaaten herbeigeführt werden: Wer übernimmt wie viele Asylbewerber? Freiwillig, natürlich, in Anerkennung der Tatsache, dass man nicht alles auf die Staaten mit einer Außengrenze abwälzen kann.

Drittes Beispiel: der Euro. Gegen den Euro ist nichts einzuwenden, wenn die Teilnahme am Euro freiwillig ist und die vereinbarten Spielregeln eingehalten werden. Derzeit ist beides nicht der Fall. Es gibt kein Austrittsrecht, die Maastricht-Kriterien werden nicht respektiert und die Nichtbeistandsklausel wird gebrochen. In einer EU der Freiwilligkeit würde man eine gemeinsame Währung als ein Angebot schaffen: Hier sind die Spielregeln, wer mitmachen möchte, ist herzlich willkommen. Wer die Spielregeln nicht einhalten kann oder wer es sich aus anderen Gründen anders überlegt, kann jederzeit wieder gehen. Aber wir werden kein Handgeld zahlen, damit er bei uns bleibt.

Viertes Beispiel: Die Entwicklungspolitik der EU. Man kann mit Fug und Recht bezweifeln, ob es neben 28 Entwicklungshilfeministerien in den Mitgliedsstaaten der EU auch noch eine eigene Entwicklungspolitik der EU geben muss. Was genau könnte diese Entwicklungspolitik besser machen, als es die Mitgliedsstaaten bereits tun?

Nun gibt es immer Personen, die Entwicklungspolitik keineswegs nur als eine Politik zur Verbesserung der Lebensbedingungen in den Entwicklungsländern sehen, sondern als ein strategisches Instrument der Geopolitik.

Unter diesem Blickwinkel schaut man auf China, auf die USA und teilweise auch auf Russland. Wo kaufen diese Mächte sich Einfluss, indem sie besonders bedeutende Entwicklungsprojekte finanzieren, ganze Infrastrukturen aufbauen oder massiv die Beschäftigten im Regierungsapparat in ihrem Denken und ihrer Verwaltungspraxis schulen? Für diesen Ansatz der Entwicklungspolitik ist die große EU aufgrund des schieren Volumens der benötigten Mittel ein besserer Startpunkt als die Entwicklungshilfe eines einzelnen Mitgliedsstaates.

Daher erneut die Frage: Warum sollte die EU nicht die Entwicklungspolitik als eine Initiative zur freiwilligen Teilnahme der Mitgliedsstaaten anbieten? Wer den geostrategischen Ansatz für richtig hält, sollte sich daran beteiligen, wer lieber Mikrokredite vergibt, lässt es eben bleiben.

Fünftes Beispiel: Geldwäsche und Terrorismusbekämpfung. Nach dem politischen Terrorismus der Siebziger- und Achtzigerjahre ist es heute der islamische Terrorismus, der blindwütend und menschen-verachtend unsere freiheitliche Gesellschaft bedroht. Um dem Terrorismus das Handwerk zu legen, bedarf es nicht nur polizeilicher Zusammenarbeit, sondern auch der Trockenlegung seiner finanziellen Ressourcen. Beides sind ebenso grenzüberschreitende Aufgaben, wie der Terror ein grenzüberschreitendes Phänomen ist.

Nicht alle Mitgliedsstaaten begrüßen Initiativen der EU, durch die Banken und andere Finanzinstitute Informationen über verdächtige Transaktionen offenlegen müssen. Denn dies kann Geschäfte mit vermögenden Privatpersonen erschweren. Manche Staaten tun sich schwer mit dem polizeilichen oder nachrichtendienstlichen Informationsaustausch. Aber das sollte diejenigen Mitgliedsstaaten, die in diesen Bereichen koordiniert tätig werden wollen, nicht hindern, es zu tun. Auch hier bietet sich viel Potential für EU-Initiativen, die auf freiwilliger Basis von den interessierten Mitgliedsstaaten wahrgenommen werden können.

6.7 Bessere Sicherung gegen Systemausfälle und Kontrollverluste

Ein großer Vorteil der hier beschriebenen flexiblen Kooperationen besteht darin, dass sie weitaus weniger anfällig für Systemversagen sind. Die großen Systemausfälle der EU entstanden ja dadurch, dass Kompetenzen von den Mitgliedsstaaten auf die EU übertragen wurden, ohne dass die EU ein gleichwertiges System an die Stelle der mitgliedsstaatlichen setzen konnte.

Bei der freiwilligen Zusammenarbeit hingegen werden sich die Mitgliedsstaaten schon deshalb nicht ihrer eigenen Kompetenzen völlig entblößen, weil sie stets die Möglichkeit des Rückzugs haben und sich diese Möglichkeit auch faktisch offenhalten wollen. Selbst wenn die Mitgliedsstaaten im Rahmen einer bestimmten Initiative temporär ihre Gestaltungshoheit an die EU übertragen, können und werden sie

sie unverzüglich zurückholen, wenn die praktische Umsetzung der Initiative unbefriedigend verläuft und ein Systemausfall auch nur droht.

Ein Kontrollverlust wie bei der Flüchtlingskrise oder bei der Eurokrise wäre daher kaum vorstellbar. Die Systemausfälle haben sich ja lange vor dem eigentlichen Kontrollverlust abgezeichnet und wurden vor allem deshalb nicht unterbunden, weil die Mitgliedsstaaten ihre Kompetenzen dauerhaft übertragen hatten und es keine rechtliche Möglichkeit gab, sie sich wieder anzueignen.

Die Freiwilligkeit der Zusammenarbeit ist daher ein gutes Sicherheitsnetz gegen selbstverschuldete oder selbstverstärkte Krisen, wie wir sie in den letzten zehn Jahren in der EU leider erlebt haben. Die Freiwilligkeit betont und stärkt die Souveränität der Nationalstaaten, ohne der EU und ihrem Potential dadurch Abbruch zu tun.

Es gäbe viele gute Initiativen der Zusammenarbeit, die die EU anbieten, zu denen sie einladen könnte. Aber der Kreis der Länder, die an der einen oder der anderen Initiative mitarbeiten würden, wäre wohl stets unterschiedlich. Deshalb ergibt ein Parlament für diese Form der Kooperation keinen sonderlichen Sinn. Man müsste ja für jede Initiative ein eigenes Parlament haben. Oder man müsste die Zusammensetzung des Parlaments ständig ändern, je nachdem zu welcher Initiative gerade etwas entschieden werden soll. Das ist nicht praktikabel und das ist auch nicht nötig.

Das Parlament ist nötig für den Binnenmarkt. Dort ist das Parlament unverzichtbar, weil der Binnenmarkt für alle EU-Mitglieder (und für einige Staaten außerhalb der EU) großen Einfluss auf ihre Lebensumstände hat. Es ist auch deshalb wichtig, weil sich kaum ein Staat dem Einfluss des Binnenmarktes entziehen kann.

Aber alles andere in der EU wäre ja lediglich ein Angebot zur freiwilligen Zusammenarbeit von Staaten. Genauso wenig wie es ein direkt gewähltes Parlament der NATO gibt, braucht man ein direkt gewähltes Parlament für die PESCO. Genauso wenig wie es ein direkt gewähltes Parlament für die Welthandelsorganisation WTO gibt, braucht man ein Parlament für den Euro. Genauso wenig wie es ein direkt gewähltes Parlament für die internationale Polizeiorganisation Interpol gibt, brauchen wir ein Parlament für die Zusammenarbeit von EU-Staaten in der gemeinsamen Justiz- und Innenpolitik.

In all diesen Fragen sollte der Rat, also die Vertretung der jeweils beteiligten Mitgliedsstaaten, als Gesetzgeber auftreten. Das ist nichts Neues, sondern etwas Altbewährtes. Denn so war die Gesetzgebung auch vor dem Maastricht-Vertrag in der EU geregelt. Da die Zusammenarbeit freiwillig ist, sollten die Mitgliedsstaaten in diesen Bereichen wieder einstimmig entscheiden. Und jeder Mitgliedsstaat hat ein Parlament, das darüber wacht, dass alles, was im Rahmen der EU entschieden wird, im Einklang mit den heimischen Gesetzen und den Rechten seiner Bürger steht.

Übrigens hatte ich ja vorgeschlagen, dass das Europaparlament drastisch verkleinert wird, von 751 Abgeordneten auf, sagen wir, 300. Vielleicht schneide ich mich da ins eigene Fleisch, denn ich vertrete eine kleine Partei, mit der ich gerne diese Vorstellungen umsetzen würde. Aber noch ist es ja nicht so weit. Hier will ich nur darauf hinweisen, dass die Verminderung der Zahl der Abgeordneten durchaus realistisch ist. Das neue, kleinere Binnenmarktparlament müsste sich nicht mehr mit all dem beschäftigen, was die EU außer dem Binnenmarkt noch an Initiativen entwickelt. Das übernähme der Rat. Und im Binnenmarkt würde die Gesetzgebung drastisch vereinfacht: Das Parlament würde sich in seiner Arbeit vor allem auf vorzugebende Ziele und Prinzipien konzentrieren, während die Mittel, mit denen diese Ziele zu erreichen sind, den Mitgliedsstaaten zur Entscheidung überlassen bleiben.

Die Europabegeisterung der frühen Jahre ist verschwunden. Das ist nicht nur bedauerlich. Es ist auch natürlich. Und leider ist es auch zu einem guten Teil selbstverschuldet.

Es gibt Fehlentwicklungen in der EU. Teilweise massive Fehlentwicklungen, über die viel zu wenig und viel zu wenig offen gesprochen wird. In diesem Buch habe ich mich deshalb auf die Fehlentwicklungen konzentriert. Über die unbestrittenen guten Seiten der EU reden genügend andere Leute, und oft genug tun sie es mit einem Überschwang, der nicht unbedingt noch der Verstärkung durch meine nüchternen Ausführungen bedarf.

Aber es gibt eben auch die guten Seiten der EU. Es sind diese guten Seiten der EU, die wir wieder stärker zur Geltung kommen lassen müssen. Wie dies geschehen kann, habe ich – ohne Anspruch auf juristische Exaktheit – oben skizziert. Es ist ein einfaches Prinzip: Wir müssen die EU verändern, weg von einer EU der Vereinheitlichung und hin zu einer EU der gelebten Vielfalt, einer EU der Freiwilligkeit, einer EU der Einladung.

Tja, und das können Sie bei Wahlen zum Europäischen Parlament selbst mit in die Hand nehmen. »Choisissez votre Europe!« Was 1979 als Aufkleber auf meinem Federmäppchen klebte, gilt auch heute noch. Damals warb ich im Europawahlkampf für die CDU. Heute will ich dieses Buch natürlich nicht zu plumper Wahlwerbung nutzen. Man empfiehlt sich nicht selbst. Und die CDU dauert mich, sie ist ja doch seit 1979 sehr unter die Räder gekommen. Deshalb empfehle ich Ihnen voll Großmut: Wählen Sie CDU!

Aber bitte nur, wenn die CDU sich revanchiert und voll Großmut empfiehlt: »Wählen Sie Lucke!«

NACHWORT

Abraham wurde in der Stadt Ur unweit des Persischen Golfs geboren. Schon als junger Mann war er ein wohlhabender Landwirt. Dennoch verpackte er eines Tages seine bewegliche Habe und machte sich mit seiner Frau, diversen Verwandten und allen seinen Beschäftigten auf den langen Marsch nach Westen. Es ist nicht bekannt, dass Abraham irgendeiner Form von Verfolgung ausgesetzt war. Eher waren wohl wirtschaftliche Gründe dafür ausschlaggebend, dass er seine Heimat verließ.

Abraham wanderte nicht nach Europa. Er ließ sich vielmehr mit seinem gesamten Tross im Land Kanaan nieder. Was die Kanaaniter davon hielten, ist nicht überliefert. Abraham jedenfalls mehrte seinen und seiner Leute Wohlstand. Er war das Oberhaupt, er regelte die Angelegenheit seines Volkes. Zweifellos wünschte er, dass sein spät geborener einziger Sohn Isaak eines Tages in seine Fußstapfen trat.

Aber wie uns die Bibel lehrt, war Abraham auch ein überaus frommer Mann. Eines Tages war ihm, als ob Gott zu ihm spräche: »Nimm Isaak, deinen einzigen Sohn, den du lieb hast, und geh hin in das Land Morija und opfere ihn dort zum Brandopfer auf einem Berge, den ich dir sagen werde.«[1]

Wie die Geschichte weitergeht, ist bekannt: Abraham nahm seinen Sohn, lud ihm Holz für ein Brandopfer auf den Rücken und stieg mit ihm auf den bezeichneten Berg. Dort fesselte er Isaak, legte ihn auf den aufgeschichteten Scheiterhaufen und griff nach seinem Messer. Aber gerade als er zum tödlichen Stoß ausholen wollte, erschien ihm ein Engel des Herrn und verhinderte den Mord am eigenen Sohn.

---

[1]   1. Mose 22,2.

Diese grausige Geschichte ist vielfach in der bildenden Kunst und in der Literatur verarbeitet worden. Sie ist tausendfach in Predigten erzählt und ausgelegt worden. Wer sie im Gottesdienst der Gemeinde nahebringen will, wird sich schwer tun, etwas grundsätzlich Neues dazu zu sagen. Alle legitimen Interpretationen sind längst vorgetragen worden.

Aber ich denke, niemand hat die Geschichte je europapolitisch gedeutet – als Sinnbild für das Verhältnis des traditionellen Nationalstaats zur EU. Zweifellos eine illegitime Interpretation, weil der biblische Erzähler nichts über die Staatswerdung eines Staatenbundes sagen wollte. Und doch: Abraham ist als Urvater des Volkes zugleich Vater Staat. Die Menschen, die er nach Kanaan geführt hat, leben auf seinem Land. Es scheint ein gutes Leben zu sein, das Abrahams Leute in Kanaan führen, und das ist Abrahams Verdienst: Er ist der Patriarch. Er sorgt für Ordnung, er setzt die wirtschaftlichen Rahmenbedingungen, er gewährleistet die Sicherheit, er spricht Recht. Dies könnte auf lange Zeit so bleiben, denn nach ihm soll sein Sohn Isaak all dies fortsetzen. Isaak wird die Funktionen des weltlichen Staates übernehmen.

Abraham aber hat eine Vorstellung von einer höheren Herrschaft. Es ist der feste Glaube an etwas Höheres, eine Regentschaft, die wertvoller ist als sogar der eigene, einzige Sohn. Dieses Höhere kennt er nicht wirklich und er versteht es nicht wirklich. Er stellt keine Fragen, sondern ordnet sich bedingungslos den Anweisungen unter, die er glaubt, empfangen zu haben. Er ist bereit, für dieses Höhere das zu opfern, was ihm lieb und vertraut ist: Isaak. Mit Isaak opfert er seinen Sohn und zugleich den Menschen, der als künftiger Patriarch bald die Angelegenheiten seines Volkes verantworten soll.

Abraham ist bereit, Isaak zu opfern, weil er auf diese höhere Macht vertraut. Er hat keinen Zweifel daran, dass die Zukunft seiner Frau, seiner Verwandten und all seiner Untergebenen bei dieser höheren Macht in den besten Händen ist. Auf dem Weg zum Opferberg wurden Abraham und Isaak übrigens von zwei Dienern begleitet, einfachen Angehörigen von Abrahams Volk. Ihnen verheimlichte Abraham, was er vorhatte. Offenbar hätten sie wenig Verständnis dafür gehabt, dass Abraham ihren künftigen Herrn seiner höheren Idee zum Opfer brachte. Die tröstliche Botschaft der biblischen Geschichte ist die, dass das Opfer gar nicht erforderlich ist. Man kann dem Höheren dienen, ohne das Hiesige zu opfern. Gott hatte gar nichts dagegen, dass Isaak einst die Geschicke seines Volkes leiten würde. Eigentlich war das ja sogar ganz praktisch und nützlich. Das, was uns lieb und vertraut ist, können wir behalten, ohne dabei gegen höhere Gebote zu verstoßen.

Wie gesagt: Niemand behauptet, dass der biblische Erzähler eine Lektion in Europapolitik erteilen wollte. Aber es kann gelegentlich nicht schaden, auf die alten Mythen zurückzuschauen und aus ihren Erfahrungen zu lernen. Das Beispiel Abrahams zeigt, dass auch ein großer Führer seines Volks in seinem Drang nach Höherem irren kann. Ja, dass er sogar irreparablen Schaden anrichten kann, weil er sich ein falsches Bild von diesem Höheren macht.

Das gilt erst recht dann, wenn das Höhere die europäische Idee ist. Die europäische Idee ist eine schöne, inspirierende Idee, aber sie ist zweifellos niedrigrangiger einzuschätzen als Gottes Wille. Deshalb dürfen wir aus ihr kein Götzenbild machen, das alles Europäische verklärt. Wir sollten uns unseres Verstandes bedienen, statt blind dem verklärten Bild zu folgen. Auch die europäische Idee verlangt nicht, dass wir alles opfern, was uns lieb und vertraut ist.

Stattdessen sollten wir uns unseres Verstandes bedienen. Prüfet alles, das Gute behaltet! Es ist vieles gut an unserem Staat, der Bundesrepublik Deutschland. Das sollten wir behalten und bewahren. Wir sollten es nicht bereitwillig für eine höhere Idee aufgeben, mit der wir die Erfahrung gemacht haben, dass sie des Öfteren nicht so funktioniert hat, wie die politische Führung unseres Landes es fest geglaubt hatte.

ÜBER DEN AUTOR

Bernd Lucke ist Professor für Volkswirtschaftslehre an der Universität Hamburg. Er trat 2012 aus Protest gegen die Eurorettungspolitik nach 33 Jahren Mitgliedschaft aus der CDU aus und gehörte 2013 zu den Gründern der Alternative für Deutschland. Er war Bundessprecher der AfD bis 2015. Als deutschnationale und völkische Kräfte in der AfD die Oberhand gewannen, trat Lucke gemeinsam mit dem moderaten Parteiflügel aus der AfD aus. Lucke ist heute Bundesvorsitzender der Partei Liberal-Konservative Reformer (LKR) und Mitglied des Europaparlaments.